# 中国上市公司治理若干问题研究

中央财经大学中国金融发展研究院

中国社会科学出版社

## 图书在版编目（CIP）数据

中国上市公司治理若干问题研究/中央财经大学中国金融发展研究院．—北京：中国社会科学出版社，2015.11
ISBN 978 – 7 – 5161 – 7177 – 6

Ⅰ.①中… Ⅱ.①中… Ⅲ.①上市公司—企业管理—研究—中国 Ⅳ.①F279.246

中国版本图书馆 CIP 数据核字（2015）第 283345 号

| | |
|---|---|
| 出 版 人 | 赵剑英 |
| 责任编辑 | 卢小生 |
| 特约编辑 | 林　木 |
| 责任校对 | 周晓东 |
| 责任印制 | 王　超 |

| | |
|---|---|
| 出　　版 | 中国社会科学出版社 |
| 社　　址 | 北京鼓楼西大街甲 158 号 |
| 邮　　编 | 100720 |
| 网　　址 | http://www.csspw.cn |
| 发 行 部 | 010 – 84083685 |
| 门 市 部 | 010 – 84029450 |
| 经　　销 | 新华书店及其他书店 |
| 印　　刷 | 北京明恒达印务有限公司 |
| 装　　订 | 廊坊市广阳区广增装订厂 |
| 版　　次 | 2015 年 11 月第 1 版 |
| 印　　次 | 2015 年 11 月第 1 次印刷 |
| 开　　本 | 710×1000　1/16 |
| 印　　张 | 12.5 |
| 插　　页 | 2 |
| 字　　数 | 212 千字 |
| 定　　价 | 48.00 元 |

凡购买中国社会科学出版社图书，如有质量问题请与本社营销中心联系调换
电话：010 – 84083683
版权所有　侵权必究

# 引　言

中国金融发展研究院（Chinese Academy of Finance and Development）成立于2006年，是中央财经大学"经济学与公共政策优势学科创新平台"的机构之一，是一个以在海外获得博士学位的人员为主体、从事高端金融研究和人才培养的学术机构。研究院致力于把先进的研究方法，以国际化的学术视野和严谨的研究风格，应用于中国的金融和经济学术研究。

随着社会生产力的提高以及市场竞争程度的加剧，股份制上市公司作为经济发展的产物，已成为市场经济的一种主要的企业形式。同时，企业管理模式也由资本所有权与资本经营权相统一的经典企业制度逐渐演化成为两权相分离的现代企业制度。然而两权分离自然引发了委托—代理问题，即股东与经理层的目标利益不一致。信息的不对称可能使得经理层为了追求自身利益最大化而违背股东利益最大化的公司目标，从而损害股东的利益。因此，作为现代企业制度的核心，完善而有效的公司治理是我国股份制企业改善经营、提高投资回报和走向国际化的一个至关重要的因素。

公司治理结构涵盖的方面很多，包括股权结构、经理层激励机制、董事会安排等。为了对构建良好的公司治理结构提供理论支撑，我们有必要正确地考察我国现行的公司治理结构各方面的有效性和存在的问题。中国金融发展研究院的教师们，在从事各自领域的繁重学术研究和教学的同时，认真思考和关注中国的公司治理问题。我们组成团队，共同攻关，借助现代金融经济理论和计量经济工具，对若干重要和热点问题进行研究，提出我们的看法和建议。

本书分八章。第一章是对董事会治理、股权集中度与中国商业银行绩效实证研究，由何重达和朱小能撰写。第二章是对高管激励体系对公司业绩影响的实证研究，由姜吕钢、李晗旭和李杰撰写。第三章是对股价崩盘风险与所有权结构的研究，由高文莲、李倩楠和吕笑辰撰写。第四章是对股权激励与公司治理结构对公司绩效的相互作用研究，由李晟撰写。第五章是对上市公司股权激励计划的有效性研究，由李建栋撰写。第六章是对公司员工因素对收购公告期间异常收益的影响研究，由 Surasak（Matt）Ngammekchai 和吴仰儒撰写。第七章是对中国 A 股市场公司股权结构与股价同步性研究，由刘芳和石琳撰写。第八章是对中国上市公司高管薪酬与公司业绩相关关系研究，由卢钧和苏皓撰写。

  本书的研究和撰写耗费了我们大量的时间和精力。我们衷心地希望能够呈现给读者一部关于中国公司治理研究的有价值的参考书。虽然我们做了很多努力，但由于才识有限，时间紧迫，疏漏之处在所难免，恳请读者批评指正。

中央财经大学  
中国金融发展研究院院长  
吴仰儒  
2015 年 7 月

# 目 录

**第一章 董事会治理、股权集中度与中国商业银行绩效实证研究** …… 1
    一 导 论 …… 1
    二 文献综述与研究假设 …… 2
    三 研究设计 …… 5
    四 回归结果及分析 …… 8
    五 研究结论 …… 12
    参考文献 …… 13

**第二章 高管激励体系对公司业绩影响的实证研究** …… 22
    一 引 言 …… 22
    二 理论基础与文献综述 …… 23
    三 创新和贡献 …… 27
    四 实证回归 …… 28
    五 稳健性检验 …… 42
    六 结 论 …… 45
    参考文献 …… 46

**第三章 股价崩盘风险与所有权结构** …… 48
    一 引 言 …… 48
    二 研究假设 …… 52
    三 研究设计 …… 54
    四 实证回归模型及回归结果分析 …… 60
    五 稳健性检验 …… 64

六　民营企业所有权结构与股价崩盘风险关系探究 …………… 65
　　七　研究结论及启示 …………………………………………… 69
　　参考文献 …………………………………………………………… 70

**第四章　股权激励与公司治理结构对公司绩效的相互作用** ………… 74
　　一　导　言 …………………………………………………… 74
　　二　文献综述 ………………………………………………… 75
　　三　研究假设 ………………………………………………… 82
　　四　变量和模型 ……………………………………………… 84
　　五　实证研究 ………………………………………………… 86
　　六　稳健性检验 ……………………………………………… 90
　　七　结　论 …………………………………………………… 93
　　参考文献 …………………………………………………………… 94

**第五章　上市公司股权激励计划的有效性分析** ……………………… 98
　　一　上市公司股权激励计划的有效性 ………………………… 98
　　二　数据及描述性统计结果 ………………………………… 101
　　三　模型设计 ………………………………………………… 103
　　四　实证结果 ………………………………………………… 104
　　五　结　论 …………………………………………………… 106
　　参考文献 …………………………………………………………… 107

**第六章　公司员工因素对收购公告期间异常收益的影响** …………… 109
　　一　引　言 …………………………………………………… 109
　　二　可检验的假设 …………………………………………… 112
　　三　数据和方法 ……………………………………………… 116
　　四　实证结果 ………………………………………………… 119
　　五　结　论 …………………………………………………… 130
　　参考文献 …………………………………………………………… 131

**第七章　中国 A 股市场公司股权结构与股价同步性研究** …………… 135
　　一　导　言 …………………………………………………… 135

二　相关概念的界定……………………………………… 138
　三　文献综述…………………………………………… 140
　四　两权分离对股价同涨同跌的影响…………………… 144
　五　我国上市公司股权结构与股价特征………………… 148
　六　实证研究…………………………………………… 152
　七　结　论……………………………………………… 159
　参考文献………………………………………………… 160

**第八章　中国上市公司高管薪酬与公司业绩相关关系研究**………… 164
　一　引　言……………………………………………… 164
　二　文献回顾…………………………………………… 166
　三　数据描述…………………………………………… 168
　四　高管薪酬是否与公司业绩有关？…………………… 173
　五　高管薪酬的薪酬——业绩敏感度…………………… 184
　六　结　论……………………………………………… 189
　参考文献………………………………………………… 190

# 第一章 董事会治理、股权集中度与中国商业银行绩效实证研究[①]

## 一 导 论

在经济全球化快速推进、金融机构综合化经营快速扩张以及金融创新产生了各种跨时代性突破的大背景下,银行业监管模式的弊端也越来越多地暴露出来,包括监管领域涵盖范围的不完善、监管滞后而效率低下等。在这样的背景下,商业银行的董事会治理以及日后的发展及规划方向等问题应当得到足够重视,这对我国银行业可持续发展和具体工作中相关问题的解决都有重大影响。

本章立足我国商业银行的治理结构,具体关注点在于:现有商业银行的治理结构是否合理,传统的董事会治理是否能有效促进银行业绩,股权集中度对银行业绩有什么影响,以及董事会结构和股权集中度是否会交互影响银行的业绩。除了传统的董事会监管外,商业银行还包含许多其他层面的治理和监管,如银行的股权结构同样是影响银行绩效的重要因素。目前已有不少学者对我国商业银行的董事会结构和银行绩效的关系进行了研究(赵昌文等,2009;王朝弟,2007;刘志坚、申云,2014),也有学者研究了股权集中度对银行业绩的影响(陈科等,2008;谭兴民,2010),但是没有得出统一结论。本章在分别研究董事会结构和股权集中度对银行业绩影响的基础上,进一步探讨我国商业银行的董事会监管和股权集中度关系,探讨二者对业绩的交互影响,同时在研究中把董事会成员属性、董事会成员薪酬等可能对银行绩效产生影响的因素归入商业银行治理的研究范畴。本章不仅可以帮助社会公众了解商业银行内部高层的运作,而且也为投资者提供一个了解我

---

① 感谢陈姣、黄建和汪玮明做的数据整理工作。

国商业银行运行机制和内部控制的直观而易于理解的体系。

通过研究董事会结构及董事会其他特征对银行绩效的影响发现：较大的董事会规模会对银行绩效产生显著的负面影响，而独立董事的监管作用在股权集中度较高及董事持股情况下才会比较显著。此外，董事持股比例、董事会薪酬、董事会会议次数和董事会专业委员会数量都会对银行绩效产生显著的正向影响，而董事会成员学历对银行绩效的影响则不显著。通过股权集中度和银行绩效关系的分析发现，股权集中度与银行绩效显著负相关，但是并没有得出非线性关系。

在以往文献的基础上，我们深入探究了董事会独立董事在何种情况下会对银行绩效产生显著影响。当不划分子样本时，董事会独立董事比例对银行绩效的影响并不显著，但是当我们区分股权集中度的高低及董事是否持股时，回归结果显示在股权集中度较高及董事持股的情况下，独立董事对银行绩效才有显著的正向影响。除此之外，还探究了董事会结构不同时，股权集中度对银行绩效的影响是否不同，结果发现仅在独立董事比例较高情况下，股权集中度对银行绩效的负面影响才是显著的。

## 二 文献综述与研究假设

### （一）文献综述

#### 1. 董事会结构对银行业绩的影响

国内对董事会结构与商业银行业绩的关系已有较多研究，多数学者认为董事会独立性对银行业绩没有显著影响，而董事会规模对业绩的影响尚未得出统一结论。赵昌文等（2009）采用2005年、2006年两年国有控股银行、股份制银行与地方城市银行三类商业银行的混合截面数据，发现董事会规模与ROA之间存在显著的倒U形关系；并且银行资产规模越大，所需要的董事会规模就越大，但是，规模过大会降低决策效率。另外，具有金融从业经验的独立董事比例与ROA之间具有显著的正相关性，这说明了具有实际金融从业经验的独立董事能更好地发挥公司治理的职能。刘志坚、申云（2014）采用2008—2012年我国国有银行、股份制商业银行和城市商业银行的上市及非上市年报数据，王朝弟（2007）以36家全国性股份制商业银行和地方城市商业银行为样本，选取ROA作为业绩评价指标，得出了相同的结论。

为了研究其他董事会特征对银行绩效的影响，针对上市的股份制银行，潘敏、李义鹏（2007）收集了1996—2005年美国43家商业银行的数据，以反映市场业绩的托宾Q和反映会计业绩的ROA作为银行业绩指标，发现董事会规模与银行绩效存在非线性的倒U形曲线关系，而董事长与总经理两职合一、董事会次级委员会数量对银行业绩都有显著的负面影响。此外，样本银行的外部董事比例平均高达75%，理论上应显著有利于银行绩效的提高和改善，但实证上外部董事比例与绩效呈不显著的正相关关系。谭兴民等（2010）采集了2006—2009年11家在沪深A股上市股份制银行的数据，以ROE和EPS衡量银行业绩，得到了相似的结论。

关于独立董事的作用，大部分研究并没有发现独立董事对银行绩效有显著影响。宋增基等（2007）采用2002—2005年国内上市的6家股份制商业银行的混合数据，选择ROA和EPS两个指标衡量银行业绩，发现独立董事比例、董事长与总经理两职合一对业绩有一定的不明显促进作用。他们指出，独立董事对企业业绩影响或许存在一定的滞后性，这可能是在起步阶段董事会独立性对业绩影响不显著的原因。祝继高等（2012）基于2004—2009年城市商业银行数据发现，在资本集中度高的情况下，独立董事比例的提高对银行业绩有显著的正效应，说明独立董事能够抑制大股东的"掏空"行为。

2. 股权集中度对银行业绩的影响

除董事会结构外，股权集中度也是影响银行业绩的重要因素之一。学者通常选择第一大股东持股比例、前五大股东持股比例之和、赫芬达尔指数等指标来衡量股权集中度。陈科等（2008）发现，在引入战略投资者之后，前三位股东持股比例与ROE显著正相关，第一大股东持股比例与ROE没有显著关系，这说明适度的股权集中度会带来决策的高效率，进而改善银行业绩。随着股份制改革的推进，股权集中度对业绩的促进作用开始减弱。杨德勇、曹永霞（2007）选择2005年上市银行作为样本，运用因子分析法从盈利能力、流动性、安全性和发展能力四个维度构造了反映银行特殊性的综合绩效指标，研究结果表明第一大股东持股比例与银行综合绩效负相关，而前五大股东及前十大股东持股比例与银行综合绩效均为显著正相关关系，说明"一股独大"不利于银行提高业绩，"多股制衡"才是较好的股权结构。

然而股权集中度也可能对银行绩效产生负面的影响。谭兴民（2010）发现第一大股东持股比例、第一大股东控股能力、股权集中度对银行业绩有明显的负面影响。刘艳妮、张航等（2011）采用14家A股市场的上市银行2007—2009年的财务数据，利用因子分析法构建了综合绩效指标，发现第一大股东持股比例、前五大股东持股比例之和与综合绩效呈显著的倒U形关系，说明股权过度分散和过度集中都不利于银行绩效的提高。王擎、潘李健（2012）发现，总体而言，第一大股东控股能力越强、股权越集中，银行绩效越低。在金融生态好的地区，这种负面效应更为显著，然而在金融生态不好的地区，股权集中度与业绩有着正相关的关系。

### （二）研究假设

1. 董事会规模与银行绩效

Yermack（1996）研究指出，董事会规模与托宾Q负相关。随着董事会规模的增加，董事会成员中"搭便车"现象会增加，而且决策时间也会加长，所以董事会对管理者的监管效率会降低。由此，本章提出：

$H_1$：董事会规模与银行绩效负相关。

2. 董事会独立董事比例与银行绩效

独立董事可以有效地监管银行的运营过程，促使银行更好地发展，因此独立董事人数的增加有助于银行绩效的提高。

$H_2$：独立董事比例与银行绩效正相关。

3. 董事会会议次数与银行绩效

董事会会议的召开可以体现出董事会对银行监管的力度。董事会会议召开的次数越多，说明董事会对银行监管的力度越大，越有利于银行绩效的提高。

$H_3$：董事会年度会议次数与银行绩效正相关。

4. 薪酬激励与银行绩效

董事会成员薪酬的提高，能激励其更好地履行职责，从而对管理层实施更有效的监管，以此提高银行的业绩。同时，董事会成员的薪酬也和董事会成员能力相关，高薪酬的董事会，其成员的能力可能会更强，因而对银行绩效有更好的影响。

$H_4$：董事薪酬与银行业绩正相关。

5. 专业委员会数量与银行绩效

专业委员会在银行治理中的地位也是不容忽视的。Linck、Netter和

Yang（2009）研究发现，拥有审计委员会的公司出现财务造假等违法行为的比例较低，审计委员会对防止虚构财务报表、促进公司正常经营有一定的积极作用。基于现有研究，本章提出如下假设：

$H_5$：专业委员会数量与银行绩效正相关。

6. 董事持股与银行绩效

若董事会成员持股，则其利益最大化的目标会和股东目标一致，他们就会有更大动力监管管理者，降低代理问题的成本，从而提高银行业绩。

$H_6$：董事持股比例与银行绩效正相关。

7. 董事会成员综合素质与银行绩效

不论是在对公司管理者的监管方面，还是在帮助企业获取资源方面，公司董事的属性特征均会对公司运营产生重大的影响，因为董事们的属性特征不仅参与构建了公司治理的模式，而且在很大程度上影响着公司社会网络的构建，社会资源的利用和获取。

$H_7$：董事会成员学历与银行绩效正相关。

8. 股权集中度与银行绩效

股权集中度也是影响银行绩效的一个因素，但是股权集中度对公司业绩影响的研究并未得出统一的结论。如果股权过于分散，则股东对管理层的监管就会缺乏效率，代理问题会更严重，因而给公司业绩带来负面影响（Berle and Means, 1932）。但是，股权集中度过高也会产生不必要的成本，尤其是当公司管理层拥有过多的股权时，CEO可能会有更大的影响力而不受到有效公司治理结构的监管，从而使得代理问题更加严重（Morck, Shleifer and Vishny, 1988）。所以，在假设8里提出两个对立假设，并交实证数据来检验：

$H_{8-1}$：股权集中度与银行绩效负相关。

$H_{8-2}$：股权集中度与银行绩效正相关。

## 三 研究设计

### （一）变量定义

1. 解释变量

对于董事会结构，本章分别采取以下变量衡量银行董事会结构：

（1）董事会规模，即董事会的总人数；（2）独立董事比例，即独立董事人数占董事会总人数的比值；（3）董事会会议次数，即年度董事会会议次数；（4）董事薪酬，即董事会前三名董事薪酬总额除以银行总资产（按千元计算）；（5）董事会专业委员会数量，即专业委员会数量；（6）董事会股权，即董事持股总数占流通股总数的比例；（7）董事会成员综合素质，等于董事学历（低于大专为1，大专为2，本科为3，硕士研究生为4，博士为5）的平均数加上董事平均年龄的1/10。

表示股权集中度变量有：（1）银行前三大股东持股比例（$CR_3$）；（2）前五大股东赫芬达尔指数（$H_5$），即银行前五大股东持股比例的平方和。

2. 被解释变量

国外学者普遍采用托宾Q作为衡量银行业绩的指标，但由于我国资本市场建立时间较短，还存在大量非上市商业银行，因此相关研究较少采用托宾Q作为我国银行业绩的评价指标。本章采用净资产收益率（ROE）作为银行经营绩效衡量指标，该指标综合考虑到了银行财务状况的各个方面，具有很高的信息价值。

3. 控制变量

本章主要选取四个控制变量：（1）银行规模，即银行总资产的自然对数；（2）不良贷款率，即不良贷款与总贷款额的比值；（3）财务杠杆比率，即净资本与银行总资本的比值；（4）银行年龄，即银行成立的时间。

各变量的具体定义详见附录。

（二）样本选择与数据来源

从2005年开始，中国银行、中国建设银行、中国工商银行相继完成股份改革并成功上市，其他如中信银行、南京银行、交通银行、中国民生银行、华夏银行、北京银行、宁波银行等也陆续登陆A股股票市场。由于我国经济体制尚在转型中，以及信息披露的相关监管还不够完善，除了近年来上市的商业银行外，其他银行的经营数据和公司治理信息披露不全面，均衡的研究数据难以获得。因此，我们选取了1999—2013年，股改后的5家国有商业银行（中国银行、中国建设银行、中国工商银行、中国农业银行、交通银行）、8家全国性股份制商业银行（上海浦东发展银行、中国招商银行、兴业银行、深圳发展银行、华夏银行、中国民生银行、中信银行、中国光大银行）和3家城市商业银行（北京银行、南京银行、宁波银行）共16家商业银行的数据，对目前我国商业银行的总体状况有较好的代表性。

本章所需银行财务数据、董事会特征（包括董事会规模、独立董事比例、董事会会议次数、委员会设置等）数据均来自各商业银行年度报告。

### （三）变量的统计分析

以中国沪深上市的16家商业银行1999—2013年的统计数据为对象进行描述性统计，结果如附表1所示。通过附表1可以看出，董事会规模的均值为15.964，接近于中位数16，因此这16家商业银行董事会的平均规模为16人。独立董事比例的均值为0.324，同样十分接近中位数0.333，所以样本中商业银行的平均独立董事比例约为33%。董事会股权的均值为0.045，说明董事持股的平均比例为4.5%。对于董事会薪酬，均值为0.009，由于董事会薪酬的定义为董事会前三名董事薪酬总额，除以按千元计算的银行总资产，所以0.009的均值，代表对于每千元银行总资产，商业银行前三名董事的薪酬之和为0.009元。按照银行平均总资产29350亿元计算，则样本商业银行的前三名董事薪酬之和约为26.40百万元。银行专业委员会数量的均值为5.100，说明其专业委员会平均数量约为5。对于董事会成员的平均学历，我们观察到均值为4.008，按照董事会成员平均学历的划分标准，我们认为样本商业银行的董事会成员平均学历是硕士研究生。董事会会议次数均值为10.222，说明董事会年度会议大约召开10次。从股权结构变量看，银行前三大股东的持股比例之和均值为0.504，表示银行前三大股东的持股比例约为50.4%；银行前五大股东赫芬达尔指数（前五大股东股权比例的平方和）均值为0.154。银行其他相关变量的统计数据包括：银行净资产收益率（ROE），均值和中位数均接近于16.9%；公司总资产的均值为29350亿元；财务杠杆率，即总负债占总资产的比例，均值达到了95.23%，这一相当大的比例体现出了银行业的高杠杆性特征；公司年龄均值接近于14，说明样本中的商业银行平均年龄为14年；不良贷款率的均值为3.065%，即不良贷款占总贷款额的平均比值为3.065%。

附表2描述的是上述统计变量之间的相关性。首先，通过分析附表2可以看出，银行独立董事比例、董事薪酬、委员会数量、董事会成员学历以及董事会会议召开的次数均与ROE显著相关，这为董事会结构与银行绩效之间的相关关系提供了初步的证据。其次，控制变量中银行总资产、资产负债率以及公司年龄也与ROE显著相关，说明本章选取的这几个控制变量是有效的。具体观察相关系数之后我们可以看到，独立董事人数、委员会数量、董事会成员学历、董事会会议召开次数与银行绩效是正相关的,这与本章提出的相关假设一致。但是董事成员薪酬却与银行绩效负相关,这与假设不符。大部分假设虽然可以得到初步证实,但是无法根据相关系数判断是董事会结构影响银行绩效,还是银行绩效影响董事会结构,或者是二者之间存在相互影响。关于股权结构与ROE可以观察到相关性虽然不显著,但是,前三大股东持股比例之和以及前五大股东持股比例平方和均与银行绩效正相关。

### (四) 研究模型

为了验证假设1至假设8,本章建立以下回归模型:

$$ROE = \beta_0 + \beta_1 \log(BSIZE) + \beta_2 BI + \beta_3 Other\ Board\ Characteristics + \beta_4 H_5 + \beta_5 Control\ Variables + \varepsilon \tag{1.1}$$

式中,ROE为代表银行绩效的变量,即被解释变量。解释变量包括董事会规模[log(BSIZE),即董事成员人数的自然对数]、独立董事人数比例(BI)、其他表示董事会特征的变量,如董事会会议召开次数的自然对数、董事持股比例、董事专业委员会数量、董事会薪酬和董事成员平均学历。控制变量为银行总资产的自然对数、财务杠杆比率、公司年龄的自然对数和不良贷款率。

为了研究银行股权集中度与绩效之间的非线性关系,本章引入股权集中度变量平方项,建立以下回归模型:

$$ROE = \beta_0 + \beta_1 \log(BSIZE) + \beta_2 BI + \beta_3 CR_3 + \beta_4 CR_3^2 + \beta_5 H_5 + \beta_6 H_5^2 + \beta_7 Control\ Variables + \varepsilon \tag{1.2}$$

式中,表示股权集中度的解释变量除前三大股东持股比例之和($CR_3$)和前五大股东持股比例平方和($H_5$)之外,还加入了这两个变量的平方项来研究银行绩效是否与股权集中度存在非线性关系。

## 四 回归结果及分析

### (一) 董事会结构及董事会特征对银行绩效的影响

以银行净资产收益率(ROE)作为衡量银行绩效的指标,对模型(1.1)进行回归分析,结果如附表3所示。从附表3的结果可以看出,银行绩效与董事会规模显著负相关,在回归(1)中,log(董事会规模）的回归系数为 -5.359，并且在5%的水平上显著。说明董事会规模越大，即董事会成员的人数越多，银行的绩效反而越低。这一结果与假设1相符，并且与陈科（2008）、谭兴民等（2010）对商业银行绩效的研究结果相符。董事会的规模越大，董事之间的矛盾可能会更加突出，董事会成员"搭便车"的现象也会更多，从而降低董事会对银行进行监管的效率。对于董事会结构的另一个变量独立董事比例，我们观察到回归结果并不显著，在回归（2）中，独立董事比例回归系数的P值为0.988。独立董事比例和银行绩效并没有显著的相关关系，这一结果和以前研究结果一致。针对这一现象，本章在不同情况下对独立董事比例和银行业绩的关系进行了深入分析，回归结果将在下一部分进行阐释。

除代表董事会结构的董事会规模和独立董事比例之外，衡量董事会其他特征的变量也对银行绩效产生了显著的影响。在回归（2）中发现，董事持股比例对银行绩效有显著的正向影响，董事会持股比例的回归系数为3.581，并且在1%的水平上显著，说明董事会持股每增加1%，则银行ROE会增加3.581%。在回归（3）中，董事会薪酬的回归系数为80.175，并在5%的水平上显著。董事会薪酬的定义为董事会前三名董事薪酬总额除以按千元计算的银行总资产。按照银行平均总资产29350亿元计算，当董事会薪酬提高2935000元时，该变量增加0.001，银行ROE会提高8.0175%（80.175×0.001）。在回归（4）和（5）中，董事会会议次数和董事会专业委员会数量都对银行业绩ROE产生了正向影响，并且都在10%的水平上显著。这些结果分别验证了假设3至假设6，它们说明：董事持股比例越高或者董事薪酬越高，董事就会有越大动机去监管银行的运营，银行的绩效就会得到提高。而董事会的年度会议召开次数越多，说明董事会对银行监管的力度越大，银行的业绩也会更好。同样，专业委员会的数量越多，董事会监管的专业程度就越好，这也会对银行绩效的提高产生积极作用。最后，在回归（6）里，我们发现银行绩效与董事会成员的平均学历负相关，但是结果并不显著，这和我们的假设7不相符。

在附表3回归结果中还观察到银行绩效与前五大股东持股比例的平方和显著负相关，这一结果表明银行股权集中度对银行绩效具有负向的影响，即银行股权集中不利于银行绩效的提高。所以，我们初步推断银行应当适当减小股东持股的集中度。在控制变量中，银行绩效与银行规模（银行总资产的自然对数）显著正相关，与不良贷款率显著负相关，说明银行为了改善绩效应当增加总资产并且控制不良贷款的比例。这些结果和以前的研究相一致。

### (二) 董事会独立董事对银行绩效的影响

在假设 2 中，我们提出独立董事可以更有效地对银行管理层进行监管和建议，因此独立董事比例应该和银行业绩正相关。但是在附表 3 的结果中，我们发现二者并没有显著的相关关系。为了进一步研究董事会独立董事的作用，我们在这一部分探讨在什么情况下独立董事会对公司绩效产生正面的影响。一般认为，独立董事能更好地保护股东的利益，减少公司代理问题，因而在股东利益受到损害的时候，独立董事能发挥更好的作用。附表 3 中的结果显示，银行股权集中度和 ROE 之间存在显著的负相关关系，当银行股权集中度较高的时候，大股东可能会侵占小股东的利益。因此我们期望，在这样的情况下，独立董事能发挥有效的监管作用。另外，当董事成员本身持有股份时，董事成员的利益和股东的利益更为一致，董事会将更有动力发挥有效的监管作用，使得股东利益最大化。基于以上分析，本章进一步分析了独立董事在高股权集中度及低股权集中度下对银行绩效的不同影响，以及在董事持股与不持股的情况下独立董事对银行绩效的不同影响，检验结果如附表 4 所示。附表 4 回归 (1) 和回归 (2) 分别采用股权集中度高于中值和低于中值的子样本，对模型 (1) 进行回归，回归结果显示，当股权集中度较高时，银行绩效与独立董事比例显著正相关；而当股权集中度较低时，则呈现出了不显著的负相关关系。这说明当银行的股权较集中时，独立董事可以更好地行使监管作用，保护股东利益，独立董事的增多能够有效地制衡大股东的权力，从而抑制大股东的"掏空"行为，对银行的绩效产生正面的影响。在回归 (3) 和回归 (4) 中，分别采用董事会成员持股和董事会成员不持股的子样本分别对模型 (1) 进行回归。我们发现，当董事会成员持股时，独立董事比例的增加有利于银行绩效的提高，而当董事会成员不持股时，这种关系则不显著。这可能是因为独立董事持股增加了其对银行进行监管的动力，从而更好地保护股东利益，有利于银行发展。

### (三) 股权集中度对银行绩效的影响

除了董事会结构外，我们进一步研究股权集中度对银行绩效产生的影响。在附表3和附表4的回归中,我们用前5大股东持股平方和(赫芬达尔指数)来作为股权集中度的度量,并作为控制变量放入回归模型,结果发现,股权集中度和银行绩效之间存在显著的负相关关系。为了研究银行绩效与股权集中度之间是否存在非线性关系,本章在回归中加入了股权集中度变量的平方项,回归结果如附表5所示。在附表4回归(1)和回归(2)中,我们分别用银行前三大股东持股比例之和($CR_3$),和前五大股东持股比例的平方和($H_5$),作为股权集中度的衡量,结果发现无论是前三大股东持股比例之和,还是前五大股东持股比例平方和都对银行绩效有负面的影响,并且回归结果显著。在回归(3)和(4)中,我们分别加入了股权集中度变量的平方项,发现股权集中度的平方项和ROE并无显著的相关关系。这一结果表明银行绩效与股权集中度并不存在明显的非线性关系,并没有验证刘艳妮、张航等(2011)得出的前五大股东持股比例之和与综合绩效呈显著的倒U形关系的结论。附表5的分析指出,我国商业银行股权集中度和银行业绩之间存在显著的线性负相关关系,银行为了提高绩效,可以适当考虑分散股权。

最后,进一步探讨董事会结构不同时股权集中度对银行业绩影响。一方面,独立董事可以起到更有效的监管,在独立董事比例较高时,董事会的有效监管可以抑制大股东的"掏空"行为,从而抑制股权集中度对银行业绩的负面影响。另一方面,Boot、Gopalan和Thakor(2008)指出,在股东比较分散的结构中,最优的公司管理结构应该赋予CEO更多的决定权和自主权,否则如果股东权力过大,过多地干预管理层的决策,则管理层就会缺乏管理的动力。因此,在独立董事比例较高时,CEO的权利会被抑制,而当股权集中度进一步提高时,股东的权利进一步提高,削弱CEO的权力和管理的积极性,从而对公司业绩产生负面影响。我们根据独立董事比例的高低对样本进行划分,分别用高独立董事比例的子样本和低独立董事的子样本对附表5的回归(1)和(2)重新回归检验,研究结果如附表6所示。在独立董事比例较高的情况下,衡量股权集中度的变量,无论是银行前三大股东持股比例之和($CR_3$)还是前五大股东持股比例的平方和($H_5$),都与银行绩效显著负相关。而当独立董事比例较低时,银行绩效与股权集中度之间的负相关关系则不再显著。这一结果与Boot、Gopalan和Thakor(2008)的理论一致,当独立董事比例和银行股权集中度都较高时,独立董事和大股东就会削弱CEO的权力,降低管理层管理的积极性,对银行的经营产生间接的负面影响，导致银行绩效变差。

## 五　研究结论

本章采用1999—2013年我国16家商业银行数据，以银行的净资产收益率作为被解释变量，分析了董事会结构及股权集中度对银行绩效的影响。

研究结果表明，董事会规模与银行绩效有显著的负相关关系，而对于董事会结构的另一个变量独立董事比例，我们观察到回归结果并不显著。在进一步研究中，我们发现，当股权集中度较高以及董事成员持股时，银行绩效与独立董事比例显著正相关。在对董事会其他特征的分析中，我们发现董事持股比例、董事会薪酬、董事会会议次数和董事会专业委员会数量都对银行绩效产生了显著的正向影响，但是银行绩效与董事会成员的平均学历并没有显著的相关关系。

在对股权集中度和银行绩效关系的研究结果中，我们观察到股权集中度对于银行绩效有负面的影响，但是，这种影响没有呈现出非线性的关系。当董事会结构不同时，股权集中度对银行绩效的影响也不相同：在独立董事比例较高的情况下，银行绩效与股权集中度呈现出了显著的负相关关系，而独立董事比例较低时负相关关系不显著。

基于上述研究结果提出以下政策建议：第一，董事会规模越大，董事成员"搭便车"现象可能会更突出，董事执行监管的效率会降低，所以精简的董事会结构有利于银行绩效的提高。第二，银行应当设立相应激励机制调动董事积极性，使董事目标与银行目标一致。第三，为了充分发挥独立董事对银行的监管作用，可以让董事持股，而在股权集中度较高的银行，更应该重视独立董事的监管作用。第四，较低的股权集中度有利于银行绩效的提高，对于这种低股权集中度促进银行业绩提高的效应，应该伴有较好的董事会监管，例如有较高的独立董事比例。

其他的董事会特征，诸如董事会成员的工作经历，金融管理的背景等，也可能是影响董事会有效监管的潜在因素，但是，由于数据不完全，无法做进一步研究，这些问题将留待今后研究来检验。

**参考文献**

1. 陈科、宋增基：《战略投资者、公司治理与银行绩效——对中国城市商业银行的实证研究》，《金融论坛》2008 年第 12 期。
2. 刘艳妮、张航、邝凯：《商业银行股权结构与经营绩效的关系——基于上市银行的实证分析》，《金融论坛》2011 年第 7 期。
3. 刘志坚、申云：《商业银行公司治理对业绩影响的实证研究》，《科技广场》2014 年第 5 期。
4. 潘敏、李义鹏：《商业银行董事会治理：特征与绩效——基于美国银行业的实证研究》，《金融研究》2008 年第 7 期。
5. 宋增基、陈全、张宗益：《上市银行董事会治理与银行绩效》，《金融论坛》2007 年第 5 期。
6. 谭兴民、宋增基、杨天赋：《中国上市银行股权结构与经营绩效的实证分析》，《金融研究》2010 年第 11 期。
7. 王朝弟：《中小商业银行公司治理机制与经营绩效关系的实证分析》，《南开管理评论》2007 年第 4 期。
8. 王擎、潘李剑：《股权结构、金融生态与城市商业银行绩效》，《投资研究》2012 年第 4 期。
9. 杨德勇、曹永霞：《中国上市银行股权结构与绩效的实证研究》，《金融研究》2007 年第 5 期。
10. 赵昌文、杨记军、夏秋：《中国转型期商业银行的公司治理与绩效研究》，《管理世界》2009 年第 7 期。
11. 祝继高、饶品贵、鲍明明：《股权结构、信贷行为与银行绩效——基于我国城市商业银行数据的实证研究》，《金融研究》2012 年第 7 期。
12. Boot, Arnoud, Radhakrishnan Gopalan, and Anjan Thakor, "Market liquidity, investor Participation, and managerial autonomy: Why do firms go private?", *Journal of Finance*, 2008, pp. 2013 – 2059.
13. Linck, James, Jeffry Netter, and Tina Yang, "The effects and unintended consequences of the Sarbanes – Oxley Act on the supply and demand for directors", *Review of Financial Studies*, Vol. 22, 2009, pp. 3287 – 3326.
14. Morck, Randall, Andrei Shleifer, and Robert W. Vishny, "Management ownership and market valuation", *Journal of Financial Economics*, 1988, pp. 293 – 315.
15. Yermack, David, "Higher market valuation of companies with a small board of directors", *Journal of Financial Economics*, 1996, pp. 185 – 212.

附表1　　　　　　　　　　　　变量的描述性统计

| | 均值 | 中位数 | 标准差 |
|---|---|---|---|
| 董事会结构特征 | | | |
| 董事会规模 | 15.964 | 16 | 2.195 |
| 独立董事比例 | 0.324 | 0.333 | 0.091 |
| 董事会股权 | 0.045 | 0 | 0.187 |
| 董事薪酬 | 0.009 | 0.005 | 0.014 |
| 董事会专业委员会数量 | 5.100 | 6 | 1.637 |
| 董事平均学历 | 4.008 | 4.028 | 0.304 |
| 董事会会议次数 | 10.222 | 10 | 3.920 |
| 股权特征 | | | |
| 前三大股东持股比例 | 0.504 | 0.372 | 0.267 |
| 前五大股东赫芬达尔指数 | 0.154 | 0.059 | 0.161 |
| 银行其他特征 | | | |
| 净资产回报率（%） | 16.85 | 16.88 | 4.86 |
| 总资产（亿元） | 29350 | 11980 | 39650 |
| 财务杠杆比率（%） | 95.23 | 94.76 | 2.87 |
| 银行年龄 | 13.938 | 14 | 7.065 |
| 不良贷款率 | 3.065 | 1.345 | 4.595 |
| 样本容量 | 191 | | |

注：该表报告了在中国沪深上市的16家商业银行1999—2013年的统计数据。董事会变量包括董事会规模、董事会独立董事比例、董事会股权（董事持股总数占流通股总数的比例）、董事薪酬［董事前三名薪酬总额，除以银行总资产（按千元计算）］、董事会专业委员会数量、董事会成员平均学历（低于大专为1，大专为2，本科为3，研究生为4，博士为5），以及董事会会议次数。股权结构变量包括前三大股东持股比例，以及前五大股东赫芬达尔指数（前五大股东持股比例平方和）。公司其他变量包括净资产收益率（ROE）、总资产、财务杠杆、公司年龄以及不良贷款率。

附表 2　相关系数

| | 净资产收益率 | 总资产 | 财务杠杆比率 | 银行年龄 | 不良贷款率 | 董事会规模 | 独立董事比例 | 董事会股权 | 董事薪酬 | 董事会专业委员会数量 | 董事平均学历 | 董事会会议次数 | 前三大股东持股比例 |
|---|---|---|---|---|---|---|---|---|---|---|---|---|---|
| 总资产 | 0.168 [0.028] | | | | | | | | | | | | |
| 财务杠杆比率 | 0.206 [0.007] | -0.136 [0.060] | | | | | | | | | | | |
| 银行年龄 | 0.155 [0.045] | -0.017 [0.823] | 0.115 [0.126] | | | | | | | | | | |
| 不良贷款率 | -0.094 [0.239] | -0.017 [0.819] | 0.668 [0.000] | -0.065 [0.407] | | | | | | | | | |
| 董事会规模 | 0.017 [0.844] | -0.278 [0.001] | 0.139 [0.102] | 0.163 [0.055] | -0.119 [0.179] | | | | | | | | |
| 独立董事比例 | 0.274 [0.001] | 0.188 [0.027] | 0.021 [0.803] | 0.284 [0.001] | -0.292 [0.001] | 0.108 [0.205] | | | | | | | |
| 董事会股权 | -0.077 [0.376] | -0.163 [0.059] | -0.257 [0.003] | -0.077 [0.375] | -0.126 [0.161] | 0.153 [0.076] | 0.015 [0.860] | | | | | | |

续表

| | 净资产收益率 | 总资产 | 财务杠杆比率 | 银行年龄 | 不良贷款率 | 董事会规模 | 独立董事比例 | 董事会股权 | 董事薪酬 | 董事会专业委员会数量 | 董事平均学历 | 董事会会议次数 | 前三大股东持股比例 |
|---|---|---|---|---|---|---|---|---|---|---|---|---|---|
| 董事薪酬 | -0.228 [0.009] | -0.420 [0.000] | -0.142 [0.108] | 0.035 [0.697] | 0.197 [0.028] | -0.029 [0.747] | -0.078 [0.382] | 0.420 [0.000] | | | | | |
| 董事会专业委员会数量 | 0.443 [0.000] | 0.245 [0.004] | -0.132 [0.121] | 0.276 [0.001] | -0.463 [0.000] | 0.073 [0.391] | 0.764 [0.000] | 0.099 [0.250] | 0.070 [0.427] | | | | |
| 董事平均学历 | 0.367 [0.000] | 0.191 [0.045] | 0.006 [0.947] | 0.300 [0.002] | -0.219 [0.022] | -0.045 [0.641] | 0.105 [0.277] | -0.474 [0.000] | -0.366 [0.000] | 0.169 [0.078] | | | |
| 董事会会议次数 | 0.175 [0.043] | 0.282 [0.001] | 0.001 [0.992] | 0.071 [0.409] | 0.054 [0.539] | -0.107 [0.218] | 0.062 [0.476] | -0.080 [0.362] | -0.036 [0.689] | 0.142 [0.101] | 0.291 [0.002] | | |
| 前三大股东持股比例 | 0.119 [0.179] | 0.797 [0.000] | -0.397 [0.000] | -0.276 [0.002] | -0.109 [0.221] | -0.379 [0.000] | -0.011 [0.903] | -0.186 [0.039] | -0.478 [0.000] | -0.006 [0.948] | 0.128 [0.186] | 0.206 [0.020] | |
| 前五大股东赫芬达尔指数 | 0.043 [0.630] | 0.712 [0.000] | -0.350 [0.000] | -0.446 [0.000] | -0.060 [0.502] | -0.379 [0.000] | -0.026 [0.772] | -0.170 [0.060] | -0.415 [0.000] | -0.078 [0.383] | 0.062 [0.519] | 0.275 [0.002] | 0.946 [0.000] |

注：该表报告了在中国沪深上市的 16 家商业银行 1999—2013 年各统计变量（附表 1 中的各个变量）之间的相关系数（括号里的数字是相关系数的 P 值）。

附表3　　　　　董事会结构及董事会特点对银行绩效影响

| | 被解释变量：净资产收益率（ROE） | | | | | |
|---|---|---|---|---|---|---|
| | （1） | （2） | （3） | （4） | （5） | （6） |
| 董事会股权 | | 3.581*** [0.000] | | | | |
| 董事薪酬 | | | 80.175* [0.056] | | | |
| log（董事会会议次数） | | | | 1.588** [0.045] | | |
| 董事会专业委员会数量 | | | | | 1.364** [0.037] | |
| 董事平均学历 | | | | | | -0.252 [0.785] |
| log（董事会规模） | -5.359** [0.025] | -6.436*** [0.006] | -4.069* [0.074] | -5.390** [0.026] | -5.652** [0.042] | -1.778 [0.473] |
| 独立董事比例 | 0.152 [0.988] | 0.021 [0.998] | 3.066 [0.752] | 1.082 [0.908] | -0.137 [0.989] | -0.116 [0.986] |
| log（总资产） | 1.891*** [0.000] | 2.197*** [0.000] | 2.415*** [0.000] | 1.826*** [0.000] | 1.638*** [0.000] | 1.991*** [0.000] |
| 财务杠杆比率 | 0.406 [0.113] | 0.535** [0.023] | 0.540** [0.044] | 0.388 [0.117] | 0.532* [0.055] | 0.407* [0.074] |
| log（银行年龄） | 0.437 [0.523] | 0.556 [0.472] | 0.206 [0.798] | 0.212 [0.760] | 0.420 [0.543] | -0.296 [0.621] |
| 不良贷款率 | -0.770** [0.041] | -0.703** [0.037] | -0.770** [0.049] | -0.811** [0.024] | -0.586 [0.154] | -2.015*** [0.000] |
| 前五大股东赫芬达尔指数 | -10.212*** [0.003] | -10.635*** [0.005] | -10.553** [0.016] | -11.251*** [0.002] | -7.658** [0.032] | -10.236*** [0.003] |
| 常量 | -58.167** [0.020] | -76.432*** [0.000] | -90.160*** [0.001] | -57.611** [0.014] | -70.250*** [0.010] | -66.389*** [0.002] |
| 样本容量 | 126 | 122 | 122 | 126 | 126 | 108 |
| 调整的 $R^2$ | 45% | 47% | 45% | 46% | 50% | 52% |

注：该表对1999—2013年在中国沪深上市的16家商业银行的数据进行OLS回归分析。所有OLS回归的被解释变量均为净资产收益率（ROE）。董事会的结构包括董事会规模和董事会独立董事比例，董事会的其他特征包括董事会股权、董事薪酬、董事会会议次数的自然对数、董事会专业委员会数量，以及董事会成员平均学历。所有变量的定义参见附录。回归在公司层面上对标准误差进行聚类分析，括号里报告了相关回归系数的P值。回归系数后用***、**和*分别表示该系数在1%、5%和10%的水平上显著。

附表4　　　　　董事会独立董事对银行绩效的影响分析

| | 被解释变量：净资产收益率（ROE） | | | |
|---|---|---|---|---|
| | 股权集中度 | | 董事是否持股 | |
| | 高 | 低 | 是 | 否 |
| | (1) | (2) | (3) | (4) |
| 独立董事比例 | 12.737* | -19.483 | 6.924* | -8.762 |
| | [0.078] | [0.146] | [0.073] | [0.354] |
| log（董事会规模） | -5.785** | -0.876 | 0.721 | -0.393 |
| | [0.028] | [0.802] | [0.825] | [0.901] |
| log（总资产） | 1.956*** | 1.806** | 1.412* | 2.343*** |
| | [0.004] | [0.024] | [0.097] | [0.001] |
| 财务杠杆比率 | 1.791*** | -0.016 | 0.449 | 1.049** |
| | [0.003] | [0.973] | [0.101] | [0.034] |
| log（银行年龄） | -0.631 | 3.378 | -1.897 | 0.304 |
| | [0.401] | [0.102] | [0.122] | [0.633] |
| 不良贷款率 | -1.367** | -0.600 | -0.549** | -2.201*** |
| | [0.020] | [0.374] | [0.014] | [0.000] |
| 前五大股东赫芬达尔指数 | -8.272* | -27.151 | -10.332 | -6.124 |
| | [0.069] | [0.589] | [0.149] | [0.169] |
| 常量 | -190.656*** | -29.248 | -62.196*** | -141.038** |
| | [0.002] | [0.364] | [0.005] | [0.026] |
| 样本容量 | 64 | 62 | 32 | 90 |
| 调整的 $R^2$ | 60% | 46% | 3% | 54% |

注：该表对1999—2013年在中国沪深上市的16家商业银行的子样本数据进行OLS回归分析。所有OLS回归的被解释变量均为净资产收益率（ROE）。首先按照股权集中度（前五大股东赫芬达尔指数）样本中值对样本进行划分，回归（1）采用股权集中度高于中值的子样本，回归（2）采用股权集中度低于中值的子样本。然后按照董事会成员的股权对样本进行划分，回归（3）是董事会成员持股（持股比例大于0）的子样本，回归（4）是董事会成员未持股（持股比例等于0）的子样本。所有变量的定义参见附表。回归在公司层面上对标准误差进行聚类分析，括号里报告了相关回归系数的P值。回归系数后用***、**和*分别表示该系数在1%、5%和10%的水平上显著。

附表5　　　　　银行股权集中度对银行绩效的影响

| | 被解释变量：净资产收益率（ROE） | | | |
|---|---|---|---|---|
| | (1) | (2) | (3) | (4) |
| 前三大股东持股比例 | -0.071*** [0.009] | | -0.085 [0.383] | |
| （前三大股东持股比例）^2 | | | 0.000 [0.860] | |
| 前五大股东赫芬达尔指数 | | -10.212*** [0.003] | | -14.959* [0.092] |
| （前五大股东赫芬达尔指数）^2 | | | | 9.256 [0.530] |
| log（董事会规模） | -5.841** [0.011] | -5.359** [0.025] | -5.760** [0.012] | -5.425** [0.020] |
| 独立董事比例 | -0.084 [0.993] | 0.152 [0.988] | -0.083 [0.993] | -0.149 [0.988] |
| log（总资产） | 2.1111*** [0.000] | 1.891*** [0.000] | 2.098*** [0.000] | 1.951** [0.000] |
| 财务杠杆比率 | 0.296 [0.280] | 0.406 [0.113] | 0.289 [0.335] | 0.389 [0.138] |
| log（银行年龄） | 0.819 [0.165] | 0.437 [0.523] | 0.868 [0.127] | 0.517 [0.469] |
| 不良贷款率 | -0.750** [0.038] | -0.770** [0.041] | -0.754** [0.035] | -0.763** [0.043] |
| 常量 | -51.568*** [0.034] | -58.167** [0.020] | -50.548* [0.070] | -57.855** [0.021] |
| 样本容量 | 126 | 126 | 126 | 126 |
| 调整的 $R^2$ | 46% | 45% | 45% | 44% |

注：该表对1999—2013年在中国沪深上市的16家商业银行的数据进行OLS回归分析。所有OLS回归的被解释变量均为净资产收益率（ROE）。回归分析中分别采用两个变量作为股权集中度的度量。在回归（1）和回归（3）中，股权集中度的度量是前三大股东持股比例；在回归（2）和回归（4）中，股权集中度的度量是前五大股东赫芬达尔指数（前五大股东持股比例平方和）。所有变量的定义参见附表。回归在公司层面上对标准误差进行聚类分析，括号里报告了相关回归系数的P值。回归系数后用***、**和*分别表示该系数在1%、5%和10%水平上显著。

附表6　股权集中度对银行绩效影响在不同子样本下的分析

| | 被解释变量：净资产收益率（ROE） | | | |
|---|---|---|---|---|
| | 高董事会独立性 | | 低董事会独立性 | |
| | （1） | （2） | （3） | （4） |
| 前三大股东持股比例 | -0.078*** | | -0.047 | |
| | [0.003] | | [0.195] | |
| 前五大股东赫芬达尔指数 | | -12.730*** | | -8.801 |
| | | [0.002] | | [0.159] |
| log（董事会规模） | -4.943** | -4.579** | -4.872 | -4.649 |
| | [0.023] | [0.050] | [0.202] | [0.213] |
| 独立董事比例 | -15.239 | -9.837 | 24.942 | 27.320 |
| | [0.142] | [0.447] | [0.380] | [0.344] |
| log（总资产） | 2.539*** | 2.364*** | 1.750*** | 1.734*** |
| | [0.000] | [0.000] | [0.003] | [0.002] |
| 财务杠杆比率 | 0.333 | 0.472 | 0.463 | 0.492 |
| | [0.274] | [0.119] | [0.182] | [0.129] |
| log（银行年龄） | -0.183 | -1.078 | 1.048 | 0.584 |
| | [0.817] | [0.210] | [0.288] | [0.621] |
| 不良贷款率 | -1.709*** | -2.052*** | -0.689 | -0.623 |
| | [0.003] | [0.000] | [0.382] | [0.435] |
| 常量 | -59.907** | -70.470** | -69.382*** | -72.931*** |
| | [0.017] | [0.011] | [0.007] | [0.003] |
| 样本容量 | 67 | 67 | 59 | 59 |
| 调整的 $R^2$ | 62% | 65% | 39% | 39% |

注：该表对1999—2013年在中国沪深上市的16家商业银行的子样本数据进行OLS回归分析。所有OLS回归的被解释变量均为净资产收益率（ROE）。按照董事会独立董事比例样本中值对样本进行划分，回归（1）和回归（2）采用独立董事比例高于中值的子样本，回归（3）和回归（4）采用独立董事比例低于中值的子样本。回归分析中分别采用两个变量作为股权集中度的度量。在回归（1）和回归（3）中，股权集中度的度量是前三大股东持股比例；在回归（2）和回归（4）中，股权集中度的度量是前五大股东赫芬达尔指数（前五大股东持股比例平方和）。所有变量的定义参见附录。回归在公司层面上对标准误差进行聚类分析，括号里报告了相关回归系数的P值。回归系数后用***、**和*分别表示该系数在1%、5%和10%的水平上显著。

附表7　　　　　　　　　　　　各变量定义

| | 变量 | 定义 |
|---|---|---|
| 被解释变量 | 净资产收益率 | 净利润/平均股东权益 |
| 解释变量 | 董事会规模 | 董事会的总人数 |
| | 独立董事比例 | 独立董事人数/董事会总人数 |
| | 董事会会议次数 | 年度董事会会议次数 |
| | 董事薪酬 | 董事会前三名董事薪酬总额，除以银行总资产（按千元计算） |
| | 董事会专业委员会数量 | 专业委员会数量 |
| | 董事会股权 | 董事持股总数/流通股总数 |
| | 董事会成员综合素质 | 董事学历（低于大专为1，大专为2，本科为3，硕士研究生为4，博士为5）的平均数加上董事平均年龄的1/10 |
| | 前三大股东持股比例 | 前三大股东持股比例之和 |
| | 前五大股东赫芬达尔指数 | 前五大股东持股比例的平方和 |
| 控制变量 | 银行规模 | 银行总资产的自然对数 |
| | 不良贷款率 | 不良贷款/总贷款额 |
| | 财务杠杆比率 | 净资本/总资本 |
| | 银行年龄 | 银行成立的时间 |

# 第二章 高管激励体系对公司业绩影响的实证研究

## 一 引 言

对于企业代理问题的研究，始于 1932 年伯利和米恩斯（Berle and Means）。随着现代企业制度的发展，企业所有权和经营权相互分离，由此引发了企业经营者与企业所有者之间目标的不一致、信息不对称和利益不兼容等问题，因此，如何对高级管理层人员进行有效激励，以达到提升公司业绩的目标一直是理论界和实务界关心的重要问题，这一问题不仅与公司绩效紧密相关，更关系现代公司治理制度的完善和整个宏观经济资源配置的效率。

放眼我国，随着股份公司的兴起，上市公司数目不断增多。我国主板市场作为我国证券发行、上市及交易的主要场所，对发行人的营业期限、股本大小、盈利水平、最低市值等方面的要求标准较高。相对其他板块的上市公司，主板上市公司多为大型成熟企业，具有较大的资本规模以及稳定的盈利能力，高管激励体制相对合理而健全，公司的发展在推动我国宏观经济发展方面发挥着越来越重要的作用。但与此同时，伴随着上市公司所有权和经营权的分离，公司内部的委托代理问题日益突出。管理层对于个人利益最大化的追求，加之如今现代公司经营权与所有权的分离现状，公司所有权的拥有者——广大股东难以对公司高管进行有效监督，这在一定程度上影响了公司绩效的提升和公司的长远发展。为了使高级管理层与股东利益尽可能地一致，保证高管层在满足个人利益的同时能努力工作提升公司绩效，主板上市公司需要建立一套能够有效激励高管层行为的激励机制。

目前，我国上市公司高管激励制度仍面临激励水平失衡和激励结构矛盾等问题。在激励水平方面，近年来上市公司高管收入平均年增长率高达30%，大大超过了宏观经济的增长速度，由此可见，高管激励水平与我国宏观经济发展水平不符。在激励结构方面，我国高管激励制度存在中长期激励失衡矛盾，上市公司中只有极少数真正建立起中长期激励机制，约90%的公司目前仍以中短期激励为主。除此之外，高管层激励措施中存在的现金比例失调问题及精神激励匮乏问题也显示了我国高管激励措施急需完善。

以上因素直接推动了学界对高管激励体系中能够有效提升公司绩效的激励措施的探索与实践。在我国市场化进程加快和现代企业制度的逐步完善的大背景下，本章以中国主板上市公司为研究样本，采用面板回归分析，主要研究了公司高管激励体系和董事会治理的独立性对公司绩效的影响，并进一步研究了在不同国有股份比例和公司资产规模的情况下，高管激励措施的激励效应将会有怎样的变化，为我国公司治理提供了直接的经验支持。

## 二　理论基础与文献综述

### （一）高管激励制度理论基础

1. 委托—代理理论

早在1776年，亚当·斯密（Adam Smith）就提出管理者并非天然勤勉尽责以及毫无贪念，其利益在某些情况下会与所有者利益发生冲突。1932年，伯利和米恩斯（Berle and Means）指出，企业所有者同时扮演经营管理者角色的做法存在着极大的弊病，并在此基础上提出了委托—代理理论。他们指出，公司的所有权应与经营权相分离，即保留剩余索取权的企业所有者应让渡企业控制权。1976年，经济学家詹森（Jensen）正式将这一企业所有者与经营者的特殊关系定义为委托—代理关系。在委托—代理的关系中，由于委托人与代理人的目标不一致，有时代理人的行为会损害委托人利益并降低企业效率。詹森（Jensen）与梅克林（Meckling）将这种由于管理者与所有者利益不一致所导致的效率损失定义为代理成本。在委托—代理理论支持下，高管激励机制的建立显得尤为重要。

它的存在使得管理层将自身利益与股东利益保持一致,从而减少代理成本,带来公司价值的增长。

2. 人力资本理论

人力资本（HCM）理论最早起源于经济学研究领域。20世纪60年代,美国经济学家舒尔茨和贝克尔创立人力资本理论,同时开辟了关于人类生产能力的崭新思路。该理论认为,人力资本是体现在人身上的资本,即对生产者进行教育、职业培训等支出和生产者在接受教育时机会成本的总和,表现为蕴含于人身上的各种生产知识、劳动与管理技能以及健康素质存量的总和。人力资本管理理论建立在人力资源管理基础之上,综合了"人"的管理与经济学的"资本投资回报"两大分析维度,将企业中的人作为资本进行投资与管理,根据不断变化的人力资本市场情况和投资收益率等信息,及时调整管理措施,从而获得长期价值回报。公司高管层作为高素质管理人员,身上蕴含大量劳动与管理技能,是具有很高价值的人力资源。对于高管层的激励能够有效促进高质量人力资源的高效运用,从而提升公司经营效率,实现公司健康稳定发展。

3. 公司治理理论

公司治理理论是企业理论的重要组成部分。该理论以现代公司为主要研究对象,以对公司管理层的监督与激励为核心内容,不但体现了公司治理结构中对经营者的监督与制衡,也强调了如何通过建立合理监督和激励机制来保证公司经营决策的有效性和科学性,从而维护公司多方相关者利益。高管激励制度体现了公司治理理论的核心内容,其必要性得到公司治理理论的强力支撑。

4. 期望理论

期望理论,是由北美著名心理学家和行为科学家维克托·弗鲁姆（Victor H. Vroom）于1964年在《工作与激励》中提出来的激励理论。该理论论证了要激励员工,就必须让员工明确:工作能提供给他们真正需要的东西;他们欲求的东西是和绩效联系在一起的;只要努力工作就能提高他们的绩效。公司高管激励机制的建立将高管的期望和欲求与公司绩效挂钩,使高管层在追求个人利益的同时提升公司绩效,在一定程度上符合期望理论的阐述。

(二) 国外研究现状

外国学者对激励体系中的重要成分——高管薪酬对公司绩效影响做了

大量研究。墨菲（Murphy，1985）收集了1964—1981年美国73家公司样本数据，研究分析了高管薪酬与公司股价绩效之间的相关性。统计表明，高管薪酬与股价绩效之间弹性明显，后将奖金、期权等激励加入模型中，发现现金激励总和对公司价值弹性近似为0.11。同年，高夫兰（Coughlan）和施米特（Schmidt）根据1978—1982年间149家美国公司数据，得出与墨菲（1985）相一致的结论，即公司高管薪酬与公司股价绩效正相关。以上结论在霍尔和利伯曼（Hall and Liebman，1998）的研究中再次得到证实，他们利用1980—1994年15年间美国上百家公众持股最大商业公司数据得出公司高管薪酬与公司绩效之间存在强相关的结论，并认为随着经营者报酬结构中股票期权比重不断增大，经营者报酬对公司绩效的正向影响不断增强。

与之前结论相左的观点于1990年在詹森和墨菲的《绩效报酬与对高层管理的激励》一文中得以体现。他们估计了1974—1986年间美国1295家公司10400名高级管理人员的薪酬与公司绩效敏感度，结果表明，CEO的财富在股东财富变化1000美元的情况下仅有3.25美元的同向变动。所以，研究结论表明，高管层报酬虽与公司绩效间存在正向关系，但其经济学意义并不大，即对CEO的薪酬激励对公司绩效提升作用并不显著。与以上结论类似，Andjelkovicyle和McNoe（2001）以新西兰公司为研究样本，发现公司中CEO的薪酬与公司绩效间不存在显著相关性。

除薪酬激励外，西方学者对股权激励与企业绩效之间关系的实证研究也较多，同样没有得出一致结论。詹森和梅克林（1976）最早展开对高管层持股比例与公司绩效关系的研究。他们提出"利益汇聚假说"，认为管理层持股汇聚了管理者和股东利益，因此管理层持股比例上升会带来公司绩效的提升。卡普兰（Kaplan，1989）和史密斯（Smith，1990）的研究同样表明高管持股对公司绩效具有激励效应。莫兰（Moran，1995）对1979年与1980年间美国工业企业的数据进行研究后发现，CEO持股比例与公司经营业绩间存在显著的正相关性。有趣的是，芒克、谢菲尔和维斯尼（Monck Shellfire and Vishay，1988）抽取了371家在《财富》杂志排名前500家公司为样本，发现股权激励与公司绩效间非单纯的线性关系，随着持股比例不断变化，该激励措施对公司绩效产生不同影响。与上述结论不同，德姆塞茨与莱恩（Dements and Lehn，1985）抽取511

家 1980 年上市的公司为研究样本，基于会计收益率指标对公司高管层持股比率进行回归分析，研究结果并没发现高管持股比例与公司绩效间存在显著关系。

与国内情况不同，股票期权的使用在西方高管激励体系中占重要地位。霍尔和利伯曼利用布莱克—肖尔斯模型（Black – Scholes model）对 1980—1990 年年初 478 家美国公司绩效实证研究发现，股票期权与公司绩效间的正相关性比工资和奖金与公司绩效之间的相关性更加显著。同样，Michelle Hanlon（2002）等通过计算新授予公司最高层 5 名 CEO 的股票期权现值发现，股票期权现值与公司未来运营收入之间呈现显著正相关。与此不同，Timothy B. Bell（2001）等却在对计算机软件公司的实证研究中发现高管持有期权对公司未来收益产生负面影响。

可见，国外学者已针对不同的高管激励措施对公司绩效产生的影响进行了大量研究，而对于各激励措施对公司绩效产生的影响却并没达成一致的看法。

### （三）国内研究现状

国内学者大多结合我国国情，对高管激励措施与公司绩效间相关性做出探索。杨青、高铭（2009）通过对 2005—2007 年间我国上市公司数据的分析发现上市公司中高管薪酬与公司绩效正向相关，而董事薪酬对公司业绩并无显著影响。与此类似，张晖明和陈志广（2002）发现高级管理人员报酬和持股比例与企业绩效间存在显著正向关系，这一现象在以净资产收益率和主营业务利润率作为企业绩效衡量指标时尤为明显。

与上述结论不同，魏刚（2000）通过研究指出，因我国上市公司高级管理人员持股水平偏低，"零持股"现象比较普遍，因此股权激励措施并不能有效激励高管层提升公司绩效。此外，他同时指出上市公司高级管理人员年度报酬与公司的经营业绩并不存在显著的正相关关系。詹浩勇和冯金丽（2008）则针对我国 2004—2006 年间的 192 家高技术行业上市公司数据进行面板回归分析，并未发现其高管薪酬与公司绩效（净资产收益率）间存在显著相关性。

与外国学者类似，我国学者就能对公司绩效产生显著影响的高管激励措施也未达成一致看法。此外，我国大多数研究文献仅涉及某单一变量对公司绩效的影响，对于其他可能影响公司绩效的因素缺乏整体研究，这使得研究结论的得出存在片面性。多数文献所用研究数据较少且数据的时间跨度较短，一定程度上降低了研究结论的可靠性和真实性。最后，近期国内文献中关于股权激励对公司绩效影响的研究较少，以往的研究成果缺乏时效性。本章将针对以上研究中存在的问题，对以往文献中存在的不足加以弥补和改进。

## 三 创新和贡献

本章创新点和主要贡献有：

在以往文献中，对董事会的独立性对公司绩效的影响研究较少。但公司治理中的相关理论表明，在董事会的规模之外，董事会的独立性将会是影响董事会实际监督管理效果的重要因素，此外，上述因素对于高管激励措施的有效实施也产生重要影响。例如，董事长与CEO的兼任情况不同将使激励措施发挥的效用不同，独立董事的独立性和表现将对高管起到不同程度的监督作用，进而使激励机制的使用产生不同效果。因此本章引入独立董事比例作为对董事会独立程度的考量，引入工作地点与公司所在地是否一致来更直接地代表独立董事工作的独立性，另外还引入了董事长与CEO的兼任情况这一变量。这些变量的引入使得对高管起主要监管作用的董事会的研究更为全面。

近期国内对股权激励制度与公司绩效相关性的研究较少，这主要是因为中国企业的股权激励措施在近些年才开始逐步建立，因此以往相关研究结论并不能很好地适应当下国情。本章则填补了这一空白，引入了代表公司是否有股权激励措施的虚拟变量，基于近些年我国股权激励情况，运用大量近期数据检验了股权激励在中国主板上市公司中的实际效果。

以往文献对各种激励措施激励效应影响因素研究极少。本章以实证检验的形式研究了不同公司规模、不同国有股份比例将会对不同的激励措施（例如高管现金薪酬和股权激励）的激励效果造成怎样的影响，填补了这方面研究的空白，有着很强的实践意义。

## 四 实证回归

### (一) 数据介绍

本章选取了 2002—2012 年这十一年间的非平衡面板数据，数据来自 resset data base、wind data base 和 CSMAR data base。

本章选取在中国主板上市的公司作为研究样本，除去 ST 公司以及信息缺失的公司之后，样本容量为 381 家主板上市公司，共计 4142 个数据。样本中的主板上市公司涉及 15 个行业类别。具体行业分布如表 2-1 所示。

表 2-1 样本行业分类

| 行业代码 | A | B | C | D | E | F | G | H | I | J | K | L | M | N | R | S | 总计 |
|---|---|---|---|---|---|---|---|---|---|---|---|---|---|---|---|---|---|
| 行业名称 | 农林牧渔业 | 采矿业 | 制造业 | 电力、热力、燃气及水生产和供应业 | 建筑业 | 批发和零售业 | 交通运输、仓储和邮政业 | 住宿和餐饮业 | 信息传输、软件和信息技术服务业 | 金融业 | 房地产业 | 租赁和商务服务业 | 科学研究和技术服务业 | 水利、环境和公共设施管理业 | 文化、体育和娱乐业 | 公共管理、社会保障和社会组织 | |
| 主板公司数 | 3 | 6 | 223 | 18 | 8 | 45 | 19 | 2 | 9 | 1 | 27 | 5 | 0 | 5 | 2 | 8 | 381 |

### (二) 变量描述

**1. 因变量**

在变量选取上，笔者选取了托宾 Q 和 EPS（每股收益）作为衡量公司绩效的指标。EPS 在一定程度上代表了所有股东和投资者的直接会计收益，因此也常常成为激励制度中的考核目标。上市公司的所有者和投资者倾向于将每股收益作为衡量公司发展状况的指标，同时也对影响其变动的诸多因素投以关注。与 EPS 反映的是公司的盈利的会计价值不同，托宾 Q

作为反映公司市场价值的重要指标，与股价直接相关，从另一个方面衡量了公司绩效，这样评价公司绩效更加全面。在此基础上，本章同时参考了国内外相关研究成果（张俊瑞，2003；Henry L. Tosi, Steve Werner, Jeffrey P. Katz and Luis R. Gomez - Mejia, 2001），故选取托宾Q和每股收益作为衡量公司绩效变量存在其合理性和科学性。

2. 控制变量

为了控制其他因素对公司绩效的影响，与哈米德·梅伦（Hamid Mehran, 1995）类似，本章选取作为公司总资产、总债务以及总销售收入的代理变量，即公司资产规模的对数、资产负债率以及总资产周转率作为回归方程的控制变量。

公司的资产规模无疑对公司绩效产生较大影响。我们在探究高管激励措施对公司绩效影响的同时不能忽视这样的事实：公司绩效的取得固然与经理等高管的努力程度密切相关，却也受到资源条件的极大影响。拥有较大规模的公司相应拥有较多资源，因此高管的管理能力和高管掌控资源大小也将成为影响公司绩效的重要因素。对于不同规模的公司而言，受到同等程度激励刺激或付出同等努力程度的高管层对公司绩效的提升将发挥不同作用。因此，本章采用总资产的对数值作为对公司规模的控制变量以控制其对公司绩效的影响。资产负债率和总资产周转率分别表示对公司债务情况和销售收入情况这两个显著影响公司业绩的因素的控制。

3. 自变量

作为一般高管激励体系组成成分，本章采用前三名高管现金薪酬、高管持股比例以及公司是否有股权激励这三个激励措施作为自变量。前三名高管薪酬指的是公司给予现金形式报酬最高的前三名高管的现金薪酬之和，该变量代表了现金形式的薪酬对于高管的激励作用。而高管持股比例则是公司所有高管在报告期内持有公司股票之和占公司总股份的比例，作为衡量公司股份对高管的激励。而公司是否有股权激励制度，是指公司发给高管的报酬中除了现金之外是否有股票或是股票期权等形式的酬劳，且公司是否有股权激励制度为虚拟变量，有股权激励为1；反之则为0。

公司治理理论表明，董事会的独立性很大程度影响董事会的监督管理效果。为了研究公司治理独立性的不同对企业绩效产生的不同影响，笔者选取了独立董事比例、董事长与CEO兼任情况、独立董事工作地点与公司所在地是否一致以及监事会人数作为本章衡量公司治理独立性的变量。

独立董事作为现代企业中公司治理的重要一环，也受到了广泛的关注。独立董事比例这一变量衡量了董事会结构并在一定程度上影响着公司对高管的监督情况，是影响高管表现和公司绩效的合理变量。在独立董事比例之外，为了更好地衡量独立董事的作用，我们选取了独立董事的工作地点与公司所在地是否一致作为代理变量。且此变量为虚拟变量，一致为2，不一定为1，不一致为0。

监事会作为与董事会并列的监督董事会和公司高管的组织，也是公司治理结构中的重要环节，会对公司业绩、董事会以及高管产生影响，故本章也引入了这一自变量。

董事长与CEO兼任是公司治理理论的一个难题，实际情况中大多数公司的选择是聘请职业经理人，但也有如乔布斯、比尔·盖茨这样的正面案例。本章引入这个变量，希望能在实证层面上探究我国企业中的董事长与CEO兼任带来的实际影响。董事长与CEO兼任情况为虚拟变量，兼任为1；反之为0。

李增泉（2000）研究发现：我国上市公司的治理结构中普遍存在股权结构畸形的现状，在许多主板上市公司中，国家股具有绝对的控股地位。同时，因为政府一直作为国有股权名义上的代表，因此对于国家控股比例高的上市公司，公司中的人事任命以及薪酬制度将不可避免地受到行政上的干预，这对高管激励机制的效用发挥将具有抑制作用。另外，许小年在1993年对深圳市所有上市公司进行的数据统计发现：无论以何种指标作为公司绩效衡量，深圳上市公司的绩效与国家股所占比重成反比。因本章选用了我国主板上市公司为研究对象，而主板上市公司中国有控股现象相对普遍，所以本章引入国有股份比例作为研究中的自变量。

各个变量的基本特征综合如表2-2所示。

表2-2 变量基本特征

| 变量名称 | 中文名称 | 均值 | 中位数 | 最大值 | 最小值 | 标准差 |
| --- | --- | --- | --- | --- | --- | --- |
| tobinq | 托宾Q值 | 1.6009 | 1.0516 | 337.6048 | 0.0000 | 6.0011 |
| eps | 每股收益 | 0.2939 | 0.2155 | 5.8932 | -3.4000 | 0.4877 |
| roa | 资产收益率 | 3.8315 | 3.4501 | 230.0997 | -148.7604 | 8.6855 |
| 3sal | 高管前三名薪酬（百万元） | 1.2573 | 0.8300 | 30.6800 | 0 | 1.7004 |
| stkpec | 高管持股比例 | 0.0083 | 0.0001 | 1.3164 | 0 | 0.0452 |

续表

| 变量名称 | 中文名称 | 均值 | 中位数 | 最大值 | 最小值 | 标准差 |
|---|---|---|---|---|---|---|
| stkincn | 是否有股权激励 | 0.0379 | 0 | 1.0000 | 0 | 0.1910 |
| gov | 国有股份比例 | 0.2122 | 0.1441 | 0.8411 | 0 | 0.2279 |
| adjunct | 董事长与CEO兼任情况 | 0.1300 | 0 | 1.0000 | 0 | 0.3363 |
| inddir | 独立董事比例 | 0.3431 | 0.3333 | 0.6667 | 0.0000 | 0.0613 |
| inddircon | 独立董事工作地点与公司所在地是否一致 | 0.9353 | 1.0000 | 2.0000 | 0.0000 | 0.9633 |
| supervisor | 监事会人数 | 4.0989 | 3.0000 | 10.0000 | 1.0000 | 1.3008 |
| lntotas | 总资产的对数值 | 21.8772 | 21.7381 | 28.1051 | 15.4177 | 1.1705 |
| dbastrt | 资产负债率（负债/总资产） | 54.5265 | 51.2080 | 5540.864 | 2.7266 | 97.2925 |
| totassrat | 总资产周转率（销售收入/总资产） | 0.7701 | 0.6220 | 6.1342 | 0.0107 | 0.5911 |

### （三）回归模型

**1. 单位根检验**

因为本章采用了2002—2012年的非均衡面板回归，笔者进行了平稳性检验，以防止出现虚假回归的现象。经过平稳性检验，发现仅前三名高管薪酬（3sal）变量在水平值不平稳，并不影响整体回归结果，因此无须进行差分，可以将以上变量纳入统一回归方程（见表2-3）。

表2-3　　　　　　　　单位根检验

| 变量名称 | t统计量 | 概率 | 是否平稳 |
|---|---|---|---|
| tobinq | -21.51 | 0.0000 | 是 |
| eps | -90.97 | 0.0000 | 是 |
| roa | -16.65 | 0.0000 | 是 |
| 3sal | -0.30 | 0.3835 | 否 |
| stkpec | -132.40 | 0.0000 | 是 |
| stkincn | -1.66 | 0.0487 | 是 |
| gov | -251.63 | 0.0000 | 是 |
| adjunct | -4.85 | 0.0000 | 是 |

续表

| 变量名称 | t 统计量 | 概率 | 是否平稳 |
| --- | --- | --- | --- |
| inddir | −42.79 | 0.0000 | 是 |
| inddircon | −18.51 | 0.0000 | 是 |
| supervisor | −6.45 | 0.0000 | 是 |
| lntotas | −2.69 | 0.0036 | 是 |
| dbastrt | −16.07 | 0.0000 | 是 |
| totassrat | −17.95 | 0.0000 | 是 |

2. 相关性检验

从表 2−4 中可以看出，除最大的相关系数资产规模的对数（lntotas）和高管前三名薪酬（3sal）之间的 0.48 以外，所有其他变量的相关系数都在 0.2 以下，大部分在 0.1 以下。所以变量之间没有显著的线性关系，更不存在完全线性的情况。因此在后文回归中无须担心出现共线现象。

表 2−4  变量相关系数

| 变量名称 | 3sal | stkpec | stkincn | gov | adjunct | inddir | inddircon | supervisor | lntotas | dbastrt | totassrat |
| --- | --- | --- | --- | --- | --- | --- | --- | --- | --- | --- | --- |
| 3sal | 1 | | | | | | | | | | |
| stkpec | 0.01 | 1 | | | | | | | | | |
| stkincn | 0.15 | 0.11 | 1 | | | | | | | | |
| gov | −0.19 | −0.15 | −0.10 | 1 | | | | | | | |
| adjunct | 0.01 | 0.14 | 0.04 | −0.10 | 1 | | | | | | |
| inddir | 0.12 | 0.03 | 0.03 | −0.16 | 0.02 | 1 | | | | | |
| inddircon | −0.02 | −0.05 | −0.05 | 0.03 | 0.01 | −0.02 | 1 | | | | |
| supervisor | 0.00 | −0.11 | −0.09 | 0.19 | −0.07 | −0.07 | −0.01 | 1 | | | |
| lntotas | 0.48 | −0.11 | 0.09 | 0.01 | −0.05 | 0.17 | 0.01 | 0.19 | 1 | | |
| dbastrt | 0.01 | −0.02 | −0.01 | −0.03 | −0.01 | 0.01 | 0.03 | −0.01 | −0.07 | 1 | |
| totassrat | 0.11 | 0.02 | 0.04 | 0.08 | −0.06 | 0.01 | 0.01 | 0.04 | 0.12 | −0.01 | 1 |

3. 回归第一部分：公司治理结构和高管激励体系对公司绩效的影响

第一部分主要研究了公司的治理结构和对高管的激励措施对于公司绩效的影响。回归模型如下：

$$perf = \varepsilon + \sum \beta_i controls_i + \alpha_1 3sal + \alpha_2 stkpec + \alpha_3 stkincn + \alpha_4 gov + \alpha_5 adjunct + \alpha_6 inddir + \alpha_7 inddircon + \alpha_8 supervisor$$

回归结果分析：

（1）高管激励体系。与传统理论一致，在两个回归中高管薪酬、高管持股比例和股权激励都对公司的每股收益和托宾Q产生了统计意义上显著的正面影响。前三名高管的现金薪酬增加100万元，公司的每股收益将增加约0.06元，公司的托宾Q值将提高0.09；每提高高管的持股比例一个百分点会使得公司的每股收益增加0.004元，而托宾Q值将显著提高约3；公司的股权激励制度将使每股收益提高约0.14元，同时公司的托宾Q值将提高约0.9。这些结果都证明，在实践中各种形式的激励措施都将给公司绩效带来积极影响。比较看来，实行股权激励措施的效果要好过增加100万元的现金薪酬，这体现了股权激励措施的优势，尤其在提高公司的市值方面。而高管的持股比例这一变量的提高对托宾Q值超乎寻常的极大积极影响，是因为样本中高管持股比例都很小，中位数只有0.01%，所以在如此小的水平下，边际影响会非常的大，之后的高管持股比例的影响会明显减小。但是在如今中国主板上市公司中，高管持股比例如此之低，也表明加强这一激励方式将显著提高公司的市值，因为无论持股比例还是股权激励措施，最终都是激励高管努力提高公司的股价或者说是市值，所以自然会对托宾Q产生显著的影响。

（2）公司治理结构。与预期相同，在第二个回归中，董事长和CEO兼任将会显著地降低公司的每股收益。更具体地说，那些董事长和CEO由一人担任的公司的每股收益将会比聘请职业经理人的公司减少约0.06元。这表明在实践中，董事长兼任CEO导致的监督力度的损失大于代理问题带来的损失。因此，相比之下，雇用职业经理人将带来更大的收益。而在所有的回归中，被传统公司治理理论寄予厚望的独立董事比例对公司的每股收益没有产生显著影响。但是，更能反映独立董事的独立性的变量，独立董事工作地点与公司所在地的一致性对公司的托宾Q值和每股收益的影响都是强烈显著为负的，从两个回归中能够看出，公司独立董事工作地与公司所在地一致将会使得公司的每股收益减少约0.02元，同时公司的托宾Q值将降低约0.12。笔者认为，如果独立董事的工作地点与公司所在地一致，那么将更有机会和公司的高管产生私人交情或者利益关系，进而独立性变得更差，最终使得公司的绩效变差。监事会人数这一变量对公司的托宾 Q 值产生了统计意义上微弱显著的积极影响，即监事会人数越多，将更好地履行监督的职能，提高了公司的市值。

（3）国有股份比例。在对公司的托宾 Q 值的回归中，国有股份比例显著为正，说明国有股份比例高的公司倾向于有更好的市值比。而国有股份的比例在对公司每股收益回归中的第二列和第三列中却在统计意义上显著为负，表示公司的国有占股越多，它的每股收益也将越小。这是因为现实生活中，国有股份比例高的都是资产规模比较大的国有企业，其风险小，股价稳定，所以股价的收益率也较低，自然股价就会比较高，因而导致较高的托宾 Q。但是国有企业对资源的利用率比较低，对市场反应不如民营企业迅速，所以国有成分越高，每股收益其实会比较低。

表 2-5　　　　　　　托宾 Q 对高管激励体系的回归

| 变量名称 | 1 | 2 | 3 | 4 |
| --- | --- | --- | --- | --- |
| C | 14.338 *** <br> (17.96) | 12.799 *** <br> (17.52) | 13.310 *** <br> (18.29) | 14.137 *** <br> (17.67) |
| 3sal | 0.096 *** <br> (3.93) | | | 0.083 *** <br> (3.39) |
| stkpec | | 3.076 *** <br> (3.93) | | 2.622 *** <br> (3.33) |
| stkincn | | | 0.923 *** <br> (5.09) | 0.805 *** <br> (4.38) |
| gov | 0.753 *** <br> (4.14) | 0.731 *** <br> (4.06) | 0.704 *** <br> (3.95) | 0.867 *** <br> (4.74) |
| adjunct | 0.148 <br> (1.42) | 0.105 <br> (1.01) | 0.137 <br> (1.33) | 0.087 <br> (0.84) |
| inddir | 0.215 <br> (0.31) | 0.055 <br> (0.08) | 0.179 <br> (0.26) | 0.244 <br> (0.36) |
| inddircon | -0.129 *** <br> (-3.48) | -0.129 *** <br> (-3.51) | -0.123 *** <br> (-3.35) | -0.113 *** <br> (-3.07) |
| supervisor | 0.043 <br> (1.55) | 0.041 <br> (1.50) | 0.049 * <br> (1.78) | 0.060 ** <br> (2.15) |

续表

| 变量名称 | 1 | 2 | 3 | 4 |
|---|---|---|---|---|
| lntotas | -0.737*** | -0.660*** | -0.687*** | -0.734*** |
|  | (-19.81) | (-19.85) | (-20.67) | (-19.68) |
| dbastrt | 0.052*** | 0.052*** | 0.052*** | 0.052*** |
|  | (144.50) | (145.37) | (145.51) | (145.16) |
| totassrat | 0.117** | 0.122** | 0.122** | 0.097* |
|  | (1.96) | (2.06) | (2.07) | (1.62) |
| R-square | 0.849 | 0.849 | 0.850 | 0.851 |
| observations | 4006 | 4044 | 4045 | 4005 |

注：括号内为 t 值，*** 为 1% 置信水平下显著，** 为 5% 置信水平下显著，* 为 10% 置信水平下显著。

表 2-6　每股收益（EPS）对高管激励体系的回归

| 变量名称 | 1 | 2 | 3 | 4 |
|---|---|---|---|---|
| C | -1.693*** | -2.537*** | -2.458*** | -1.718*** |
|  | (-10.81) | (-17.35) | (-16.86) | (-10.92) |
| 3sal | 0.061*** |  |  | 0.059*** |
|  | (12.88) |  |  | (12.51) |
| stkpec |  | 0.446*** |  | 0.321** |
|  |  | (2.84) |  | (2.08) |
| stkincn |  |  | 0.145*** | 0.096*** |
|  |  |  | (4.00) | (2.66) |
| gov | -0.055 | -0.106*** | -0.110*** | -0.040 |
|  | (-1.55) | (-2.94) | (-3.08) | (-1.12) |
| adjunct | -0.053*** | -0.052** | -0.048** | -0.060*** |
|  | (-2.61) | (-2.50) | (-2.33) | (-2.93) |
| inddir | -0.082 | 0.055 | -0.113 | -0.086 |
|  | (-0.61) | (-1.02) | (-0.83) | (-0.64) |
| inddircon | -0.025*** | -0.140*** | -0.027*** | -0.023*** |
|  | (-3.46) | (-3.82) | (-3.68) | (-3.20) |
| supervisor | -0.002 | -0.007 | -0.005 | -0.0003 |
|  | (-0.43) | (-1.19) | (-0.95) | (-0.05) |

续表

| 变量名称 | 1 | 2 | 3 | 4 |
| --- | --- | --- | --- | --- |
| lntotas | 0.087*** | 0.131*** | 0.126*** | 0.087*** |
|  | (11.92) | (19.66) | (18.99) | (11.93) |
| dbastrt | -0.0002** | -0.0001 | -0.0001* | -0.0002** |
|  | (-2.26) | (-1.54) | (-1.63) | (-2.18) |
| totassrat | 0.117*** | 0.128*** | 0.128*** | 0.114*** |
|  | (9.99) | (10.79) | (10.80) | (9.77) |
| R-square | 0.194 | 0.163 | 0.164 | 0.197 |
| obs | 3923 | 3959 | 3960 | 3922 |

注：括号内为t值，*** 为1%置信水平下显著，** 为5%置信水平下显著，* 为10%置信水平下显著。

4. 回归第二部分：探究不同条件下高管激励措施的效用水平

为探究在不同条件下高管激励措施效用水平的差异，以得出不同情况下公司应如何采取更有针对性、更有效的激励措施，笔者在回归中加入交互项。交互项为：高管前三名薪酬、高管持股比例、股权激励分别与国有比例、公司总资产规模的乘积。以期得出在不同公司规模以及不同国有股份比例的公司中各种激励措施的激励效应的变化，为实际操作中制定高管激励措施提供支持。

回归模型如下：

$$perf = \varepsilon \sum \beta_i controls_i + \alpha_1 3sal + \alpha_2 stkpec + \alpha_3 stkincn + \alpha_4 gov + \alpha_5 adjunct + \alpha_6 inddir + \alpha_7 inddircon + \alpha_8 supervisor + \alpha_9 a_i \times b_i$$

其中，$a_i$ = 3sal, stkpec, stkincn；$b_i$ = gov, lntotas

(1) 国有股份比例对激励措施的影响。回归结果见表2-7和表2-8，回归分析如下：

无论是对公司的托宾Q还是每股收益回归，前三名高管现金薪酬与国有股份比例的交互项都是统计意义上显著为正的，而除此之外的高管持股比例和股权激励计划的交互项都没有发现显著的影响。与上文分析一致，这主要是因为国有股份比例高的主要是国有企业，有政府在后面担保，其股价倾向于稳定，而不像民营企业那样有更大的股价波动风险，所以国有企业的高管更加倾向于获得现金形式的薪酬，而不是股权形式的薪酬。此外，我国正处于市场化进程的快速期，国有企业赖以生存的政治特权正不断地受到挑战，随着市场化的逐步深入，国有企业的前景会更加不被看好，所以在国有股份比例大的国有企业中，现金激励会取得更好的效果，而股权等表示看好公司前景的激励措施则不被青睐。

表 2-7　　托宾 Q 对高管激励体系以及国有股份比例交互项回归

| 变量名称 | 1 | 2 | 3 | 4 |
| --- | --- | --- | --- | --- |
| C | 14.556*** | 14.122*** | 14.119*** | 14.511*** |
|  | (17.96) | (17.65) | (17.65) | (17.89) |
| 3sal | 0.063** | 0.082*** | 0.084*** | 0.064** |
|  | (2.50) | (3.36) | (3.43) | (2.54) |
| stkpec | 2.558*** | 2.531*** | 2.682*** | 2.539*** |
|  | (3.25) | (3.19) | (3.40) | (3.20) |
| stkincn | 0.838*** | 0.809*** | 0.665*** | 0.725*** |
|  | (4.55) | (4.40) | (3.17) | (3.45) |
| 3sal × gov | 0.478*** |  |  | 0.456*** |
|  | (3.10) |  |  | (2.95) |
| stkpec × gov |  | 21.633 |  | 17.168 |
|  |  | (0.95) |  | (0.75) |
| stkincn × gov |  |  | 1.485 | 1.215 |
|  |  |  | (1.40) | (1.15) |
| gov | 0.431* | 0.858*** | 0.837*** | 0.419* |
|  | (1.87) | (4.69) | (4.55) | (1.82) |
| adjunct | 0.087 | 0.085 | 0.094 | 0.092 |
|  | (0.84) | (0.82) | (0.90) | (0.88) |
| inddir | 0.166 | 0.255 | 0.202 | 0.144 |
|  | (0.24) | (0.37) | (0.29) | (0.21) |
| inddircon | -0.116*** | -0.112*** | -0.114*** | -0.116*** |
|  | (-3.15) | (-3.04) | (-3.08) | (-3.14) |
| supervisor | 0.061** | 0.060** | 0.060** | 0.061** |
|  | (2.18) | (2.17) | (2.16) | (2.20) |
| lntotas | -0.750*** | -0.734*** | -0.732*** | -0.747*** |
|  | (-19.94) | (-19.67) | (-19.63) | (-19.86) |

续表

| 变量名称 | 1 | 2 | 3 | 4 |
| --- | --- | --- | --- | --- |
| dbastrt | 0.052*** | 0.052*** | 0.052*** | 0.052*** |
|  | (145.25) | (145.17) | (145.19) | (145.25) |
| totassrat | 0.066 | 0.096 | 0.099* | 0.069 |
|  | (1.09) | (1.62) | (1.67) | (1.15) |
| R-square | 0.851 | 0.851 | 0.851 | 0.852 |
| observations | 4005 | 4005 | 4005 | 4005 |

注：括号内为 t 值，*** 为 1% 置信水平下显著，** 为 5% 置信水平下显著，* 为 10% 置信水平下显著。

表 2-8  每股收益（EPS）对高管激励体系以及国有股份比例交互项回归

| 变量名称 | 1 | 2 | 3 | 4 |
| --- | --- | --- | --- | --- |
| C | -1.532*** | -1.721*** | -1.718*** | -1.532*** |
|  | (-9.67) | (-10.94) | (-10.92) | (-9.66) |
| 3sal | 0.051*** | 0.059*** | 0.059*** | 0.051*** |
|  | (10.40) | (12.47) | (12.50) | (10.35) |
| stkpec | 0.293* | 0.305** | 0.322** | 0.280* |
|  | (1.90) | (1.96) | (2.08) | (1.81) |
| stkincn | 0.111*** | 0.096*** | 0.094** | 0.120*** |
|  | (3.08) | (2.67) | (2.30) | (2.95) |
| 3sal×gov | 0.213*** |  |  | 0.213*** |
|  | (7.10) |  |  | (7.07) |
| stkpec×gov |  | 4.030 |  | 2.207 |
|  |  | (0.89) |  | (0.49) |
| stkincn×gov |  |  | 0.020 | -0.102 |
|  |  |  | (0.09) | (-0.49) |
| gov | -0.236*** | -0.042 | -0.041 | -0.235*** |
|  | (-5.23) | (-1.17) | (-1.13) | (-5.21) |
| adjunct | -0.060*** | -0.060*** | -0.060*** | -0.060*** |
|  | (-2.93) | (-2.94) | (-2.92) | (-2.96) |
| inddir | -0.118 | -0.084 | -0.087 | -0.114 |
|  | (-0.88) | (-0.62) | (-0.64) | (-0.85) |
| inddircon | -0.024*** | -0.023*** | -0.023*** | -0.024*** |
|  | (-3.42) | (-3.17) | (-3.20) | (-3.40) |

续表

| 变量名称 | 1 | 2 | 3 | 4 |
| --- | --- | --- | --- | --- |
| supervisor | 0.000004 | -0.0002 | -0.0003 | 0.00004 |
|  | (0.0007) | (-0.04) | (-0.05) | (0.01) |
| lntotas | 0.081*** | 0.088*** | 0.087*** | 0.080*** |
|  | (10.96) | (11.94) | (11.93) | (10.93) |
| dbastrt | -0.0002** | -0.0002** | -0.0002** | -0.0002** |
|  | (-2.30) | (-2.17) | (-2.18) | (-2.30) |
| totassrat | 0.101*** | 0.114*** | 0.114*** | 0.100*** |
|  | (8.53) | (9.76) | (9.76) | (8.49) |
| R-square | 0.207 | 0.198 | 0.198 | 0.208 |
| observations | 3922 | 3922 | 3922 | 3922 |

注：括号内为 t 值，*** 为 1% 置信水平下显著，** 为 5% 置信水平下显著，* 为 10% 置信水平下显著。

（2）公司规模对激励措施的影响。在两个回归中，公司规模与所有高管激励措施的交互项都是在统计意义上显著为负。这说明公司的规模越大，所有的高管激励措施的效果都将被减弱。如果在规模大的公司工作，那么高管对现金薪酬的预期也将会更高，所以同样数量的现金薪酬的激励作用将会更小。对高管持股比例和股权激励措施而言，由于规模大的公司股价将比规模小、更具成长性公司股价的波动性小，其收益空间也较小，所以股权报酬的激励效应将会随公司规模的增大而减弱。

表 2-9　托宾 Q 对高管激励体系以及公司资产规模交互项回归

| 变量名称 | 1 | 2 | 3 | 4 |
| --- | --- | --- | --- | --- |
| C | 12.918*** | 13.935*** | 13.962*** | 12.619*** |
|  | (15.61) | (17.31) | (17.29) | (15.09) |
| 3sal | 1.525*** | 0.082*** | 0.090*** | 1.516*** |
|  | (5.79) | (3.37) | (3.64) | (5.72) |
| stkpec | 2.469*** | 42.837** | 2.537*** | 45.337** |
|  | (3.15) | (2.34) | (3.22) | (2.49) |
| stkincn | 0.804*** | 0.836*** | 5.641* | 3.416 |
|  | (4.38) | (4.54) | (1.85) | (1.12) |

续表

| 变量名称 | 1 | 2 | 3 | 4 |
| --- | --- | --- | --- | --- |
| 3sal × lntotas | -0.058 *** <br> (-5.50) | | | -0.057 *** <br> (-5.41) |
| stkpec × lntotas | | -1.906 ** <br> (-2.20) | | -2.034 ** <br> (-2.35) |
| stkincn × lntotas | | | -0.216 <br> (-1.59) | -0.115 <br> (-0.85) |
| gov | 0.908 *** <br> (4.98) | 0.880 *** <br> (4.81) | 0.857 *** <br> (4.69) | 0.915 *** <br> (5.02) |
| adjunct | 0.061 <br> (0.58) | 0.087 <br> (0.84) | 0.083 <br> (0.79) | 0.059 <br> (0.56) |
| inddir | 0.189 <br> (0.28) | 0.201 <br> (0.29) | 0.228 <br> (0.33) | 0.135 <br> (0.20) |
| inddircon | -0.126 *** <br> (-3.42) | -0.115 *** <br> (-3.12) | -0.115 *** <br> (-3.11) | -0.129 *** <br> (-3.49) |
| supervisor | 0.071 *** <br> (2.56) | 0.060 ** <br> (2.16) | 0.058 ** <br> (2.10) | 0.071 ** <br> (2.54) |
| lntotas | -0.685 *** <br> (-17.90) | -0.724 *** <br> (-19.29) | -0.726 *** <br> (-19.26) | -0.670 *** <br> (-17.30) |
| dbastrt | 0.052 *** <br> (145.80) | 0.052 *** <br> (145.23) | 0.052 *** <br> (145.18) | 0.052 *** <br> (145.86) |
| totassrat | 0.026 <br> (0.43) | 0.096 <br> (1.61) | 0.093 <br> (1.56) | 0.024 <br> (0.40) |
| R - square | 0.852 | 0.851 | 0.851 | 0.853 |
| observations | 4005 | 4005 | 4005 | 4005 |

注：括号内为 t 值，*** 为 1% 置信水平下显著，** 为 5% 置信水平下显著，* 为 10% 置信水平下显著。

表 2-10　　每股收益（EPS）对高管激励体系以及公司资产规模交互项的回归

| 变量名称 | 1 | 2 | 3 | 4 |
| --- | --- | --- | --- | --- |
| C | -2.052 *** <br> (-12.65) | -1.748 *** <br> (-11.04) | -1.777 *** <br> (-11.20) | -2.115 *** <br> (-12.90) |

续表

| 变量名称 | 1 | 2 | 3 | 4 |
| --- | --- | --- | --- | --- |
| 3sal | 0.449*** | 0.059*** | 0.062*** | 0.441*** |
|  | (8.76) | (12.49) | (12.80) | (8.56) |
| stkpec | 0.282** | 6.480** | 0.295* | 7.130** |
|  | (1.84) | (1.80) | (1.91) | (2.00) |
| stkincn | 0.095*** | 0.101*** | 1.707*** | 1.117* |
|  | (2.66) | (2.78) | (2.86) | (1.87) |
| 3sal × lntotas | -0.016*** |  |  | -0.015*** |
|  | (-7.64) |  |  | (-7.40) |
| stkpec × lntotas |  | -0.292** |  | -0.325* |
|  |  | (-1.71) |  | (-1.92) |
| stkincn × lntotas |  |  | -0.072*** | -0.045* |
|  |  |  | (-2.71) | (-1.70) |
| gov | -0.030 | -0.038 | -0.044 | -0.030 |
|  | (-0.83) | (-1.06) | (-1.22) | (-0.83) |
| adjunct | -0.067*** | -0.059*** | -0.061*** | -0.068*** |
|  | (-3.30) | (-2.92) | (-3.00) | (-3.33) |
| inddir | -0.101 | -0.094 | -0.092 | -0.113 |
|  | (-0.75) | (-0.70) | (-0.68) | (-0.84) |
| inddircon | -0.027*** | -0.024*** | -0.024*** | -0.027*** |
|  | (-3.69) | (-3.24) | (-3.27) | (-3.76) |
| supervisor | 0.002 | -0.0003 | -0.0008 | 0.002 |
|  | (0.51) | (-0.05) | (-0.14) | (0.44) |
| lntotas | 0.101*** | 0.089*** | 0.090*** | 0.104*** |
|  | (13.49) | (12.05) | (12.21) | (13.73) |
| dbastrt | -0.0001* | -0.0002** | -0.0001** | -0.0001* |
|  | (-1.91) | (-2.13) | (-2.10) | (-1.81) |
| totassrat | 0.095*** | 0.114*** | 0.113*** | 0.095*** |
|  | (8.01) | (9.75) | (9.65) | (7.96) |
| R-square | 0.209 | 0.198 | 0.199 | 0.211 |
| observations | 3922 | 3922 | 3922 | 3922 |

注：括号内为t值，*** 为1%置信水平下显著，** 为5%置信水平下显著，* 为10%置信水平下显著。

## 五 稳健性检验

为了检验以托宾 Q 值和每股收益（EPS）作为因变量的回归的稳健性，笔者使用总资产回报率（ROA）作为因变量，并在新的回归中获得了相似的结果。其回归结果如表 2-11、表 2-12 和表 2-13 所示。

表 2-11　　资产收益率（ROA）对高管激励体系的回归

| 变量名称 | 1 | 2 | 3 | 4 |
| --- | --- | --- | --- | --- |
| C | 4.085<br>(1.57) | -4.259*<br>(-1.77) | -2.702<br>(-1.13) | 3.576<br>(1.37) |
| 3sal | 0.567***<br>(7.17) | | | 0.528***<br>(6.67) |
| stkpec | | 8.338***<br>(3.24) | | 6.530***<br>(2.55) |
| stkincn | | | 2.999***<br>(5.04) | 2.485***<br>(4.15) |
| gov | 0.104<br>(0.18) | -0.266<br>(-0.45) | -0.332<br>(-0.57) | 0.438<br>(0.74) |
| adjunct | -0.615*<br>(-1.82) | -0.669**<br>(-1.95) | -0.598*<br>(-1.76) | -0.771**<br>(-2.27) |
| inddir | -1.058<br>(-0.47) | -1.822<br>(-0.81) | -1.314<br>(-0.59) | -1.071<br>(-0.48) |
| inddircon | -0.218*<br>(-1.81) | -0.227*<br>(-1.88) | -0.205*<br>(-1.70) | -0.173<br>(-1.44) |
| supervisor | -0.040<br>(-0.45) | -0.077<br>(-0.86) | -0.050<br>(-0.55) | 0.009<br>(0.10) |
| lntotas | -0.082<br>(-0.67) | 0.348***<br>(3.19) | 0.261**<br>(2.39) | -0.075<br>(-0.61) |
| dbastrt | 0.007***<br>(5.79) | 0.007***<br>(6.13) | 0.007***<br>(6.06) | 0.007***<br>(5.93) |
| totassrat | 1.599***<br>(8.24) | 1.689***<br>(8.70) | 1.684***<br>(8.70) | 1.542***<br>(7.96) |

续表

| 变量名称 | 1 | 2 | 3 | 4 |
| --- | --- | --- | --- | --- |
| R - square | 0.059 | 0.046 | 0.050 | 0.062 |
| observations | 4006 | 4044 | 4045 | 4005 |

注：括号内为 t 值，\*\*\* 为 1% 置信水平下显著，\*\* 为 5% 置信水平下显著，\* 为 10% 置信水平下显著。

表 2-12　资产收益率（ROA）对高管激励体系以及国有股份比例交互项的回归

| 变量名称 | 1 | 2 | 3 | 4 |
| --- | --- | --- | --- | --- |
| C | 5.948\*\*<br>(2.26) | 3.535<br>(1.36) | 3.567<br>(1.37) | 5.925\*\*<br>(2.25) |
| 3sal | 0.416\*\*\*<br>(5.10) | 0.526\*\*\*<br>(6.64) | 0.529\*\*\*<br>(6.67) | 0.415\*\*\*<br>(5.08) |
| stkpec | 6.173\*\*<br>(2.42) | 6.269\*\*<br>(2.43) | 6.564\*\*<br>(2.56) | 5.983\*\*<br>(2.33) |
| stkincn | 2.673\*\*\*<br>(4.47) | 2.497\*\*\*<br>(4.17) | 2.408\*\*\*<br>(3.53) | 2.749\*\*\*<br>(4.03) |
| 3sal × gov | 2.705\*\*\*<br>(5.41) | | | 2.699\*\*\*<br>(5.37) |
| stkpec × gov | | 62.221<br>(0.84) | | 38.448<br>(0.52) |
| stkincn × gov | | | 0.821<br>(0.24) | -0.733<br>(-0.21) |
| gov | -2.030\*\*\*<br>(-2.71) | 0.411<br>(0.69) | 0.422<br>(0.70) | -2.025\*\*\*<br>(-2.70) |
| adjunct | -0.769\*\*<br>(-2.27) | -0.776\*\*<br>(-2.28) | -0.767\*\*<br>(-2.25) | -0.776\*\*<br>(-2.29) |
| inddir | -1.510<br>(-0.68) | -1.038<br>(-0.46) | -1.094<br>(-0.49) | -1.468<br>(-0.66) |
| inddircon | -0.191<br>(-1.59) | -0.171<br>(-1.42) | -0.174<br>(-1.44) | -0.189<br>(-1.58) |

续表

| 变量名称 | 1 | 2 | 3 | 4 |
|---|---|---|---|---|
| supervisor | 0.014 | 0.011 | 0.009 | 0.014 |
|  | (0.15) | (0.12) | (0.10) | (0.16) |
| lntotas | -0.163 | -0.074 | -0.074 | -0.163 |
|  | (-1.33) | (-0.61) | (-0.61) | (-1.33) |
| dbastrt | 0.007*** | 0.007*** | 0.007*** | 0.007*** |
|  | (5.85) | (5.93) | (5.93) | (5.85) |
| totassrat | 1.369*** | 1.541*** | 1.544*** | 1.367*** |
|  | (6.99) | (7.95) | (7.96) | (6.98) |
| R-square | 0.069 | 0.062 | 0.062 | 0.068 |
| observations | 4005 | 4005 | 4005 | 4005 |

注：括号内为 t 值，*** 为 1% 置信水平下显著，** 为 5% 置信水平下显著，* 为 10% 置信水平下显著。

表 2-13　　资产收益率（ROA）对高管激励体系以及公司规模交互项的回归

| 变量名称 | 1 | 2 | 3 | 4 |
|---|---|---|---|---|
| C | -4.967* | 3.397 | 2.603 | -5.565** |
|  | (-1.87) | (1.30) | (0.99) | (-2.07) |
| 3sal | 10.634*** | 0.528*** | 0.571*** | 10.542*** |
|  | (12.58) | (6.66) | (7.07) | (12.39) |
| stkpec | 5.460** | 42.344 | 6.060** | 60.256 |
|  | (2.17) | (0.71) | (2.36) | (1.03) |
| stkincn | 2.475*** | 2.513*** | 29.371*** | 13.963 |
|  | (4.21) | (4.18) | (2.97) | (1.42) |
| 3sal × lntotas | -0.405*** |  |  | -0.401*** |
|  | (-12.01) |  |  | (-11.77) |
| stkpec × lntotas |  | -1.697 |  | -2.606 |
|  |  | (-0.60) |  | (-0.94) |
| stkincn × lntotas |  |  | -1.202*** | -0.512 |
|  |  |  | (-2.72) | (-1.17) |

续表

| 变量名称 | 1 | 2 | 3 | 4 |
|---|---|---|---|---|
| gov | 0.720<br>(1.23) | 0.450<br>(0.75) | 0.382<br>(0.64) | 0.710<br>(1.21) |
| adjunct | -0.956*** <br>(-2.86) | -0.771** <br>(-2.26) | -0.797** <br>(-2.34) | -0.965*** <br>(-2.88) |
| inddir | -1.458<br>(-0.66) | -1.109<br>(-0.50) | -1.163<br>(-0.52) | -1.551<br>(-0.71) |
| inddircon | -0.262** <br>(-2.21) | -0.175<br>(-1.45) | -0.182<br>(-1.51) | -0.267** <br>(-2.26) |
| supervisor | 0.089<br>(1.00) | 0.009<br>(0.10) | 0.002<br>(0.02) | 0.085<br>(0.95) |
| lntotas | 0.272** <br>(2.22) | -0.066<br>(-0.54) | -0.028<br>(-0.23) | 0.302** <br>(2.42) |
| dbastrt | 0.007*** <br>(6.49) | 0.007*** <br>(5.94) | 0.007*** <br>(6.01) | 0.008*** <br>(6.54) |
| totassrat | 1.050*** <br>(5.39) | 1.542*** <br>(7.96) | 1.521*** <br>(7.85) | 1.045*** <br>(5.37) |
| R-square | 0.095 | 0.062 | 0.064 | 0.095 |
| observations | 4005 | 4005 | 4005 | 4005 |

注：括号内为 t 值，*** 为 1% 置信水平下显著，** 为 5% 置信水平下显著，* 为 10% 置信水平下显著。

## 六 结 论

本章重点分析了高管激励体系中的三个组成部分：前三名高管薪酬、高管持股比例以及股权激励，并发现，以上激励措施均对公司绩效产生显著正面影响。这说明提高高管薪酬，加大高管的持股比例和实行股权激励制度都将有效地激励高管来努力提高公司业绩。此外，国有股份比例的减小和公司规模的增大，也会对公司每股收益产生显著的正面影响，这与国有企业效率较低以及市场规模效应的理论是一致的。与我们的预期一致，独立董事工作地点与公司所在地一致和公司董事长与CEO为同一人都将会显著地降低公司的业绩。因为异地的独立董事更有可能保持较高的独立性，而本地的独立董事更有可能与公司的高管产生联系，影响其发挥独立监管的职能。同样的，董事长同时兼任 CEO 的话，也不利于发挥董事会的监督管理职能，使得高管更有可能和机会以损害公司股东利益的方法来谋求自身的利益。

本章还研究了在不同国有股份比例以及公司资产规模的情况下，激励措施的效应将会发生怎样的变化。结果表明：

国有股份比例的提高将会增加前三名高管现金薪酬的激励效应，笔者认为，原因是在国家加快国有制企业改革，逐步向市场化过渡的大趋势下，国有企业现在依靠经营特权而带来的超额利润将逐渐减少，所以相对而言，国有企业的高管不会像民营企业的高管那样看好自身的前景，因此，国有企业的高管会更加偏好现金形式的激励措施，而对于股权激励则不是那样的看重。此外，国有企业的政府背景导致了其股价短期内较稳定，不会有太大的风险，所以股权类的薪酬不会有太大的吸引力。

对公司规模来说，越大的公司，其前三名高管现金薪酬和股权类激励的激励效应越弱。由于高管预期其薪酬在大公司应该更高，所以在大公司超出其预期的部分产生激励作用的薪酬会越少，这导致了公司的资产规模对高管现金薪酬的激励效应的抑制作用。就高管持股比例和股权激励措施来说，大公司的股价较小公司更加稳定，潜在收益的空间也越小，所以大公司的股权类报酬的吸引力也将会更小。

总结来说，现金薪酬、高管持股以及股权激励措施都是积极有效的激励措施，对于提高公司的业绩都有着显著正面的影响。而降低董事会独立性的董事长与 CEO 兼任以及独立董事在公司所在地工作都将产生负面的影响。这在实践检验层面上支持了聘请职业经理人，以及聘任异地独立董事来更好地监督高管的行为。此外，扩大监事会的规模也对公司的业绩有正面的影响。对国有企业来说，适当增加现金形式的薪酬而不是股权类报酬将会有更好的激励效果。对资产规模大的公司来说，其激励措施的效果天生就弱于规模更小的公司。所以，为达到更好的激励效果，其必须加以更大程度的激励。

**参考文献**

1. 陈志广：《高级管理人员报酬的实证研究》，《当代经济科学》2002 年第 5 期。

2. 魏刚:《高级管理层激励与上市公司经营绩效》,《经济研究》2000 年第 3 期。
3. 肖继辉、彭文平:《高管人员报酬与业绩的敏感性——来自中国上市公司的证据》,《经济管理》2012 年第 4 期。
4. Hall and Liebman, "The other Side of the Trade-off: The Impact of Risk on Executive Compensation", *Journal of Political Economy*, 1998, pp. 48-52.
5. Hamid Mehran, "Executive compensation structure, ownership, and firm Performance", *Journal of Financial Economics*, 1995, pp. 163-184.
6. Ivan E. Brick, Oded Palmon, John K. Wald, "CEO compensation, director compensation, and firm performance: Evidence of cronyism?", *Journal of Corporate Finance*, 2006, pp. 403-423.
7. John E. Core, Robert W. Holthausen, David F. Larcker, "Corporate governance, chief executive officer compensation, and firm performance", *Journal of Financial Economics*, 1999, pp. 371-406.
8. Jensen, M. C. and Murphy, K., "Performance Pay and Top-management Incentives", *Journal of Political Economy*, 1990, pp. 225-264.
9. Michael Firtha, Peter M. Y. Fung, Oliver M. Rui, "Corporate performance and CEO compensation in China", *Journal of Corporate Finance*, 2006, pp. 693-714.
10. Martin J. Conyon, "Corporate Governance and Executive Compensation", *International Journal of Industrial Organization*, 1997, pp. 493-509.
11. Murphy, K., "Performance and Managerial Remuneration: An empirical analysis", *Journal of Accounting and Economics*, 1985, pp. 11-42.

# 第三章 股价崩盘风险与所有权结构

## 一 引 言

Koonce、McAnnaly 和 Mercer（2005）以及 Olsen（1997）研究表明，股票崩盘是投资者投资时考虑的首要风险。近年来，特别是金融危机的频发，引发学术界对于股价崩盘风险研究的广泛关注。股票崩盘，又称暴跌，特指没有基本面重大变化的信息披露但是股票价格突然大幅下跌。美国证券交易市场上发生过几起股价崩盘事件，包括1929年道·琼斯工业指数连续两个交易日的跌幅分别为12.8%和11.7%，1987年道·琼斯工业指数单日暴跌22.6%。与美国等发达的西方证券市场相比，中国金融交易市场成立时间较短，证券市场制度、金融监管等方面均存在一些缺陷，金融市场成熟度、稳定度存在欠缺，股价暴跌可能性更大，上市公司面临股价崩盘风险相对于西方国家更高。因此，针对我国经济快速发展，金融行业发展尚不完善，金融风险日益累积情况下，研究股价崩盘风险产生机制对于稳定金融环境，促进证券市场健康发展，保证宏观经济可持续发展具有重要指导意义。

作为一个新兴的学术研究领域，股价崩盘风险目前研究成果并不多。美国作为成熟的金融市场，股价崩盘风险的研究已比较成熟。一般认为，股价崩盘风险的生成机理是：现代企业的组织形式中，所有权和经营权分离，经理人和所有者之间存在委托—代理问题。由于不存在最优合约来解决经理人相对于所有者的信息优势，经理人通常会为了自身利益利用信息优势采取一些有损于公司所有者长期利益的行为。为了提高自身报酬和提升自己声誉，经理人通常冒险采取一些短期提升股价的投机行为。而当公司经理人利用自己的信息优势，藏匿一些公司利空消息不向市场披露，负面消息不断累积达到一定程度时,"纸包不住火",利空消息集中释放到市场,使公司股价急剧下跌最终造成股价崩盘。影响股价崩盘的因素很多,Jin 和 Myers(2006)、Hutton(2009)研究发现,公司透明度与股价崩盘风险负相关,公司透明度越低,股价崩盘风险越高。Kothari(2009)、Ball(2001)分别发现经理人出于自身报酬及声誉等自利角度考虑,倾向于藏匿上市公司利空消息,从而使得公司股票价格被严重高估,最终引发股价暴跌,发生股票崩盘。Callen 和 Fang(2011)论证得出机构投资者持股比例的增加会增加投资风险。Kim(2011a,2011b)、Kim 和 Zhang(2011)发现股价崩盘风险与公司 CFO 的期权激励和避税行为正相关,但会计稳健性能有效地降低股价崩盘的可能性。Andreou、Antoniou 和 Horton(2012)发现,有效的公司治理可以降低股价崩盘风险。至于股票崩盘何时会发生,Jin 和 Myers(2006)从公司信息透明度角度分析认为,经理人不断藏匿利空消息,最终利空消息累积到达一个临界点,此时所有利空消息全部突然释放,股票价格急剧下跌,从而造成股票崩盘。Bleck 和 Liu(2007)从上市公司投资角度分析认为,经理人出于自利角度,会藏匿净现值为负的投资项目,当这些投资项目产生的亏损累积到临界值时,公司资产价值会发生突然性下跌,从而发生股票崩盘。

针对我国证券市场,股价崩盘风险的产生机制研究还处于起步阶段,无论是理论还是实证方面的研究普遍偏少。Piotroski 和 Wong(2011)针对我国证券市场独有的特点,从政治角度研究股价崩盘风险影响因素,并得出结论:党代会、省级层面腐败或省长、省委书记发生升迁时,公司会倾向于藏匿利空消息,提高公司将来面临的股价崩盘风险。李增泉、叶青和贺卉(2011)针对我国 2004—2007 间首发上市的 151 家民营企业上市后三年股价特征的考察,发现依赖关系进行交易的公司信息透明度更低,更容易发生股价暴跌现象。潘越、戴亦一和林超群(2011)以我国 A 股市场为例研究发现,上市公司信息透明度越低,股价崩盘风险越高。与此同时,旨在加强信息披露监管的新法规出台对于股价崩盘风险的减弱并不明显。证券分析师,作为法律的一种有效替代机制,其对于个股的关注可以有效增强该股票的信息透明度,从而降低股价崩盘风险。紧接着,许年行、江轩宇和伊志宏(2012)从公司外部分析师角度研究,以 2003—2010 年的 A 股上市公司为例,发现分析师乐观偏差会增加上市公司股价崩盘风险,而且这种关系在"牛市"更为显著。李小荣和刘行(2012)

从公司内部管理者角度分析发现，女性 CEO 可以显著降低上市公司所面临的股价崩盘风险，与此同时女性 CFO 对股价崩盘风险的影响不显著，这种女性 CEO 降低股价崩盘风险的作用在"熊市"时更为显著。许年行、于上尧和伊志宏（2013）以 2005—2010 年我国 A 股上市公司和机构投资者持股数据为例发现，机构投资者的"羊群行为"会提高上市公司未来所面临的崩盘风险，并且合格境外机构投资者（QFII）并不能减弱机构投资者"羊群行为"与股价崩盘风险存在的这种正向关系。江轩宇和伊志宏（2013）以 2003—2010 年 A 股上市公司为样本发现，当公司聘请的会计师事务所具备更强的行业专长时，会降低该公司面临的股价崩盘风险，并且这种降低效用并不随企业产权性质不同而有差异。

  综合以上文献可以看出，股价崩盘风险的产生主要来源于两个方面：一是委托—代理问题，管理者出于自利需求，藏匿利空消息，当利空消息累积超过临界点时，全部释放出来，造成股价暴跌，从而引发股票崩盘风险。二是公司信息质量问题。一方面，经理人会隐藏公司真实经营状况迷惑投资者，当公司真实情况被揭露时，股价暴跌；另一方面，经理人会趋向于向股东藏匿之前净现值为负的投资项目，当这些投资带来损失达到一定程度时，公司资产价值急剧下降，公司亏损严重，从而发生股票价格暴跌。

  至于公司所有权结构研究，可以追溯到伯利和米恩斯（1932）的经典著作《现代公司和私有产权》。在书中伯利和米恩斯认为，美国公司股权分散现象比较显著。由于股权分散，股东存在"搭便车"行为而无法对管理层形成有效监督和控制，管理层为实现自身利益最大化，经常会以牺牲股东利益为代价进行经营活动。因此，通过典型样本公司的考察，伯利和米恩斯提出股权分散程度与公司绩效反向相关：当公司股权分散度越高，公司的相应绩效越低。此后，所有权结构的研究（Jensen and Meckling, 1979; Fama and Jensen, 1983）主要以美国公司为样本，进一步发展了伯利和米恩斯的观点。Faccio 和 Lang（2002）以西欧国家 5232 家上市公司为样本研究上市公司的最终股权结构，结果表明分散持股仅在英国和爱尔兰比较多见。目前，学术界对于所有权结构对公司绩效、公司治理的影响并没有统一的定论，但越来越多的研究表明股权集中是全球公司所有权结构的主导模式。与此同时，普遍认为，由于"利益趋同效应"与"堑壕效应"的存在，大股东的监督作用和侵害小股东利益作用相互抵消，关于公司所有权的集中程度与公司绩效、公司治理也应从这两个方面展开。然而，学术界仍存在一些不同的声音。Demsetz（1983）提出所有权结构只是在股东寻求利益最大化过程中的内在约束，与公司绩效没有相关关系。Demsetz 和 Lehn（1985）进一步研究，采用1980年美国511家公司为样本，通过会计利润率与众多所有权的集中指标回归，发现两者不存在显著的相关关系。Holderness 和 Sheehan（1988）比较拥有绝对控股股东的上市公司和股权分散度很高的上市公司（最大股东持股比例小于20%）这两种极端情况下公司业绩，发现二者间 Tobin's Q 以及会计利润率并没有显著差异，从而得出公司所有权结构对公司绩效影响不大。更有一些学者认为所有权集中度与公司绩效正相关。Claessens（1997）发现捷克上市公司所有权集中度与其盈利能力、在二级市场上的表现正相关。

我国绝大多数上市公司是国有企业改革的产物，一股独大，所有权集中度较高。国内学者虽然起步较晚，但针对我国特有的现象也展开了一系列研究。孙永祥和黄祖辉（1999）研究不同股权结构对经营激励、收购兼并、代理权竞争、监督机制这四种公司治理机制的影响，提出假说：有一定集中度和相对控股股东的所有权结构有利于这四种治理机制的作用更好地发挥。吴淑琨（2002）针对1997—2000年的股权结构进行实证研究，结果表明，所有权集中度、内部持股比例与公司绩效呈显著倒U形关系。另外一些学者分行业考察发现，不同行业所有权集中度对公司影响不同。朱武祥、宋勇（2001）发现在家电行业所有权结构与公司价值无显著关系。陈小悦、徐晓东（2001）发现在非保护性行业，第一大股东的持股比例与公司绩效（资产收益率、主营业务利润率、现金流资产收益率）显著正相关，股权结构对公司绩效的影响随行业的不同而变化。

本章立足国内上市 A 股公司，以中国2003—2008年在上海证券交易所和深证证券交易所 A 股上市公司为例，从公司内部所有权结构研究影响股价崩盘风险的产生机制。研究发现，公司所有权结构会对股价崩盘风险产生影响，大股东持股可以降低股价崩盘风险。根据我国证券市场的独有特点，进一步研究了不同所有权结构的上市公司股价崩盘风险产生机制，发现民营企业不同于国有企业，其股价波动更为频繁，面临更高的股价崩盘风险。与此同时，大股东持股降低股价崩盘风险在民营企业中的效果更加明显。

本章贡献在于：第一，本章专注我国上市 A 股公司个股股价崩盘风险产生机制，填补了国内外研究的一些空白；第二，不同于以往的国内外文献，本章从公司内部结构—公司所有权结构入手，研究大股东对于公司股价崩盘风险的影响；第三，本章根据我国证券市场上市公司独有特点，研究不同公司所有权结构公司所面临的股价崩盘风险差别，并发现大股东降低股价崩盘风险的效果在民营企业中更加显著。从而，对民营企业未来的发展方向提供一些新的实证研究意见。

## 二　研究假设

根据文献，上市公司所有权结构与公司个股股价崩盘风险的关系存在两种完全不同的结果。大股东监督理论以及"利益趋同效应"认为所有权集中度越高，公司所面临的股价崩盘风险越低。相反，大股东短视理论以及"堑壕效应"理论认为，大股东持股不但不会降低，反而会增加上市公司将来所面临的股价崩盘风险。

### （一）大股东监督理论以及"利益趋同效应"

Shleifer 和 Vishny（1986，1997）提出，持有公司较大股份的机构投资者从公司经营中获利更多，因此更有意愿和能力收集信息来评测公司投资决策以及公司经营状况，即大股东监督理论。Dobrzynski（1993）、Monks 和 Minow（1995）也发现，机构投资者有监督公司使其投资决策符合长期获利目标的作用。Edmans（2009）强调机构投资者作为大股东会从公司长期盈利能力的角度考虑进行交易，保护了经理人免受短期股价波动影响。Cornett、Marcus 和 Terhanian（2008）同样发现机构投资者有效阻止了经理人短期操纵股价的行为。孙永祥和黄祖辉（1999）研究表明，存在股东间相互制衡的股权结构更加有利于公司治理，从而提高公司绩效。白重恩、刘俏和陆洲（2005）指出，在同时存在多个大股东情况下，股东之间会相互制衡，这种制衡关系会有效限制实际控制人"掏空"公司行为，从而提升公司价值。股权制衡度越高，这种限制实际控制人"掏空"公司行为的作用越显著，大股东可以在更大程度上限制实际控制人"掏空"公司的行为。由于非公开"掏空"公司的行为会在一定程度上减小公司信息透明度，大股东限制"掏空"从而提高了公司信息透明度，降低了中小投资者收集信息的成本，使得公司股价更为稳定，从而降低上市公司所要面临的股票崩盘可能。Grossman 和 Hart（1988）以及 Mitton（2002）提出"利益趋同效应"理论。"利益趋同效应"具体指的是，当股权集中度较高时，控股股东自身利益与公司绩效高度关联，从而与中小投资者利益高度关联。公司股权集中度越高，控股股东趋向于披露更多有关公司层面信息，从而有效增加了公司信息透明度，降低公司股价波动性，减少发生股价崩盘风险的可能性。大股东监督理论和"利益趋同效应"理论有效地从根源上遏制了股价崩盘风险发生的可能性，降低了上市公司股价波动性，从而降低了股价崩盘风险。

因此，可以根据大股东监督理论以及"利益趋同效应"理论，大股东持股会有效降低公司面临的股价崩盘风险，故提出以下假设：

$H_1$：公司股权集中度与股价崩盘风险存在负向相关的关系。

### （二）大股东短视理论与"堑壕效应"理论

不同于大股东监督理论以及"利益趋同效应"理论，大股东短视理论与"堑壕效应"理论得出了截然相反的结论：公司所有权集中度越高，公司面临的股价崩盘风险越大。Croce、Stewart 和 Yermo（2011）声称，即使是长期持股的机构投资者依旧是短视的，这些机构投资者正是资产泡沫不断涨大的原因所在。一方面，Graves 和 Waddock（1990）、Porter（1992）、Bushee（1998，2001）提出大股东过于关注短期公司盈利状况，迫使经理人战胜市场，这些压力鼓励经理人追求短期盈利，从而加大了公司崩盘的风险。另一方面，Coffee（1991）和 Manconi（2012）认为，当所投资公司的监管所需资金较多或者耗时情况下，大股东会选择直接卖掉所持股份而不是继续持有并履行监管职责。与此同时，Callen 和 Fang（2013）也提出，很多机构投资者等大股东会选择投资于大量不同类型公司来分散风险，并不需要履行监管职责，反而紧盯公司近期盈利状况，跟随市场决定是否抛售，从而加大了公司崩盘风险。Morck、Yeung 和 Yu（2000），Claessens、Djankov、Fan 和 Lang（2002），Fan 和 Wong（2002）提出了"堑壕效应"理论。"堑壕效应"理论认为，当控股股东持股比例较高时，大股东会利用自身对上市公司的控制来侵害中小投资者的利益，牟取自身福利。在这种情况下，大股东会倾向于选择性披露公司相关信息，甚至藏匿各种利空消息。当利空消息累积到一定程度，大股东难以藏匿自身对公司的"掏空"行为，使得公司股价大幅度波动，从而形成公司股票崩盘。

因此，根据大股东短视理论和"堑壕效应"理论，公司所有权集中度越高，所面临的股价崩盘风险越大，故提出以下假设：

$H_2$：公司股权集中度与股价崩盘风险存在正向相关的关系。

本章研究重点正是检测在我国这一特殊证券市场上，所有 A 股上市公司所有权结构和该公司面临股价崩盘风险的关系。

## 三　研究设计

### （一）样本数据

本章研究样本为中国 2003—2008 年上海证券交易所以及深证证券交易所 A 股上市所有公司，共计样本数为 10001 个。其中，本章用到的股价崩盘风险及其控制变量数据来自 Worldscope，所有权结构数据来自 CSMAR 数据库。由于所有权结构的数据在 2003 年以后才有较多的数据披露，故本章的研究区间选取为 2003—2008 年。股价崩盘风险及其控制变量均使用 Winsorize 缩尾数据处理。

### （二）变量选择和度量

1. 股价崩盘风险的测量

笔者考虑三种衡量股价崩盘风险的测量方法：（1）负收益偏态系数（Ncskew）；（2）收益上下波动比率（Duvol）；（3）崩盘的可能性（Crash-year）。为了测量公司特有的崩盘风险，笔者首先估计了每个公司年度的周超额收益。特别地，周超额收益 $W_{i,t}$ 定义为从扩展指标回归模型得到的残差项与 1 之和的自然对数（Jin and Myers, 2006）：

$$r_{i,t} = \alpha_i + \beta_{1,i} r_{m,China,t} + \beta_{2,i}[r_{US,t} + EX_{China,t}] + \beta_{3,i} r_{m,China,t-1} + \beta_{4,i}[r_{US,t-1} + EX_{China,t-1}] + \beta_{5,i} r_{m,China,t-2} + \beta_{6,i}[r_{US,t-2} + EX_{China,t-2}] + \beta_{7,i} r_{m,China,t+1} + \beta_{8,i}[r_{US,t+1} + EX_{China,t+1}] + \beta_{9,i} r_{m,China,t+2} + \beta_{10,i}[r_{US,t+2} + EX_{China,t+2}] + \varepsilon_{i,t} \quad (3.1)$$

式中，$r_{i,t}$ 代表公司 $i$ 在周 $t$ 时刻的股票报酬，$r_{m,China,t}$ 代表中国在第 $t$ 周中国的市场报酬，$r_{US,t}$ 代表美国第 $t$ 周市场报酬用作市场报酬的代理指标，$EX_{China,t}$ 代表第 $t$ 周人民币兑美元汇率的变化。加入两个超前量和滞后量是为了校正非同步交易对本地市场的报酬和美国市场报酬的影响。周超额收益 $W_{i,t}$ 是用 1 与从 Eq（1）得到的残差报酬之和的自然对数来衡量。

根据 Chen（2001）和 Kim（2011a，b），笔者定义负收益偏态系数为负的周异常报酬的三阶矩与周异常报酬标准差立方之商。

$$ncskew_{i,t} = -[n(n-1)\sum w_{i,t}] / [(n-1)(n-2)(\sum w_{i,t})] \quad (3.2)$$

ncskew 数值越大，偏态系数负的程度越严重，崩盘风险越大。

第二种度量股价崩盘风险的指标——DUVOL 根据 Chen（2001）和 Kim（2011b）来计算。对于每一个股票 $i$ 在任何一样本年度，笔者将低于年平均值的周异常报酬 $W_{i,t}$ 与高于年均报酬的分离，然后分别计算两个子样本的标准差，取低于平均值的数据的标准差与高于平均值的标准差之比的自然对数，得到

$$DUVOL_{i,t} = \log\{(n_u - 1)\sum_{down} R_{i,t}^2 / (n_d - 1)\sum_{up} R_{i,t}^2\} \quad (3.3)$$

其中，$n_d$ 和 $n_u$ 分别代表表现好和差的周样本数。DUVOL 数值越大，代表收益率分布更倾向于左偏，崩盘风险越大。

除了负收益偏态系数和收益上下波动比率，笔者又提出一种新方法——每个公司每年股票崩盘可能性 CRASH-year（Hutton Marcus, andTehranian, 2009；Kim, Li and Zhang, 2011a）。对于任意一个公司、一个样本年，笔者首先标识出周异常报酬落入正态分布 0.1% 尾部的股票崩盘周数。CRASH-year 定义为虚拟变量，当一个公司年度经历了不止一次的股票崩盘周，其等于 1；否则，其等于 0。

2. 所有权结构

所有权结构指的是公司所有者的持股情况。通常情况下，股权并不是平均地在各个公司所有者之间分配。拥有小部分股权的小股东在一般情况下并不能实际控制公司的经营状况。相反，当股权高度集中在少数大股东手中时，这些大股东就拥有公司的控制权，从而对公司的经营以及公司股价状况产生重要影响。所有权结构又分为股权集中度和股权制衡度两类指标。

本章主要关注股权集中度，笔者选取四种方法度量所有权结构：（1）OWN3；（2）OWN5；（3）H3；（4）H5。OWN3 代表前三大股东的持股比例，OWN5 代表前五大股东持股比例。H 代表赫芬达尔指数（Herfindahl index），它是衡量公司在行业中规模以及竞争激烈度的一个指标，由经济学家 Herfindahl 和 Albert O. Hirschma 提出，并被广泛应用于竞争

法、反垄断法中。Herfindahl index 的计算公式如方程（3.4）所示：

$$H = \sum_{i=1}^{N} s_i^2 Eq \tag{3.4}$$

其中，$s_i$ 是代表公司 $i$ 的市场份额，$N$ 代表市场中公司的总数。通常情况下，$H$ 小于 0.01 表示市场高度竞争；$H$ 小于 0.15 表示市场不集中；$H$ 介于 0.15 和 0.25 表示市场适度集中；$H$ 在 0.25 以上表示市场高度集中。

本章用 Herfindahl index 来衡量公司所有权结构，$H_3$ 表示前三大股东所占股份按照 Herfindahl index 计算的结果，即前三大股东的持股比例平方和。同理 H5 代表前五大股东持股比例平方和。其中，Herfindahl index 越高，代表股权越集中。

3. 去趋势股票换手率（DTURN）

股票换手率是用股票交易量除以在外发行股票数，去趋势过程是用 T 期的换手率与 T-1 期的换手率之差。Chen（2001）用此指标来衡量投资者的异质性，即投资者对于股票的不同意见，并发现具有较大去趋势换手率的股票越容易发生股票崩盘，故选取 DTURN 作为控制变量。

4. 公司特征控制变量

Chen Hong 和 Stein（2009）认为，过去股票报酬和波动性与未来股价崩盘风险正相关，加入控制变量 R，VOL 分别代表过去一年公司特定的周报酬及其标准差。Chen（2001）和 Hutton（2009）论证了公司规模与崩盘风险正相关，加入 SIZE 代表公司规模，用公司价值的对数形式表示。由于 Harvey 和 Siddique（2000）与 Chen（2001）均发现市账比越低的股票越容易发生股票崩盘。加入 MB 代表市账比，即股票价格与每股账面净值比值。Hutton、Marcus 和 Tehranian（2009）论证得知财务杠杆和股价崩盘风险负向相关。加入 LEVERAGE 代表公司杠杆，其计算是公司所有债务的账面价值与公司总资产之比。

5. 分析师数量

分析师作为金融市场和公司之间的信息中介，起着促进股价稳定的作用。因此，从理论上讲，分析师数量的增加有助于降低股价崩盘风险。然而，实际上分析师普遍存在系统性的乐观情绪，导致分析师的数量越多，越容易发生股价崩盘。Chen、Hong 和 Stein（2001）也证实了这一点，故而加入 ANALYST 代表分析师的数量（见表 3-1）。

表 3-1　　　　　　　　　　　变量定义与度量

| 变量 | 符号 | 变量名称与度量标准 |
|---|---|---|
| 变量 | NCSKEW | 负收益偏态系数，表示股价崩盘风险。NCSKEW 的数值越大，偏态系数负的程度越严重，崩盘风险越大 |
| | DUVOL | 收益上下波动比率，表示股价崩盘风险。DUVOL 数值越大，代表收益率分布更倾向于左偏，崩盘风险越大 |
| | CRASH – year | 年股票崩盘可能性，表示股价崩盘风险的虚拟变量。当一个公司年度经历了不止一次的股票崩盘周，其等于 1；否则，其等于 0 |
| 解释变量 | OWN3 | 前三大股东的持股比例，衡量公司所有权结构 |
| | OWN5 | 前五大股东的持股比例，衡量公司所有权结构 |
| | H3 | 前三大股东 Herfindahl index，衡量公司所有权结构 |
| | H5 | 前五大股东 Herfindahl index，衡量公司所有权结构 |
| 控制变量 | SIZE | 公司规模，用公司价值的对数形式表示 |
| | R | 公司特定的周报酬 |
| | VOL | 公司特定的周报酬标准差 |
| | MB | 市账比，即股票价格与每股账面净值的比值 |
| | LEVERAGE | 公司杠杆，其计算是公司所有债务的账面价值与公司总资产之比 |
| | DTURN | 去趋势股票换手率，衡量投资者的异质性，其值越大，投资者异质性越大 |
| | ANALYST | 分析师数量 |

(三) 数据描述

表 3-2 报告了各个变量的描述性统计结果，包含中国 2003—2008 年所有上海证券交易所及深证证券交易所 A 股上市所有公司，共计 10001 个样本。样本存续期间，衡量股价崩盘风险的指标 NCSKEW 的最大值、最小值分别为 4.804 和 -5.344，平均数和中位数分别为 0.176 和 0.103。作为衡量股价崩盘风险的另一指标 DUVOL 最大值、最小值分别为 1.719 和 -1.562，平均数和中位数分别为 0.081 和 0.070，作为衡量股价崩盘风险的又一虚拟变量指标 CRASH – year 最大值、最小值分别为 1.000 和 0.000，平均数为 0.186，中位数为 0.000。说明我国存在一定的股价崩盘风险。作为衡量上市公司所有权集中度的指标 OWN3 最大值、最小值分别为 95.757 和 9.312，平均数和中位数分别为 52.315 和 52.906。OWN5 最大值、最小值分别为 96.059 和 9.612，平均数和中位数分别为 55.415 和 56.100。通过观察 OWN3 和 OWN5，很容易可以看出我国大股东持股

比较常见，并且前三大股东持股比例十分高，前五大股东与前三大股东的数据十分接近。衡量股权集中度的又一指标前三大股东的 Herfindahl index（H3）最大值、最小值分别为 0.723 和 0.005，平均数和中位数分别为 0.201 和 0.167，前三大股东的 Herfindahl index（H5）最大值、最小值分别为 0.723 和 0.006，平均数和中位数分别为 0.202 和 0.167。同样比较前三大股东和前五大股东的 Herfindahl index 可以发现两者差异并不是很大，说明我国上市公司的股权还是集中在少数控股股东手中。可见，面对我国 A 股上市公司股权集中度普遍偏高这一现象，研究公司所有权结构对于股票崩盘风险的控制，促进证券、金融行业健康发展，最终促进实体经济的可持续发展具有重要的理论和现实意义。

表 3-2　　　　　　　　描述性统计分析

| 变量 | 样本 | 均值 | StdDev | 最小值 | Lower Quartile | 中值 | Upper Quartile | 最大值 |
| --- | --- | --- | --- | --- | --- | --- | --- | --- |
| NCSKEW | 10001 | 0.176 | 0.727 | -5.344 | -0.231 | 0.103 | 0.470 | 4.804 |
| DUVOL | 10001 | 0.081 | 0.336 | -1.562 | -0.141 | 0.070 | 0.283 | 1.719 |
| CRASH-year | 10001 | 0.186 | 0.389 | 0.000 | 0.000 | 0.000 | 0.000 | 1.000 |
| OWN3 | 10001 | 52.315 | 14.515 | 9.312 | 42.244 | 52.906 | 62.653 | 95.757 |
| OWN5 | 10001 | 55.415 | 14.032 | 9.612 | 45.825 | 56.100 | 65.225 | 96.059 |
| H3 | 10001 | 0.201 | 0.133 | 0.005 | 0.098 | 0.167 | 0.283 | 0.723 |
| H5 | 10001 | 0.202 | 0.132 | 0.006 | 0.100 | 0.167 | 0.284 | 0.723 |
| SIZE | 10001 | 0.920 | 0.030 | 0.833 | 0.898 | 0.917 | 0.938 | 1.065 |
| VOL | 10001 | 0.413 | 0.146 | 0.171 | 0.307 | 0.383 | 0.493 | 1.427 |
| R | 10001 | 0.157 | 0.569 | -1.276 | -0.238 | -0.016 | 0.417 | 1.957 |
| MB | 10001 | 0.910 | 0.681 | -0.860 | 0.437 | 0.815 | 1.295 | 3.164 |
| LEVERAGE | 10001 | 0.053 | 0.080 | 0.000 | 0.000 | 0.016 | 0.072 | 0.415 |
| DTURN | 10001 | 0.005 | 0.009 | -0.060 | 0.000 | 0.002 | 0.008 | 0.036 |
| ANALYST | 10001 | 0.291 | 0.276 | 0.021 | 0.144 | 0.226 | 0.356 | 7.038 |

表 3-3 报告了各变量之间相关系数。其中，衡量所有权结构的指标前三大股东持股 OWN3 与衡量股价崩盘风险的指标 NCSKEW、DUVOL、CRASH-year 均负相关，相关系数分别为 -0.013、-0.009、-0.014。衡量所有权结构指标前五大股东持股 OWN5 与衡量股价崩盘风险的指标 NCSKEW、DUVOL、CRASH-year 同样负向相关，相关系数分别为 -0.020、

表 3-3　各变量之间相关系数

| 变量 | NCSKEW | DUVOL | CRASH-year | SIZE | VOL | R | MB | LEVERAGE | DTURN | ANALYST | OWN3 | OWN5 | H3 |
|---|---|---|---|---|---|---|---|---|---|---|---|---|---|
| DUVOL | 0.979*** | 1 | | | | | | | | | | | |
| CRASH-year | 0.589*** | 0.524*** | 1 | | | | | | | | | | |
| SIZE | -0.164*** | -0.174*** | -0.119*** | 1 | | | | | | | | | |
| VOL | -0.061*** | -0.061*** | -0.020** | 0.054*** | 1 | | | | | | | | |
| R | -0.221*** | -0.232*** | -0.122*** | 0.475*** | 0.480*** | 1 | | | | | | | |
| MB | -0.15133 | -0.16209 | -0.10225 | 0.2832 | 0.29077 | 0.40132 | 1 | | | | | | |
| LEVERAGE | -0.011 | -0.011 | 0.004 | 0.162*** | -0.065*** | 0.020** | -0.114*** | 1 | | | | | |
| DTURN | -0.076*** | -0.080*** | -0.006 | -0.004 | 0.390*** | 0.367*** | 0.007 | 0.003 | 1 | | | | |
| ANALYST | -0.016 | -0.019* | 0.001 | -0.146*** | 0.061*** | -0.025** | 0.146*** | -0.102*** | -0.030*** | 1 | | | |
| OWN3 | -0.013 | -0.009 | -0.014 | 0.138*** | -0.201*** | -0.134*** | 0.016 | -0.006 | -0.285*** | -0.016 | 1 | | |
| OWN5 | -0.020** | -0.016 | -0.023** | 0.133*** | -0.198*** | -0.134*** | 0.057*** | -0.006 | -0.307*** | -0.007 | 0.972*** | 1 | |
| H3 | -0.005 | -0.005 | -0.003 | 0.170*** | -0.184*** | -0.095*** | -0.056*** | 0.012 | -0.219*** | -0.036*** | 0.875*** | 0.791*** | 1 |
| H5 | -0.005 | -0.005 | -0.003 | 0.170*** | -0.186*** | -0.097*** | -0.054*** | 0.012 | -0.223*** | -0.036*** | 0.878*** | 0.799*** | 0.999*** |

-0.016、-0.023。值得注意的是，OWN5 与 NCSKEW、CRASH_ year 在 5% 的统计水平下显著为负。类似的，衡量所有权结构的指标前三大股东持股 Herfindahl index（H3）与衡量股价崩盘风险的指标 NCSKEW、DUVOL、CRASH_ year 均负相关，相关系数分别为 -0.005、-0.005、-0.003。衡量所有权结构的指标前五大股东持股 Herfindahl index（H5）与衡量股价崩盘风险的指标 NCSKEW、DUVOL、CRASH-year 均负相关，相关系数与 H3 完全一致，分别为 -0.005、-0.005、-0.003。这与之前提出的假设 1 完全一致，即大股东监督理论和"利益趋同效应"理论在我国 A 股上市公司占主导作用。相反，大股东短视理论和"堑壕效应"理论在我国 A 股上市公司作用并不明显。

## 四 实证回归模型及回归结果分析

本节对预测的所有权结构与股票崩盘之前的负相关关系进行一系列多元检测，用如下模型（3.5）来估计两者之间的关系：

$$CRASHRISK_{i,t} = \beta_0 + \beta_1 OWNERSHIP_{i,t-1} + \sum \beta_j \times CONTROLVARS_{i,t-1} + \varepsilon \quad (3.5)$$

在方程（3.5）中，崩盘风险 $CRASHRISK_{i,t}$ 用 $NCSKEW$ 或 $DUVOL$ 表示时，用 OLS 回归；当崩盘风险 $CRASHRISK_{i,t}$ 用虚拟变量 $CRASH-YEAR$ 表示时，用 logistic 回归。Chen（2001）发现在 $t$ 时期具有更高报酬偏度的股票在 $t+1$ 时期更可能具有较高的报酬偏度。其中，变量 $NCSKEW_{t-1}$ 代表过去股票报酬的负条件偏度，用于描绘股票报酬三阶矩的潜在持续性。根据 Chen（2001）和 Hutton（2009），选取了一系列其他控制变量用来预测股价崩盘风险。

表 3-4 报告了用负收益偏态系数（NCSKEW）衡量股价崩盘风险时股价崩盘风险分别与所有权结构指标 OWN3、OWN5 以及 H3、H5 之间的关系。由表 3-4 可以看出，无论用前三大股东所有权 OWN3 还是前五大股东所有权 OWN5 表示公司所有权结构，公司所有权均与股价崩盘风险负相关，尽管系数值并不是很大（分别为 -0.002 和 -0.003），但都是在 5% 的统计水平下显著（t 值分别为 -2.92 和 -3.41）。用 H3 或 H5 表示所有权结构时，系数值增大（系数分别为 -0.205 和 -0.209），并且依然

在5%的统计水平下显著（t值分别为-2.49和-2.53）。以上回归结果均说明，当公司所有权集中度较高时，即大股东持股比例较高，该公司未来所面临的股价崩盘风险会降低，这与大股东监督理论和"利益趋同效应"理论一致。大股东一方面确实会起到监督公司治理减轻委托—代理问题的作用，另一方面大股东会抑制实际控制人"掏空"公司的行为，促使公司信息透明度增强，从而有效降低公司股价崩盘风险。其他控制变量的回归结果同样与之前文献结果一致。Chen（2001）和 Hutton（2009）认为，公司规模与股价崩盘风险正向相关，SIZE 在所有权结构衡量指标 OWN3、OWN5、H3、H5 的回归模型中系数分别为 0.929、0.966、0.910 和 0.915，并且都在 5% 的统计水平下显著（t 值分别为 2.13、2.22、2.05 和 2.06）。Chen、Hong 和 Stein（2009）认为过去股票报酬和波动性与未来股价崩盘风险正相关。在表 3-4 所示的回归模型中，股票报酬 R 在所有权结构衡量指标 OWN3、OWN5、H3、H5 的回归模型中系数分别为 -0.320、-0.322、-0.317 和 -0.317，并且都在 1% 的统计水平下显著（t 值分别为 -12.96、-13.00、-12.90 和 -12.90）。股票波动性 VOL 在所有权结构衡量指标 OWN3、OWN5、H3、H5 的回归模型中系数分别为 0.331、0.329、0.328 和 0.328，并且都在 1% 的统计水平下显著（t 值分别为 4.13、4.11、4.09 和 4.09）。Harvey 和 Siddique（2000）与 Chen（2001）均发现市账比越低的股票越容易发生股票崩盘，其也与表 3-4 回归结果相符。市账比 MB 在所有权结构衡量指标 OWN3、OWN5、H3、H5 的回归模型中，它的系数分别为 -0.006、-0.003、-0.010、-0.010，并且都在 1% 的统计水平下显著（t 值分别为 -0.34、-0.16、-0.55 和 -0.55）。Hutton、Marcus 和 Tehranian（2009）论证得知财务杠杆和股价崩盘风险负向相关，财务杠杆在表 3-4 回归中均为正值，但并不显著。Chen、Hong 和 Stein（2001）证实分析师作为金融市场和公司之间的信息中介，可以促进股价稳定，降低股价崩盘风险。表 3-4 的回归与这一结论相符，回归系数均为负值，并且在 5% 统计水平下显著。

表3-4 用 NCSKEW 衡量的股价崩盘风险和所有权结构描述性统计分析

| 变量 | OWN3 | t值 | OWN5 | t值 | H3 | t值 | H5 | t值 |
| --- | --- | --- | --- | --- | --- | --- | --- | --- |
| INTERCEPT | -0.690 | -1.75 | -0.689 | -1.76 | -0.750 | -1.84 | -0.754 | -1.85 |
| OWNERSHIP | -0.002 | -2.92 | -0.003 | -3.41 | -0.205 | -2.49 | -0.209 | -2.53 |

续表

| 变量 | OWN3 | t 值 | OWN5 | t 值 | H3 | t 值 | H5 | t 值 |
| --- | --- | --- | --- | --- | --- | --- | --- | --- |
| NCSKEW | -0.046 | -3.73 | -0.046 | -3.73 | -0.047 | -3.75 | -0.047 | -3.75 |
| SIZE | 0.929 | 2.13 | 0.966 | 2.22 | 0.910 | 2.05 | 0.915 | 2.06 |
| VOL | 0.331 | 4.13 | 0.329 | 4.11 | 0.328 | 4.09 | 0.328 | 4.09 |
| R | -0.320 | -12.96 | -0.322 | -13.00 | -0.317 | -12.90 | -0.317 | -12.90 |
| MB | -0.006 | -0.34 | -0.003 | -0.16 | -0.010 | -0.55 | -0.010 | -0.55 |
| LEVERAGE | 0.040 | 0.33 | 0.047 | 0.38 | 0.038 | 0.31 | 0.038 | 0.31 |
| DTURN | -0.674 | -0.56 | -0.899 | -0.75 | -0.337 | -0.28 | -0.347 | -0.29 |
| ANALYST | -0.070 | -2.04 | -0.069 | -2.00 | -0.071 | -2.09 | -0.071 | -2.09 |
| 样本数 | 10001 | | 10001 | | 10001 | | 10001 | |
| 调整的 $R^2$ | 0.104 | | 0.105 | | 0.104 | | 0.104 | |

表 3-5 报告了用收益上下波动比率（DUVOL）衡量股价崩盘风险时，股价崩盘风险分别与所有权结构指标 OWN3、OWN5 以及 H3、H5 之间的关系。当股价崩盘风险 CRASHRISK 用收益上下波动比率 DUVOL 表示时，前三大股东持股比例与前五大股东持股比例与崩盘风险负向相关（系数均为 -0.001），统计仍旧显著（t 值分别为 -2.80 和 -3.29）。当所有权结构用 H3 和 H5 表示时，系数会增大（系数分别为 -0.095 和 -0.097），依旧统计显著（t 值分别为 -2.45 和 -2.48）。回归结果显示，当用收益上下波动比率（DUVOL）衡量股价崩盘风险时，大股东监督理论和"利益趋同效应"理论依然占优，大股东能够有效地降低我国 A 股上市公司面临的股价崩盘风险。SIZE 等控制变量也与之前预测相符。

表 3-5　用 DUVOL 衡量的股价崩盘风险和所有权结构

| 变量 | OWN3 | t 值 | OWN5 | t 值 | H3 | t 值 | H5 | t 值 |
| --- | --- | --- | --- | --- | --- | --- | --- | --- |
| INTERCEPT | -0.128 | -0.71 | -0.128 | -0.71 | -0.162 | -0.87 | -0.163 | -0.88 |
| OWNERSHIP | -0.001 | -2.80 | -0.001 | -3.29 | -0.095 | -2.45 | -0.097 | -2.48 |
| NCSKEW_LAG | -0.016 | -2.63 | -0.016 | -2.64 | -0.016 | -2.65 | -0.016 | -2.65 |
| SIZELAG | 0.217 | 1.10 | 0.232 | 1.18 | 0.218 | 1.09 | 0.220 | 1.10 |
| VOL | 0.158 | 4.23 | 0.158 | 4.21 | 0.157 | 4.18 | 0.157 | 4.18 |
| R | -0.162 | -14.13 | -0.162 | -14.17 | -0.160 | -14.06 | -0.160 | -14.06 |

续表

| 变量 | OWN3 | t值 | OWN5 | t值 | H3 | t值 | H5 | t值 |
|---|---|---|---|---|---|---|---|---|
| MB | -0.002 | -0.23 | -0.001 | -0.06 | -0.004 | -0.44 | -0.004 | -0.44 |
| LEVERAGE | 0.001 | 0.02 | 0.004 | 0.07 | 0.000 | 0.00 | 0.000 | 0.00 |
| DTURN | -0.021 | -0.04 | -0.118 | -0.20 | 0.114 | 0.19 | 0.110 | 0.19 |
| ACCM_LAG | -0.028 | -1.82 | -0.028 | -1.78 | -0.028 | -1.85 | -0.028 | -1.85 |
| 样本数 | 10001 | | 10001 | | 10001 | | 10001 | |
| 调整的 $R^2$ | 0.125 | | 0.125 | | 0.124 | | 0.124 | |

表 3-6 报告了用年股票崩盘的可能性（CRASH_year）衡量股价崩盘风险时，股价崩盘风险分别与所有权结构指标 OWN3、OWN5 以及 H3、H5 之间的关系。当股价崩盘风险用虚拟变量 CRASH_year 表示时，前五大股东持股比例对于股价崩盘风险有比较显著的负向影响，其他所有权结构的代理变量对于崩盘风险的影响统计上不再显著。但是，所有的回归结果都表明，大股东可以降低公司股价崩盘风险（系数分别为 -0.003、-0.005、-0.098、-0.114）。控制变量 MB 不同于之前预测，系数变为正值，但是依旧不显著。其他控制变量与之前预测一致。

表 3-6 用 CRASH_year 衡量的股价崩盘风险和所有权结构

| 变量 | OWN3 | t值 | OWN5 | t值 | H3 | t值 | H5 | t值 |
|---|---|---|---|---|---|---|---|---|
| INTERCEPT | -1.101 | -0.73 | -1.194 | -0.79 | -1.030 | -0.67 | -1.047 | -0.68 |
| OWNERSHIP | -0.003 | -0.86 | -0.005 | -1.56 | -0.098 | -0.32 | -0.114 | -0.37 |
| NCSKEW | -0.268 | -4.27 | -0.268 | -4.27 | -0.267 | -4.25 | -0.267 | -4.25 |
| SIZE | -0.866 | -0.52 | -0.622 | -0.37 | -1.065 | -0.64 | -1.043 | -0.63 |
| VOL | 1.007 | 3.38 | 1.008 | 3.38 | 1.002 | 3.36 | 1.002 | 3.36 |
| R | -0.744 | -8.49 | -0.750 | -8.54 | -0.739 | -8.47 | -0.739 | -8.47 |
| MB | 0.035 | 0.53 | 0.041 | 0.63 | 0.032 | 0.49 | 0.032 | 0.49 |
| VOLITILITY | 0.147 | 0.30 | 0.154 | 0.31 | 0.150 | 0.30 | 0.149 | 0.30 |
| DTURN | -3.752 | -0.72 | -4.375 | -0.84 | -3.258 | -0.63 | -3.283 | -0.63 |
| ANALYST | -0.067 | -0.40 | -0.063 | -0.38 | -0.068 | -0.41 | -0.068 | -0.41 |
| 样本数 | 10001 | | 10001 | | 10001 | | 10001 | |
| 调整的 $R^2$ | 0.103 | | 0.103 | | 0.103 | | 0.103 | |

根据以上回归结果可知，在加入公司特征、分析师数量等相关控制变量以后，公司所有权集中程度与股价崩盘风险之间存在显著负向相关关系。大股东持股比例越高，由于其监督成本相对于中小投资者较低，可以更加有效地监督公司经理人，部分解决委托—代理问题。与此同时，大股东可以抑制公司实际控制人"掏空"公司行为，使公司的"掏空"行为等非公开利空消息更能有效地传递给市场投资者，公司经理人很难做到囤积利空消息，提高公司透明度，从而有效降低股价的暴跌可能性，降低股价崩盘风险。故公司股权集中度与股价崩盘风险存在负向相关的关系，即假设比较符合我国 A 股上市公司实际情况。

## 五 稳健性检验

当公司面临严峻的股价崩盘风险时，公司可能会改变其所有权机构。在本章研究中，使用 t 期崩盘风险对 t-1 期所有权结构做回归，在一定程度上，股价崩盘风险和公司所有权结构选取的时间差异会消除这种因果关系产生的可能性。

本章研究重点是公司所有权结构对股价崩盘风险是否会产生一定影响。然而存在公司所有权结构和股价崩盘风险同时受其他外生变量影响的可能。特别地，公司例如信息披露质量等不随时间变化的自身特性等遗漏变量，有可能造成内生性问题。笔者使用差分的方法来消除一部分不随时间变化的遗漏变量所造成的内生性问题，从而削弱内生性问题对本章结论的影响。

从表 3-7 和表 3-8 可以看出，无论是用 DNCSKEW 还是 DDUVOL 衡量股价崩盘风险，差分之后，所有权集中度对于股价崩盘风险的负向作用显著性进一步加强，从而可以证实模型（3.5）所得到的回归结果是真实可信的。

表 3-7　　DNCSKEW DIFFERENCE-IN-DIFFERENCE

| DNCSKEW | OWN3 | t 值 | OWN5 | t 值 | H3 | t 值 | H5 | t 值 |
| --- | --- | --- | --- | --- | --- | --- | --- | --- |
| INTERCEPT | -0.894 | -2.29 | -0.904 | -2.32 | -0.821 | -2.10 | -0.822 | -2.11 |
| OWNERSHIP | -0.018 | -6.92 | -0.018 | -7.64 | -1.742 | -5.92 | -1.761 | -5.95 |

续表

| DNCSKEW | OWN3 | t 值 | OWN5 | t 值 | H3 | t 值 | H5 | t 值 |
|---|---|---|---|---|---|---|---|---|
| NCSKEW_LAG | -1.047 | -84.23 | -1.046 | -83.96 | -1.047 | -84.43 | -1.047 | -84.40 |
| SIZE | 0.944 | 2.27 | 0.950 | 2.28 | 0.887 | 2.13 | 0.887 | 2.13 |
| VOL | 0.463 | 5.46 | 0.465 | 5.49 | 0.458 | 5.39 | 0.458 | 5.40 |
| R | -0.298 | -11.57 | -0.294 | -11.46 | -0.308 | -11.95 | -0.307 | -11.93 |
| MB | -0.029 | -1.62 | -0.030 | -1.68 | -0.029 | -1.58 | -0.029 | -1.58 |
| LEVERAGE | 0.050 | 0.40 | 0.054 | 0.43 | 0.039 | 0.31 | 0.038 | 0.31 |
| DTURN | -0.667 | -0.57 | -0.806 | -0.69 | -0.451 | -0.39 | -0.461 | -0.39 |
| ANALYST | -0.075 | -2.05 | -0.075 | -2.06 | -0.077 | -2.08 | -0.077 | -2.08 |
| 样本数 | 9124 | | 9124 | | 9124 | | 9124 | |
| 调整的 $R^2$ | 0.598 | | 0.60 | | 0.597 | | 0.597 | |

表 3-8　　DDUVOL DIFFERENCE-IN-DIFFERENCE

| DDUVOL | OWN3 | t 值 | OWN5 | t 值 | H3 | t 值 | H5 | t 值 |
|---|---|---|---|---|---|---|---|---|
| INTERCEPT | 0.088 | 0.90 | 0.084 | 0.85 | 0.124 | 1.27 | 0.123 | 1.26 |
| OWNERSHIP | -0.009 | -7.20 | -0.009 | -7.75 | -0.921 | -6.96 | -0.932 | -7.01 |
| NCSKEW_LAG | -0.189 | -46.22 | -0.189 | -46.01 | -0.189 | -46.23 | -0.189 | -46.19 |
| SIZE | -0.234 | -2.28 | -0.231 | -2.26 | -0.264 | -2.58 | -0.264 | -2.57 |
| VOL | -0.085 | -3.11 | -0.084 | -3.07 | -0.086 | -3.14 | -0.086 | -3.13 |
| R | 0.176 | 18.64 | 0.177 | 18.74 | 0.171 | 18.58 | 0.172 | 18.59 |
| MB | 0.004 | 0.93 | 0.004 | 0.82 | 0.005 | 1.00 | 0.005 | 0.99 |
| LEVERAGE | 0.010 | 0.32 | 0.012 | 0.38 | 0.004 | 0.12 | 0.004 | 0.12 |
| DTURN | 0.088 | 0.24 | 0.021 | 0.06 | 0.180 | 0.50 | 0.175 | 0.48 |
| ANALYST | -0.019 | -2.00 | -0.019 | -2.02 | -0.020 | -2.05 | -0.020 | -2.05 |
| 样本数 | 9124 | | 9124 | | 9124 | | 9124 | |
| 调整的 $R^2$ | 0.297 | | 0.297 | | 0.296 | | 0.296 | |

## 六　民营企业所有权结构与股价崩盘风险关系探究

作为推动我国经济和证券市场发展的重要因素，在"国退民进"改革的大背景下，民营企业自20世纪80年代以来得到了长足发展，越来越多的民营企业陆续在我国及海外证券市场挂牌上市，成为证券市场重要参与者之一。

民营企业是我国特有的所有权结构企业，其不同于国有企业等非民营企业，有其自身的运营特点。

首先，与我国上市公司大股东控制的普遍现象相比，民营企业股权集中度更高，"一股独大"现象更为明显，所有权与控制权的分离程度更大，最终控制人普遍采用金字塔控制结构放大控制权，用较少投资控制较多的企业股份。苏启林和朱文（2003）针对我国家族上市民营公司的控制结构进行了研究，发现控制权与现金流权的分离程度越大，控股股东获取的控制权私人收益就越大，家族公司的价值就越低。

其次，从内部治理来看，民营上市公司多为家族企业，家族控制或关键人控制现象更明显，"一言堂"较为普遍，股东掏空公司价值的行为更为隐蔽，大股东侵害中小股东利益的情况更是屡见不鲜，如三九医药大股东占款、ST猴王被大股东掏空等。谷祺、邓德强和路倩（2006）研究我国家族性上市民营企业发现，我国民营上市公司控制股东会"掠夺性分红"，从而导致公司价值降低。

再次，从财务风险管理方面看，民营上市公司的最终控制人往往独断专行，造成财务风险管理机制缺失。

最后，从信息披露的角度看，民营上市公司的信息披露违规情况总体上比非民营上市公司更为严重。黎来芳（2005）研究鸿仪系"掏空"上市公司的案例，发现我国民营上市公司的控制性股东往往隐藏公司会计信息，把上市公司当作"提款机"，迫使上市公司为满足控股股东的利益和资金需求进行违规担保和抵押，从银行套取资金，从而致使上市公司资不抵债，形成巨额的债务黑洞，陷入财务困境，从而证实了民营企业不同于国有企业，其信息披露违规更为严重，中小投资者面临的股价崩盘风险更为显著。

因此，研究大股东监督作用和"利益趋同效应"理论在民营企业中是否作用更加显著，可以更好地保护中小投资者的利益，稳定证券市场，具有更强的理论和现实意义。

为了研究民营企业所面临的崩盘风险是否不同，笔者特加入虚拟变量 State。样本为民营企业时，State = 1；样本为非民营企业时，State = 0。

state 系数越大说明民营企业中股价崩盘风险越大。为了研究大股东监督作用是否对民营企业更加有效,特加入交叉项 ownership × state。当此交叉项系数显著为负时,说明民营企业中,所有权集中度和股价崩盘风险的相互作用显著加强,即民营企业中,大股东于降低股价崩盘风险的作用越显著。从而,回归模型(3.5)变为如下回归模型(3.6):

$$Crashrisk_{i,t} = \beta_0 + \beta_1 Ownership_{i,t-1} + \beta_2 state_i + \beta_3 ownership_{i,t-1} \times state_i + \sum \beta_j \times ControlVars_{i,t-1} + \varepsilon$$

由表 3-9 可以看出,当用 NCSKEW 衡量股价崩盘风险时,民营企业中所有权集中度与股价崩盘风险依旧显著负相关(OWN3、OWN5、H3 和 H5 系数分别为 -0.002、-0.003、-0.204 和 -0.209)。当用 OWN3、OWN5 衡量所有权集中度时,state 比较显著为正,说明民营企业相对于非民营企业面临较大的股票崩盘风险。虽然用 H3、H5 衡量所有权结构时,State 系数为负,但是并不显著。交叉项 ownership × state 在 OWN3、OWN5 回归中显著为负(系数分别为 -0.027、-0.028),证实了民营企业大股东监督作用更强,更能有效降低公司股价崩盘风险。在 H3、H5 回归中,虽然系数并不显著,但是符号与笔者预期一致,为负值(系数分别为 -0.083、-0.083)。

**表 3-9 民营企业所有权结构与用 NCSKEW 衡量股价崩盘风险关系**

| NCSKEW | OWN3 | t 值 | OWN5 | t 值 | H3 | t 值 | H5 | t 值 |
| --- | --- | --- | --- | --- | --- | --- | --- | --- |
| INTERCEPT | -0.684 | -1.74 | -0.685 | -1.75 | -0.747 | -1.84 | -0.750 | -1.84 |
| OWNERSHIP | -0.002 | -2.91 | -0.003 | -3.40 | -0.204 | -2.49 | -0.209 | -2.52 |
| STATE | 1.379 | 1.82 | 1.479 | 1.54 | -0.116 | -0.16 | -0.116 | -0.16 |
| OWNERSHIP ×STATE | -0.027 | -2.28 | -0.028 | -2.03 | -0.083 | -0.04 | -0.083 | -0.04 |
| NCSKEW_LAG | -0.047 | -3.74 | -0.047 | -3.74 | -0.047 | -3.75 | -0.047 | -3.75 |
| SIZE | 0.923 | 2.12 | 0.961 | 2.21 | 0.907 | 2.05 | 0.912 | 2.06 |
| VOL | 0.329 | 4.11 | 0.327 | 4.09 | 0.327 | 4.07 | 0.327 | 4.07 |
| R | -0.320 | -12.95 | -0.321 | -12.99 | -0.317 | -12.89 | -0.317 | -12.89 |
| MB | -0.006 | -0.33 | -0.003 | -0.16 | -0.010 | -0.55 | -0.010 | -0.55 |
| LEVERAGE | 0.041 | 0.33 | 0.047 | 0.39 | 0.037 | 0.31 | 0.038 | 0.31 |
| DTURN | -0.674 | -0.56 | -0.900 | -0.75 | -0.340 | -0.29 | -0.350 | -0.29 |
| ANALYST | -0.070 | -2.06 | -0.069 | -2.02 | -0.071 | -2.10 | -0.071 | -2.10 |

续表

| NCSKEW | OWN3 | t值 | OWN5 | t值 | H3 | t值 | H5 | t值 |
|---|---|---|---|---|---|---|---|---|
| 样本数 | 10001 | | 10001 | | 10001 | | 10001 | |
| 调整的 $R^2$ | 0.104 | | 0.105 | | 0.104 | | 0.104 | |

观察表3-10可以得出，用DUVOL衡量股价崩盘风险时，可以得出与表3-9相同的结论。不同在于交叉项ownership×state的显著程度略有降低（t值分别变为-1.88、-1.85、-0.41、-0.41）。

表3-10 民营企业所有权结构与用DUVOL衡量股价崩盘风险关系

| DUVOL | OWN3 | t值 | OWN5 | t值 | H3 | t值 | H5 | t值 |
|---|---|---|---|---|---|---|---|---|
| INTERCEPT | -0.125 | -0.70 | -0.126 | -0.70 | -0.161 | -0.87 | -0.162 | -0.87 |
| OWNERSHIP | -0.001 | -2.79 | -0.001 | -3.27 | -0.095 | -2.44 | -0.096 | -2.47 |
| STATE | 0.815 | 1.78 | 0.872 | 1.65 | 0.035 | 0.10 | 0.035 | 0.10 |
| OWNERSHIP×STATE | -0.015 | -1.88 | -0.016 | -1.85 | -0.423 | -0.41 | -0.422 | -0.41 |
| NCSKEW_LAG | -0.016 | -2.64 | -0.016 | -2.65 | -0.016 | -2.65 | -0.016 | -2.65 |
| SIZE | 0.214 | 1.09 | 0.230 | 1.17 | 0.217 | 1.08 | 0.219 | 1.09 |
| VOL | 0.158 | 4.21 | 0.157 | 4.19 | 0.157 | 4.17 | 0.157 | 4.17 |
| R | -0.162 | -14.13 | -0.162 | -14.16 | -0.160 | -14.04 | -0.160 | -14.04 |
| MB | -0.002 | -0.22 | 0.000 | -0.05 | -0.003 | -0.44 | -0.003 | -0.44 |
| LEVERAGE | 0.002 | 0.03 | 0.004 | 0.08 | 0.000 | 0.00 | 0.000 | 0.00 |
| DTURN | -0.021 | -0.03 | -0.118 | -0.20 | 0.113 | 0.19 | 0.109 | 0.18 |
| ANALYST | -0.028 | -1.83 | -0.028 | -1.79 | -0.028 | -1.86 | -0.028 | -1.86 |
| 样本数 | 10001 | | 10001 | | 10001 | | 10001 | |
| 调整的 $R^2$ | 0.125 | | 0.125 | | 0.124 | | 0.124 | |

表3-11中，用CRASH_year衡量股价崩盘风险时，所有的系数都变得不再显著。但是，所有权集中度衡量指标系数与预期一致，依旧为负值（OWN3、OWN5、H3和H5系数分别为-0.002、-0.005、-0.095和-0.111）。交叉项ownership×state的系数也为负值（OWN3、OWN5、H3和H5系数分别为-0.089、-0.135、-9.315和-9.424）。

表3-11 民营企业所有权结构与用CRASH-year衡量股价崩盘风险关系

| CRASH_year | OWN3 | t值 | OWN5 | t值 | H3 | t值 | H5 | t值 |
|---|---|---|---|---|---|---|---|---|
| INTERCEPT | -1.066 | -0.71 | -1.159 | -0.77 | -1.001 | -0.65 | -1.018 | -0.66 |
| OWNERSHIP | -0.002 | -0.83 | -0.005 | -1.54 | -0.095 | -0.31 | -0.111 | -0.36 |
| STATE | 3.592 | 0.64 | 6.243 | 0.95 | 0.283 | 0.11 | 0.301 | 0.12 |
| OWNERSHIP×STATE | -0.089 | -0.95 | -0.135 | -1.24 | -9.315 | -0.84 | -9.424 | -0.85 |
| NCSKEW_LAG | -0.268 | -4.27 | -0.269 | -4.28 | -0.268 | -4.26 | -0.268 | -4.26 |
| SIZE | -0.904 | -0.54 | -0.660 | -0.40 | -1.093 | -0.66 | -1.072 | -0.64 |
| VOL | 1.003 | 3.36 | 1.004 | 3.36 | 0.999 | 3.35 | 0.999 | 3.35 |
| R | -0.743 | -8.47 | -0.748 | -8.50 | -0.738 | -8.45 | -0.739 | -8.45 |
| MB | 0.034 | 0.53 | 0.041 | 0.63 | 0.032 | 0.49 | 0.032 | 0.49 |
| LEVERAGE | 0.147 | 0.30 | 0.154 | 0.31 | 0.149 | 0.30 | 0.149 | 0.30 |
| DTURN | -3.774 | -0.73 | -4.402 | -0.85 | -3.290 | -0.63 | -3.315 | -0.64 |
| ANALYST | -0.070 | -0.42 | -0.066 | -0.40 | -0.071 | -0.43 | -0.071 | -0.43 |
| 样本数 | 10001 | | 10001 | | 10001 | | 10001 | |
| 调整的$R^2$ | 0.103 | | 0.103 | | 0.103 | | 0.103 | |

综上所述，民营企业与非民营企业相同，所有权集中度会对股价崩盘风险产生负影响。与此同时，不同于非民营企业，民营企业面临着较高的股价崩盘风险。值得注意的是，民营企业中大股东监督作用所带来的公司股价崩盘风险降低效应也越来越强。

## 七 研究结论及启示

本章选取2003—2008年度中国在上海证券交易所和深圳证券交易所A股上市的所有公司数据，从企业内部结构角度研究了公司所有权结构与股价崩盘风险之间的相互作用，并进一步研究不同所有制形式的公司所面临的股价崩盘风险大小是否相同，同时考察了民营企业是否会加剧公司所有权集中程度与股价崩盘风险的关系。

通过研究发现：

（1）公司所有权集中度与上市公司股价崩盘风险之间存在显著负相关关系。公司所有权结构越集中，面临股价崩盘风险越低。大股东的监督作用在我国上市公司占主导作用。

（2）不同的所有制上市公司面临的股价崩盘风险不同，民营企业相比于非民营企业面临更高的股价崩盘风险。与此同时，民营企业中公司所有权集中度与股价崩盘风险的负向关系显著加强。民营企业大股东的监督作用会发挥得更加淋漓尽致。

本章研究成果具有重要的理论、现实意义。

第一，本章发现公司的内部所有权结构是影响公司股价崩盘风险的一个重要因素，完善了股价崩盘风险的理论研究。

第二，本章的数据来源是中国 2003—2008 年所有在上海证券交易所和深圳证券交易所 A 股上市的公司数据，填补了研究国内金融市场崩盘风险的部分空白。

第三，本章的研究结论表明，公司所有权越集中，股价崩盘风险越低；即大股东的监督作用会降低公司面临的股价崩盘风险，为我国上市公司控制金融风险提供了新的思路，也为我国金融市场的稳定发展提供了一些建议。

第四，本章考察了不同所有制公司，发现民营企业面临的股价崩盘风险较高。与此同时，民营企业中所有权集中度与股价崩盘风险之间的负向关系进一步加强，大股东的监督作用更强，对民营企业未来的发展提供了一定的理论指导。

**参考文献**

1. 白重恩、刘俏、陆洲等：《中国上市公司治理结构的实证研究》，《经济研究》2005 年第 2 期。
2. 陈小悦、徐晓东：《股权结构、企业绩效与投资者利益保护》，《经济研究》2001 年第 11 期。
3. 谷祺、邓德强、路倩：《现金流权与控制权分离下的公司价值——基于我国家族上市公司的实证研究》，《会计研究》2006 年第 3 期。
4. 黎来芳：《商业伦理、诚信业务与不道德控制——鸿仪系"掏空"上市公司的案例研究》，《会计研究》2005 年第 11 期。
5. 李小荣、刘行：《CEO vs CFO：性别与股价崩盘风险》，《世界经济》2012 年第 12 期。

6. 潘越、戴亦一、林超群：《信息不透明、分析师关注与个股暴跌风险》，《金融研究》2011 年第 9 期。
7. 苏启林、朱文：《上市公司家族控制与企业价值》，《经济研究》2003 年第 8 期。
8. 孙永祥、黄祖辉：《上市公司的股权结构与绩效》，《经济研究》1999 年第 12 期。
9. 吴淑琨：《股权结构与公司绩效的 U 形关系研究：1997—2000 年上市公司的证实研究》，《中国工业经济》2002 年第 1 期。
10. 许年行、江轩宇、伊志宏等：《分析师利益冲突、乐观偏差与股价崩盘风险》，《经济研究》2012 年第 7 期。
11. 朱武祥、宋勇：《股权结构与企业价值》，《经济研究》2001 年第 12 期。
12. Andreou, P. C., Antoniou, C., Horton, J. et al., "Corporate governance and stock price crashes", 2012.
13. Ball, R., "Infrastructure requirements for an economically efficient system of public financial reporting and disclosure", *Brookings - Wharton Papers on Financial Services*, 2001, No. 1, pp. 127 - 169.
14. Berle, A. A., Means, G. G. C., *The modern corporation and private property*, Transaction publishers, 1991.
15. Bushee, B. J., "The influence of institutional investors on myopic R&D investment behavior", *Accounting review*, 1998, pp. 305 - 333.
16. Bushee, B. J., "Do institutional investors prefer near - term earnings over long - run value?", *Contemporary Accounting Research*, Vol. 18, No. 2, 2001, pp. 207 - 246.
17. Callen, J. L., Fang, X., "Institutional Investors and Crash Risk: Monitoring or Expropriation?", *Rotman School of Management Working Paper*, 2011.
18. Chen, J., Hong, H., Stein, J. C., "Forecasting crashes: Trading volume, past returns, and conditional skewness in stock prices", *Journal of Financial Economics*, Vol. 61, No. 3, 2001, pp. 345 - 381.
19. Claessens, S., Djankov, S., Pohl, G., *Ownership and corporate governance: Evidence from the Czech Republic*, World Bank Publications, 1997.
20. Coffee, J. C., "Liquidity versus control: The institutional investor as corporate monitor", *Columbia Law Review*, 1991, pp. 1277 - 1368.
21. Cornett, M. M., Marcus, A. J., Tehranian, H., "Corporate governance and pay - for - performance: The impact of earnings management", *Journal of Financial Economics*, Vol. 87, No. 2, 2008, pp. 357 - 373.
22. Della, Croce R., Stewart, F., Yermo, J., "Promoting longer - term investment by institutional investors: Selected issues and policies", *OECD Journal: Financial Market Trends*, No. 1, 2011, pp. 1 - 20.

23. Demsetz, H., Lehn, K., "The structure of corporate ownership: Causes and consequences", *Journal of Political Economy*, 1985, pp. 1155 – 1177.
24. Dobrzynski, J. H., "Relationship Investing", *Business Week*, Vol. 15, 1993, pp. 68 – 75.
25. Edmans, A., "Blockholder trading, market efficiency, and managerial myopia", *Journal of Finance*, No. 6, 2009, pp. 2481 – 2513.
26. Faccio, M., Lang, L. H. P., "The ultimate ownership of Western European corporations", *Journal of Financial Economics*, No. 3, 2002, pp. 365 – 395.
27. Fama, E. F., Jensen, M. C., "Separation of ownership and control", *Journal of Law and Economics*, 1983, pp. 301 – 325.
28. Graves, S. B., Waddock, S. A., "Institutional ownership and control: Implications for long – term corporate strategy", *The Executive*, No. 1, 1990, pp. 75 – 83.
29. Grossman, S. J., Hart, O. D., "One share – one vote and the market for corporate control", *Journal of Financial Economics*, Vol. 20, 1988, pp. 175 – 202.
30. Harvey, C. R., Siddique, A., "Conditional skewness in asset pricing tests", *Journal of Finance*, No. 3, 2000, pp. 1263 – 1295.
31. Hermalin, B. E., Weisbach, M. S., "The effects of board composition and direct incentives on firm performance", *Financial Management*, 1991, pp. 101 – 112.
32. Holderness, C. G., Sheehan, D. P., "The role of majority shareholders in publicly held corporations: An exploratory analysis", *Journal of Financial Economics*, Vol. 20, 1988, pp. 317 – 346.
33. Hutton, A. P., Marcus, A. J., Tehranian, H., "Opaque financial reports, R2, and crash risk", *Journal of Financial Economics*, No. 1, 2009, pp. 67 – 86.
34. Jensen, M. C., Meckling, W. H., *Theory of the firm: Managerial behavior, agency costs, and ownership structure*, Springer Netherlands, 1979.
35. Jin, L., Myers, S. C., "R2 around the world: New theory and new tests", *Journal of Financial Economics*, No. 2, 2006, pp. 257 – 292.
36. Kim, J. B., Li, Y., Zhang, L., "CFOs versus CEOs: Equity incentives and crashes", *Journal of Financial Economics*, No. 3, 2011, pp. 713 – 730.
37. Kim, J. B., Li, Y., Zhang, L., "Corporate tax avoidance and stock price crash risk: Firm – level_analysis", *Journal of Financial Economics*, No. 3, 2011a, pp. 639 – 662.
38. Kim, J. B., Li, Y., Zhang, L., "CFOs versus CEOs: Equity incentives and crashes", *Journal of Financial Economics*, No. 3, 2011b, pp. 713 – 730.
39. Koonce, L., McAnally, M. L., Mercer, M., "How do investors judge the risk of financial items?", *The Accounting Review*, No. 1, 2005, pp. 221 – 241.
40. Kothari, S. P., Shu, S., Wysocki, P. D., "Do managers withhold bad news?", *Jour-

nal of Accounting Research, No. 1, 2009, pp. 241 – 276.

41. Manconi, A., Massa, M., Yasuda, A., "The role of institutional investors in propagating the crisis of 2007 – 2008", Journal of Financial Economics, No. 3, 2012.

42. Mitton, T., "A cross – firm analysis of the impact of corporate governance on the East Asian financial crisis", Journal of Financial Economics, No. 2, 2002, pp. 215 – 241.

43. Monks, R., Minow, N., "Corporate Governance Blackwell", Cambridge, MA, 1995.

44. Morck, R., Yeung, B., Yu, W., "The information content of stock markets: Why do emerging markets have synchronous stock price movements?", Journal of Financial Economics, No. 1, 2000, pp. 215 – 260.

45. Olsen, A. L., Smith, V. J., Bergstrom, J. O. et al., "Epidemiology of surgically managed pelvic organ prolapse and urinary incontinence", Obstetrics & Gynecology, No. 4, 1997, pp. 501 – 506.

46. Porter, M. E., "Capital choices: Changing the way America invests in industry", Journal of Applied Corporate Finance, No. 2, 1992, pp. 4 – 16.

47. Shleifer, A., Vishny, R. W., "Large shareholders and corporate control", The Journal of Political Economy, 1986, pp. 461 – 488.

48. Shleifer, A., Vishny, R. W., "Management entrenchment: The case of manager – specific investments", Journal of Financial Economics, No. 1, 1989, pp. 123 – 139.

49. Shleifer, A., Vishny, R. W., "A survey of corporate governance", Journal of Finance, No. 2, 1997, pp. 737 – 783.

# 第四章 股权激励与公司治理结构对公司绩效的相互作用

## 一 导　言

随着社会生产力的提高以及市场竞争程度的加剧，股份制上市公司已成为一种主要企业形式。由于其股东是广泛的社会投资者，不能也不可能由他们管理、运营公司，因此需要专业经理人进行公司的日常运作。所以在这种外部资金不断涌入、内部股权日趋分散情况下，资本所有权与资本经营权相统一的古典企业制度逐渐演化成两权分离的现代企业制度。然而，两权分离的现状引发了委托—代理问题，即股东与经理层的目标利益不一致，在信息不对称的情况下，经理层为追求自身利益的最大化而违背股东利益最大化的公司目标，从而损害了股东的利益。

两权分离的一个弊端在于经营权中缺乏收益权，当经理层被授予一定比例的股份之后，他们被赋予了剩余权益的索取权，从而与股东的目标趋于一致。因此为了解决委托—代理问题，委托人有必要在事前制定一套有效的激励机制，调动经理人为股东利益最大化服务的积极性，避免道德风险和逆向选择问题。股权激励作为一个行之有效的方法，在国外已经有了广泛的推行和实施，早在 20 世纪 80 年代，经理人持股已经成为西方企业的普遍现象。相对于国外，中国股权激励制度起步较晚。我国股权激励的试点工作开始于 1999 年，并于 2005 年正式发布《上市公司股权激励管理办法（试行）》，成为我国股权激励制度的起点。

股权激励从经理层内在动机出发，在根本上解决所有者与经理层之间的矛盾，因此它对公司业绩的有效性得到国内外学者的广泛关注。从目前已有的文献来看，学术界并没有得到一个统一的结论。大部分研究者集中于考察公司实施股权激励后,经理层持股比例对公司绩效的影响,但是忽视了股权激励合同本身的合理性。随着企业制度的创新,国外大多数企业都设有薪酬委员会,国内上市公司设有董事会,它是制定股权激励合同的主要机构。因此,薪酬委员会以及董事会结构会对股权激励的实施产生一定影响。此外,我国存在一股独大现象,大股东会利用自身的控制权直接参与董事会的决策过程,进而影响股权激励方案的制定,所以股权结构也是影响股权激励效果的一个重要因素。可见股权激励与公司治理结构有着密切的联系,两者不仅能够分别影响公司的业绩,而且它们之间的相互作用与公司绩效也有相关关系。尤其是针对我国国有企业的公司治理水平整体偏低的情况,投资者们更加关注公司治理结构对高管股权激励的约束和监督。基于上述原因,在考虑公司治理结构的前提下,考察股权激励的实施效果,具有理论方面和现实方面的意义。

## 二 文献综述

股份制公司经营权与所有权分离导致的代理问题早已受到国内外学者广泛关注,伯利和米恩斯(1932)最早指出,公司管理者往往会追求个人利益最大化而不是股东利益最大化。为了使管理者与股东利益趋于一致,各种相关的公司治理制度应运而生,主要的两种机制分别为激励合同和监督机制。其中,股权激励制度考虑了管理者和股东的内在利益,从管理者自身的盈利动机着手促进其为股东谋利,提高公司绩效;而监督机制则是给管理者施加监督压力,使他们所做的经营决策符合股东利益最大化要求。监督机制主要体现在公司治理结构的设置上,即董事会结构和股权结构对公司绩效的影响。

### (一)股权激励与公司绩效

1. 国外研究综述

Jensen 和 Meckling(1976)最早研究了管理层持股与公司绩效之间的关系,从理论上提出了"利益汇聚假说",认为管理层持股会使股东和管理者的利益一致化,从而降低了代理成本,提高了公司绩效。Hanson 和 Song(2000)以及 Hanlon(2003)的实证结果都支持"利益汇聚假说",得出管理层持股比例与公司绩效显著正相关。

Fama 和 Jensen（1983）则认为，管理层持股比例过高会使董事会失效，导致其他股东的权益受损，从而会降低公司绩效，即"管理者防御假说"。Ohad Kadan 和 Jun Yang（2006）考察了 1993—2004 年 10296 家上市公司股权激励与盈余管理之间的关系，发现当管理层被给予更多股票期权的那一年，管理层会进行盈余管理操控利润，降低公司价值。

Morck（1988）结合"利益汇聚假说"和"管理层防御假说"，认为管理层持股比例与公司绩效之间的关系是非线性的。他们对 371 家样本公司进行分段线性回归，表明当高管持股比例低于 5% 时，公司绩效与持股比例正相关；当持股比例在 5%—25% 时，两者负相关；而当持股比例超过 25% 时，两者又呈现正相关关系。Mcconnel 和 Servaes（1990）、Griffith（1999）都得到了与 Morck 相似的结论，只是各拐点的数值有所不同。Cui 和 Mak（2002）选取 1996—1998 年研发支出最高的 310 家公司为样本，得出 Tobin's Q 最初随着管理层持股比例的增加而降低，然后上升，再下降，最后又上升，即形成 W 形的变动关系。

也有研究表明管理层持股比例与公司绩效不相关。Demsetz 和 Lehn（1985）选取 1980 年美国 511 家公司进行实证研究得出，公司内部人持股比例与会计收益率之间没有显著相关关系。Loderer 和 Martin（1997）以 867 家公司为样本，也没有发现经理层持股比例与公司 Tobin's Q 相关的经验证据。Himmelberg（1999）扩展了 Demsetz 和 Lehn（1985）使用的截面数据，他们运用面板数据再次证明管理层持股与公司绩效不相关。

2. 国内研究综述

国内学者针对股权激励与公司绩效的关系也做了大量的实证研究，主要得到以下三个结论：

（1）股权激励与公司绩效线性正相关。李维安、李汉军（2006）在回避国有上市公司非市场因素后，以 1999—2003 年民营上市公司为样本，分析股权激励对公司绩效的影响，得出当第一大股东并未绝对控制公司时，两者之间具有显著的正相关关系。

高雷、宋顺林（2007）采用面板数据模型和平均模型相结合的方法，利用上市公司 2000—2004 年的面板数据，证明高管人员持股规模与企业绩效是显著正相关的。

林大庞、苏冬蔚（2011）在研究股权激励与公司绩效时考虑了盈余管理对其的影响，通过 Heckman 两阶段模型，以 2005—2008 年的上市公司为样本，得出在未考虑盈余管理影响前，股权激励与公司绩效显著正相关；而使用盈余管理修正业绩之后，两者的正相关关系有所减弱。

（2）股权激励与公司绩效不相关。魏刚（2000）认为，我国高管人员的持股比例偏低，不能起到有效激励作用，并通过实证证明高管人员的持股数量与上市公司的经营绩效并不存在显著的相关关系。

俞鸿琳（2006）采用 FE 模型来检验 2001—2003 年中国上市公司的股权激励效果，结果发现，对于全部上市公司和非国有上市公司，管理者持股水平与公司价值的正相关关系并不显著；仅对国有上市公司而言，两者的关系呈显著负相关。

之前的研究大多数以单一的指标作为绩效评价指标，程隆云、丘春苗（2008）采用因子分析法得出综合绩效评价指标对 2000—2005 年的上市公司进行实证分析，得出股权激励是无效的。

（3）股权激励与公司绩效存在区间效应。王玉婷等（2012）基于我国信息技术上市企业面板数据，验证了股权激励与公司绩效之间存在三次曲线关系，即在高管持股比例小于 20.34% 情况下，两者呈正相关关系。当高管持股比例处于（20.34%，49.70%）区间时，两者呈负相关关系。当高管持股比例继续提高到 49.70% 以上时，激励效应再次显现。

范合君、初梓豪（2013）认为，高管持股水平并不能完全体现经理人与股东的利益一致性，而应该用高管薪酬对股价的敏感程度来衡量。与之前的文献不同，作者引入敏感度变量，即股权和期权报酬占高管薪酬的比例，通过对 2009—2011 年沪深上市公司的实证研究，得出结论：股权和期权占高管总薪酬比例对公司每股收益有显著的倒 U 形作用，其转折点在 39.92%—49.20% 之间。

（二）公司治理结构与公司绩效

1. 国外研究综述

国外学者在研究董事会结构和公司绩效关系时，主要集中在董事会规模、独立董事比例和两权分职三个方面。David Yermack（1996）选取 1984—1991 年间 452 个美国工业企业为样本，考察董事会规模与企业绩效的影响，发现规模较小的董事会更有效，实证检验了 Jensen（1993）提出的观点：董事会规模过大会导致交流不畅和决策错误的问题，从而使董事会的作用失效。Kiel 和 Nicholson（2003）根据澳大利亚最大的 348 个上市公司董事会结构得出董事会规模与公司绩效正相关，同时内部董事比例与公司市场价值正相关。Anup 和 Knoeber（1996）在分析解决代理问题的 7 个机制后得出，外部董事数量与公司绩效负相关，一个可能原因在于公司为了获取政策上的便利，聘用具有政治背景的外部董事，从而牺牲了企业绩效。Pissaris、Jeffus 和 Gleason（2010）得出两权分职与公司绩效没有显著的相关关系，却能加强收入差距对公司绩效的正面影响。

在研究股权结构和公司绩效的关系时，国外学者重点分析了股权集中度的利益侵占效应与利益趋同效应。Demsetz（1985）指出大股东会利用自己的控制权转移公司资源谋取利益，从而牺牲中小股东的权益。Claessens、Djankov 和 Lang（2000）以 9 个亚洲国家中 2980 个上市公司为样本，发现股权结构基本为金字塔形或者交叉持股，超过 2/3 的公司都由一个大股东控制，这容易产生利益侵占效应。Shleifer 和 Vishny（1986）则认为股价上升带来的财富使得大股东与中小股东的利益趋于一致，大股东会监督管理者做到股东权益最大化。Claessens（1997）以 1993—1995 年捷克上市的 706 家公司为样本，得到股权集中度与公司利润显著正相关。

也有学者将董事会结构与股权结构综合起来考虑，系统分析内部治理机制的效果。Haniffa 和 Hudaib（2006）分别检验了 6 个公司治理结构变量与两个公司绩效衡量指标（Tobin's Q 和 ROA）之间的关系，得出董事会规模和股权集中度与 Q 值负相关，但与 ROA 正相关；同时一人担任多家企业的独立董事会导致公司市场价值的降低，而董事长与经理两权分职会降低公司的会计回报率。Bhagat 和 Bolton（2008）选取了 7 个公司治理指标，实证发现董事会持股和两权分职与公司绩效显著正相关，而董事会独立性与公司绩效显著负相关。

2. 国内研究综述

国内学者在探讨公司治理与公司绩效关系问题时，结合中国一股独大以及国有法人股等现象，加入一些具有中国特色的变量。

由于公司治理结构包含多个维度，一些学者偏好研究某一特定变量对公司绩效的影响。吴淑琨等（1998）认为，董事长与总经理两职的关键不在于是否分离，还应考虑处于两者之间的中间状态，即在多大程度上进行分离。作者将两职状态分为三种形式：两职完全分离、部分分离和完全合一，对上证交易所的 188 家公司进行实质研究，得出两职分离状态与公司绩效之间并没有显著的联系。徐晓东、陈小悦（2003）则侧重研究第一大股东对企业绩效的影响，发现第一大股东为非国家股股东的公司有着更高的企业价值，并且第一大股东的变更有利于公司规模的扩大以及公司治理效力的提高。Wei、Xie和Zhang（2005）研究了中国国有企业股权结构与绩效的关系，发现国家股和法人股与托宾Q显著负相关，而外资股与托宾Q显著正相关。

2002年全面实行独立董事制度之后，董事会的独立性受到不少学者的关注，涌出许多对有效性研究的分析与结果。高明华、马守莉（2002）选取2001年上证和深证交易所的1018个有效样本考察独立董事与公司绩效之间的关系，得到我国独立董事制度和公司绩效之间只存在非常弱的正相关关系。魏刚等（2007）为了检验独立董事背景对其经营业绩的影响，以1999—2002年中国上市公司为样本，得出有政府背景和银行背景的独立董事能促进公司业绩，而独立董事的教育背景对公司业绩没有影响；同时，研究结果主张限制个人担任多个公司的独立董事。王跃堂等（2006）在研究董事会独立性对公司绩效影响时结合了独立董事比例和背景两个方面，得出独立董事有助于促进公司绩效。

另有学者分别对董事会结构与股权结构做了系统的研究分析。在董事会结构上，李有根（2001）采用"最优构成—绩效"模型来分析董事会构成和公司绩效之间的关系。数据分析发现，法人代表董事构成和公司净资产收益率之间具有显著的倒U形曲线关系，但是在内部董事构成、专家董事构成、专务董事构成和公司绩效之间没有发现稳定的变量关系。李常青、赖建清（2004）采用ROE、EPS和EVA衡量公司绩效，得出董事会规模与ROE正相关，但与EPS和EVA负相关；独立董事比例与公司绩效负相关；董事会会议频率不影响公司EVA。于东智、池国华（2004）在前人的基础上引进了董事会稳定性的概念，得出董事会规模与公司绩效呈显著的倒U形关系，并且支持董事会的平稳性与公司以前绩效正相关的假设。

在股权结构方面，何浚（1988）从理论上阐述了我国股权结构的特征，并指出其中的一些问题。施东晖（2000）以1999年484家沪市上市的公司为样本，实证研究股权控制类型与结构对经营绩效的影响，得出国有股东和流通股东的持股比例对公司绩效无显著影响。徐莉萍（2006）利用4845个公司年度观测值进行分组比较，得出股权集中度与公司绩效之间具有显著的正向线性关系，并且过高的公司制衡度对绩效有负面影响。谢华、朱丽萍（2014）在前人的研究基础上加入了内部控制的变量，以 2009—2011 年沪市江苏省上市公司为样本进行实证研究，得出前十大股东持股比例与公司绩效呈正相关关系，内部控制指数与公司绩效呈显著正相关。

以上文献都着重对公司治理结构的单一方面进行剖析，为了更全面考察公司治理结构与公司绩效的关系，国内学者从董事会结构和股权结构着手，进行了综合的研究。向朝进、谢明（2003）建立公司价值与公司治理结构各影响因素的多元线性回归方程，得到两者之间不存在综合的相关关系。白重恩等（2005）选择了八个治理变量，实证研究结果发现两权合一、政府控股以及拥有母公司的上市公司对企业的市场价值不利，外部董事比例和其他大股东的持股比例的提高有助于公司价值的提升，第一大股东的持股量对企业的市场价值的影响是为非线性关系。吕峻等（2008）从股东监督、董事会监督以及债权监督这三个方面对公司绩效进行分析，得出大股东监督和两职分离监督具有较好的效果；而独立董事监督效果仅体现在国有公司中；此外，董事会规模的监督效果基本不存在。

### （三）股权激励与公司治理结构对公司绩效的相互作用

#### 1. 国外研究综述

尽管国外学者对股权激励和公司治理结构都做了广泛和深入探讨，但是关于两者对公司绩效作用的研究较少。

早期一些文献表明了公司治理结构和经理层报酬之间的关系。Conyon（1997）以 1988—1993 年英国最大的 213 家上市公司为样本，实证发现薪酬委员会的引进会降低管理层报酬的增长率，但是这个结果并不稳定；同时总经理与董事长两权分职对经理层的报酬并没有显著影响。

Core、Holthausen 和 Larcker（1999）通过研究董事会结构和股权结构对 CEO 报酬的影响，从两权分职、董事会结构、董事会独立性和董事会成员兼任其他公司董事的情况得出，当公司治理程度较弱时，CEO 有机会从公司获取更多的报酬。

Randoy 和 Nielsen（2002）选择 120 家挪威上市公司和 104 家瑞典上市公司，考察公司治理、经理层报酬和公司绩效这三者的关系，发现经理层报酬与公司绩效没有显著的相关关系；而董事会规模与经理层报酬显著正相关，经理层持股比例与经理层报酬显著负相关。

近期一些文献有部分内容涉及股权激励与公司治理结构的相互影响。

Basu 和 Hwang（2007）考察了日本上市公司股权结构和董事会结构对公司绩效的影响，得到治理结构较差的公司将要承受较大的代理成本，这些公司的经理层往往被支付过高的薪酬，同时表现出较低的业绩水平。

Lee、Lev 和 Yeo（2008）选取 1992—2003 年美国上市的 1855 家公司为样本，分别研究独立董事比例、机构持股数量和两权分职对 CEO 工资差距与公司绩效关系的影响，得出董事会独立性会增强工资差距对公司绩效的正向作用；同时当 CEO 兼任董事长职位时，工资差距对公司绩效的促进作用减弱。

Sun、Cahan 和 Emanuel（2009）用薪酬委员会董事持股比例、CEO 指定的董事会成员人数、在董事会任职 10 年以上的成员比例、兼任多家公司董事会成员的比例、身为其他公司 CEO 的董事会成员比例以及薪酬委员会规模这六个指标来衡量薪酬委员会的治理质量，以美国 474 家公司为样本研究薪酬委员会的治理质量是否影响股权激励对公司绩效的促进作用，实证发现，薪酬委员会的治理质量和股权激励的交互项系数显著为正，即其会加强股权激励对公司绩效的促进作用。

2. 国内研究综述

关于股权激励与公司治理结构的相互影响，早期文献主要集中于对股权结构的分析。周建波、孙菊生（2003）在研究股权激励的治理效应时提到了第一大股东性质对股权激励实施效果的影响，实证发现第一大股东为国家股的公司，由于股权激励方案成为经营中谋求私利的工具，其激励效果并不明显。夏纪军、张晏（2008）在考虑到大股东控制权与管理层激励之间的冲突关系之后，以 2001—2005 年每年度 864 个上市公司为样本，得出大股东控制权越大，股权激励的效果越低，证实了冲突性理论。潘颖（2009）首先用因子分析法构造了综合因子作为公司业绩指标，而后进行多元线性回归，发现了与之前文献相反的结果，即控股股东股权比例的提高会给股权激励效果带来正向的影响。

近期有不少学者在研究交互影响时考虑股权结构之外的其他公司治理方面内容。白洁（2013）以 2000—2010 年沪深两市 A 股的 2136 家企业为样本，考察高管特征与股权激励对企业绩效的交互影响，得出高管教育水平越高、任期时间越长，股权激励的效果越好；而高管年龄越大，高管持股比例越高的公司企业绩效越差。辛金国、王琳燕（2013）选取我国在深证交易所公开发行的中小版上市家族企业 2008—2010 年三年数据作为样本,研究董事会监督与总经理激励对绩效的相互影响。作者按董事会监督强度不同,分样本回归分析,发现董事会监督作用和总经理激励是同方向变动的。

### (四) 评述

通过对相关文献的梳理,在考察股权激励、公司治理结构和公司绩效三者关系时,以往的研究基本集中在股权激励对公司绩效的影响以及公司治理结构对公司绩效的影响,很少有学者探讨公司治理结构和股权激励的相互作用,进而影响到公司绩效。而且国内外学者所得的结果也各不相同,这可能是因为忽视了多种治理机制的共同作用而使得研究成果及政策建议存在片面性及不周之处。

因此,本章在理论上阐述了公司治理结构对股权激励制度制定和实施所产生的现实作用,并在实证模型上加入了体现这层关系的交互项,进行回归比较,希望能够丰富和完善股权激励理论,并为我国公司治理结构的建设提供指导意见。

## 三 研究假设

### (一) 股权激励和公司绩效

从国内外文献综述部分可知,股权激励对公司绩效存在两种截然相反的影响。根据利益汇聚假说,管理层持股会降低代理成本,提高公司绩效;而根据管理者防御假说,管理层持股比例过高会使董事会失效,降低公司绩效。鉴于我国上市公司管理层持股比例普遍偏低,利益汇聚假说占主导地位,因此提出假设:

假设 1:管理层持股比例与公司绩效正相关。

### (二) 股权激励、董事会结构和公司绩效

#### 1. 独立董事比例

2001 年 8 月 21 日,中国证券交易监督委员会颁布了《关于在上市公司建立独立董事制度的指导意见》,其中强调了独立董事的监督职能,这与代理理论相符,认为独立董事比内部董事更加客观、更有经验,能够运用技术和市场知识给董事会提供更专业的意见,提高董事会决策水平,进而提高公司业绩。同时,在独立董事监督下,股权激励方案更加公平合

理,其实施效果更为明显,由此得出假设:

假设2a:董事会成员中独立董事比例与公司绩效正相关。

假设2b:独立董事比例的提高会加强股权激励对公司绩效的促进作用。

2. 总经理与董事长是否兼任

委托代理问题的其中一个解决办法是建立一个有效的监督机制,董事会的监督职能体现在对经理层决策的监督。若总经理与董事长由同一人担任,就会出现自己监督自己的情况。依据代理理论假设,总经理具有自利性,两职合一会使监督作用失效,董事长可能通过设计股权激励方案为自己谋利,所以假设:

假设3a:总经理与董事长两职分离有助于提高公司的经营绩效。

假设3b:两职分离会加强股权激励对公司绩效的促进作用。

(三)股权激励、股权结构和公司绩效

1. 股权集中度

股权集中度是衡量公司股权分布状态的主要指标,本章用以指代第一大股东的持股比例。若第一大股东持股比例较大,对公司拥有控制权,则大股东有较强烈的欲望参与公司的经营运作,对经理层的决策起到监督作用。同时为了防止经理人为追求自身利益而损害股东权益,大股东在表决股权激励方案时也会更加谨慎。而在股权较为分散的公司,没有一个大股东拥有绝对的控制权,他们参与公司运营的成本较高,只注重自己手中股票的价值而疏于对经理层的监督,使得经理层有机会损公肥私。基于以上分析,我们假设:

假设4a:股权集中度与公司绩效正相关。

假设4b:股权集中度的提高会加强股权激励对公司绩效的促进作用。

2. 股权制衡度

股权制衡是指几个大股东共同分享控制权的股权安排模式。由于大股东与中小股东信息不对称,有可能发生控股股东与经理层合谋攫取中小股东利益情况。若股权制衡度较高,几个大股东之间相互监督,通过内部牵制的作用,使得任何一个大股东都没有单独控制决策的权利,从而避免利益纠纷。这种股权模式既保留了股权相对集中的优势,又能有效抑制大股东对上市公司利益的侵害,因此提出假设:

假设5a:股权制衡度与公司绩效正相关。

假设 5b：股权制衡度的提高会加强股权激励对公司绩效的促进作用。

3. 第一大股东性质

为了不动摇公有制主导地位，我国上市公司的国有股处于绝对控股地位。国家控股的一个弊端在于政府的行政目的与企业利润最大化的目标不一致，决策过程中往往会违背股东意愿而去维持就业率和社会稳定等。同时，由于所有者缺位，经理层容易产生自利倾向，利用其职位便利谋取私利，很可能造成股权激励失效或者损害其他股东权益，因此提出假设：

假设 6：国有控股的公司，其股权激励与公司绩效不相关或者负相关。

## 四 变量和模型

### （一）变量选取

1. 被解释变量

股权激励促使经理人为提高公司的市场价值而努力，因此公司绩效最直接的代理变量为公司的市场价值，国外文献大多采用托宾 Q。考虑我国股票市场仍不够成熟，股权激励会导致管理者进行盈余管理操纵利润，从而影响投资者预期，导致股价波动，所以市场绩效变量不能完全反映公司绩效。本章选取每股盈余（EPS）作为代理变量，为了剔除管理者盈余操控的影响，在计算净利润时，扣除了非经常性损益项目，最终得到公司绩效的代理变量为扣除非经常性损益项目后的每股盈余。

2. 解释变量

本章解释变量包括三个方面：股权激励、董事会结构和股权结构。根据以往文献，股权激励的代理变量选取公司高管人员持股比例（MSR）。董事会结构的代理变量为独立董事比例（ind）和两职分离状态（duality），其中两职分离状态为虚拟变量，若总经理与董事长完全分离，则取 1，其他情况取 0。股权结构的代理变量为股权集中度（fs）和股权制衡度（z），股权集中程度为公司第一大股东持股比例；股权制衡度为 z 指数，即公司第一大股东持股份额与第二大股东持股份额的比例，z 指数越低说明制衡度越高。

3. 控制变量

由于公司规模和杠杆率对公司绩效也有一定影响,因此本章选取这两个因素作为控制变量。公司规模(asset)为公司总资产的对数,杠杆率(leverage)为公司的资产负债率。同时,为了控制行业和年份对绩效的影响,在回归模型中加入了行业和年份的虚拟变量作为控制变量。

具体的变量定义如表4-1所示。

表4-1  变量解释

| | 变量名称 | 代码 | 变量定义 | 预期符号 |
|---|---|---|---|---|
| 公司绩效 | 每股盈余 | EPS | 扣除非经常性损益后的每股盈余 | / |
| 股权激励 | 高管人员持股比例 | MSR | 高管人员总持股数/总股本 | + |
| 董事会结构 | 独立董事比例 | ind | 独立董事人数/董事会总人数 | + |
| | 两职分离 | duality | 两职分离=1,其他=0 | + |
| 股权结构 | 股权集中度 | fs | 第一大股东持股份额/总股本 | + |
| | 股权制衡度 | z | 第一大股东持股份额/第二大股东持股份额 | − |
| 控制变量 | 公司规模 | asset | 公司总资产的对数 | + |
| | 杠杆率 | leverage | 负债总额/资产总额 | |

(二) 模型构建

2005年我国正式规范股权激励法律制度,本章以2006—2012年在上海证券交易所和深证证券交易所上市的非金融行业公司为样本,实证研究股权激励和公司治理结构对公司绩效的相互作用。考虑到股权激励与公司治理结构的相互作用,本章在模型设定中加入了交互项以体现两者之间的相互影响。样本数据来源于中国证券市场数据库系统(CCER),具体模型如下:

$$EPS = \alpha + \beta_1 MSR + \beta_2 ind + \beta_3 duality + \beta_4 fs + \beta_5 z + \beta_6 MSR \times ind + \beta_7 MSR \times duality + \beta_8 MSR \times fs + \beta_9 MSR \times z + \beta_{10} asset + \beta_{11} leverage + \sum_{12}^{22} \beta_i d(industry)_i + \sum_{23}^{28} \beta_j d(year)_j$$

其中,年份虚拟变量以2012年为基准年,取值为0,其余年份在所在年时取值为1；行业虚拟变量按中国证监会（CSRC）行业分类法分类，以综合类为基准行业，取值为0，其余在各公司所属行业中取值为1。

## 五 实证研究

### （一）变量描述性统计

变量描述性统计如表4-2和表4-3所示。

表4-2　　　　　　　　变量描述性统计

| 变量 | 样本数量 | 均值 | 标准差 | 最小值 | 最大值 |
|---|---|---|---|---|---|
| EPS | 5767 | 0.3770979 | 0.5104858 | -2.637 | 7.98 |
| MSR | 5767 | 8.700084 | 15.96125 | 0.00000025 | 97.9 |
| ind | 5767 | 0.5827068 | 0.1287032 | 0.14 | 1 |
| duality | 5767 | 0.5930293 | 0.4913119 | 0 | 1 |
| fs | 5767 | 33.89716 | 14.50369 | 3.6200 | 92.35 |
| z | 5767 | 11.93458 | 25.98842 | 1 | 367.196 |
| asset | 5767 | 21.61211 | 1.161874 | 18.6794 | 28.4052 |
| leverage | 5767 | 41.75118 | 21.50404 | 0.7 | 97.95 |

表4-3　　　　　　　　变量相关系数矩阵

| | eps | msr | ind | duality | fs | z | asset | leverage |
|---|---|---|---|---|---|---|---|---|
| eps | 1 | | | | | | | |
| msr | 0.21 | 1 | | | | | | |
| ind | 0.03 | 0.13 | 1 | | | | | |
| duality | -0.07 | -0.37 | -0.05 | 1 | | | | |
| fs | 0.12 | 0.048 | 0.07 | -0.005 | 1 | | | |
| z | -0.11 | -0.16 | -0.002 | 0.08 | 0.35 | 1 | | |
| asset | 0.07 | -0.35 | -0.005 | 0.12 | 0.14 | 0.15 | 1 | |
| leverage | -0.25 | -0.37 | -0.06 | 0.14 | 0.02 | 0.14 | 0.53 | 1 |

## （二）全样本回归结果

对于面板数据的回归，根据 Hausman 检验结果，采用固定效应模型进行回归分析，并在此基础上对面板数据进行异方差和自相关性检验。Wooldridge 检验结果显示，方程存在一阶自相关，Wald 检验结果显示方程存在异方差，因此本章采用 GLS 回归方程以消除异方差和自相关性。以下回归过程均在 Stata 12.0 中实现。

表 4-4 中，模型 1 主要考察高管持股比例对公司绩效的影响，董事会结构与股权结构同公司规模和财务杠杆一起作为控制变量，此模型忽略交互项影响，得到高管持股比例与公司绩效显著正相关，高管持股比例增加 1%，公司的每股盈余上升 0.0049 个单位，因此假设 1 成立。

模型 2 重点研究高管持股比例与董事会结构以及两者相互作用对公司绩效的影响，此处股权结构作为控制变量。回归结果表明高管持股比例与公司绩效呈显著正相关性，而董事会结构变量对公司绩效均无显著的直接影响。从交互项结果来看，独立董事比例与股权激励的相互作用对公司绩效产生显著的抑制作用，与预期相反；而两职分离状态与股权激励的相互作用对公司绩效产生显著的促进作用，与预期相符。

模型 3 重点研究高管持股比例与股权结构以及两者相互作用对公司绩效的影响，此处董事会结构作为控制变量。结果显示，高管持股比例、第一大股东持股比例、Z 指数和各自的交互项对公司绩效都有显著的影响，且变量系数符号与预期一致。

表 4-4  全样本回归结果

| 类别 | 变量 | 模型 1 | 模型 2 | 模型 3 | 模型 4 |
| --- | --- | --- | --- | --- | --- |
| 高管持股比例 | MSR | 0.0049326 *** | 0.0052491 *** | 0.0037278 *** | 0.0071052 *** |
| 董事会结构 | ind | -0.0422625 ** | -0.0014658 | -0.0271991 | -0.0394633 * |
|  | duality | 0.0183835 *** | 0.0008411 | 0.0129242 ** | 0.0030003 |
| 股权结构 | fs | 0.0042613 *** | 0.0046056 *** | 0.0044854 *** | 0.0045480 *** |
|  | z | -0.0016686 *** | -0.0009302 *** | -0.0009443 *** | -0.0024752 *** |
| 董事会结构交互项 | msr_ind |  | -0.0026000 ** |  | -0.0031143 *** |
|  | msr_duality |  | 0.0022241 *** |  | 0.0032339 *** |
| 股权结构交互项 | msr_fs |  |  | 0.0000404 | 0.0000226 * |
|  | msr_z |  |  | -0.0002528 *** | -0.0002478 *** |

续表

| 类别 | 变量 | 模型 1 | 模型 2 | 模型 3 | 模型 4 |
|---|---|---|---|---|---|
| 控制变量 | asset | 0.1027901 *** | 0.0760608 *** | 0.0782480 *** | 0.1252797 *** |
| | leverage | -0.0066988 *** | -0.0057666 *** | -0.0058331 *** | -0.0073329 *** |
| | d2006 | 0.0867884 *** | 0.1004723 *** | 0.0986387 *** | 0.0885135 *** |
| | d2007 | 0.1481683 *** | 0.1633193 *** | 0.1612867 *** | 0.1590954 *** |
| | d2008 | 0.0703223 *** | 0.0871663 *** | 0.0847413 *** | 0.0536330 *** |
| | d2009 | 0.1191556 *** | 0.1294681 *** | 0.1271023 *** | 0.1170749 *** |
| | d2010 | 0.1641187 *** | 0.1699590 *** | 0.1687858 *** | 0.1633452 *** |
| | d2011 | 0.1044378 *** | 0.1059905 *** | 0.1060032 *** | 0.1150915 *** |
| | da | -0.0457519 | -0.0449862 | -0.0343428 | -0.0354435 ** |
| | db | 0.2596499 *** | 0.2739175 *** | 0.2721502 *** | 0.2774149 *** |
| | dc | 0.0534671 *** | 0.0615570 ** | 0.0666698 *** | 0.0448237 *** |
| | dd | -0.0341526 | -0.0271481 | -0.0249990 | -0.0624464 *** |
| | de | 0.2158956 *** | 0.2242291 *** | 0.2289474 *** | 0.1894975 *** |
| | df | -0.0409810 | -0.0235504 | -0.0250870 | -0.0569656 *** |
| | dg | 0.0390453 | 0.0582625 ** | 0.0701715 ** | 0.0161871 |
| | dh | 0.1582997 *** | 0.1410839 *** | 0.1448406 *** | 0.1638822 *** |
| | dj | 0.1048100 *** | 0.1059475 *** | 0.1077399 *** | 0.1019468 *** |
| | dk | 0.0775006 *** | 0.0810052 ** | 0.0800398 ** | 0.0764783 *** |
| | dl | 0.1786250 *** | 0.1949594 *** | 0.1964746 *** | 0.1818448 *** |
| 常数项 | _cons | -1.9045780 *** | -1.4088830 *** | -1.4424610 *** | -2.3567370 *** |

注：*** 为 1% 置信水平下显著，** 为 5% 置信水平下显著，* 为 10% 置信水平下显著。

模型 4 全面反映高管持股比例、董事会结构、股权结构以及他们的相互作用对公司绩效的影响。从实证结果可知，独立董事比例及其与股权激励的交互项对公司绩效产生负向作用，与假设 2a 和假设 2b 相反。两职分离不能直接显著影响公司绩效，但其交互项与公司绩效显著正相关，实证结果不支持假设 3a，但是支持假设 3b。第一大股东持股比例对公司绩效有显著的正向促进作用，Z 指数和公司绩效显著负相关，说明股权集中度较高的公司，其经营业绩较好，同时较高的股权制衡度也能提高公司的业绩，这与假设 4a 和假设 5a 相符。同时，股权结构和高管持股比例的交互作用也是显著的，股权集中度和股权制衡度的提高会加强股权激励对公司绩效的促进作用,支持假设 4b 和假设 5b。

综上所述,董事会结构对公司绩效的直接影响较小,但可以通过股权激励合同影响公司绩效。而股权结构对公司绩效有显著的直接作用和间接作用,表明大股东监督优于董事会监督。

(三) 子样本回归结果

针对我国国有法人持股的独特情况,本章将样本分为国有上市公司和非国有上市公司两个子样本,考察在公司第一大股东性质不同的情况下,股权激励对公司绩效的影响,所得结果如表 4-5 所示。

表 4-5　　　　　　　　　子样本回归结果

| 类别 | 变量 | 国有上市公司 | 非国有上市公司 | 所有上市公司 |
| --- | --- | --- | --- | --- |
| 高管持股比例 | MSR | -0.0399923 * | 0.0055517 *** | 0.0071052 *** |
| 董事会结构 | ind | -0.0303312 | -0.0011255 | -0.0394633 * |
|  | duality | -0.0073836 | 0.0108800 | 0.0030003 |
| 股权结构 | fs | 0.0023381 *** | 0.0082786 *** | 0.0045480 *** |
|  | z | -0.0006924 *** | -0.0025238 *** | -0.0024752 *** |
| 董事会结构交互项 | msr_ind | -0.0417104 | 0.0003000 | -0.0031143 *** |
|  | msr_duality | 0.0178165 *** | 0.0017521 *** | 0.0032339 *** |
| 股权结构交互项 | msr_fs | 0.0036604 *** | 0.0000023 | 0.0000226 * |
|  | msr_z | -0.0040817 *** | -0.0003317 *** | -0.0002478 *** |
| 控制变量 | asset | 0.1303812 *** | 0.1318315 *** | 0.1252797 *** |
|  | leverage | -0.0058106 *** | -0.0070946 *** | -0.0073329 *** |
|  | d2006 | 0.0292292 ** | 0.0509534 | 0.0885135 *** |
|  | d2007 | 0.0815272 *** | 0.0943237 * | 0.1590954 *** |
|  | d2008 | 0.0032070 | -0.0022886 | 0.0536330 *** |
|  | d2009 | 0.0255938 ** | 0.0678645 | 0.1170749 *** |
|  | d2010 | 0.0990736 *** | 0.0943252 ** | 0.1633452 *** |
|  | d2011 | 0.0859221 *** | 0.0411466 | 0.1150915 *** |
|  | da | -0.1122833 ** | 0.0781170 *** | -0.0354435 ** |
|  | db | 0.1248092 | 0.4604468 *** | 0.2774149 *** |
|  | dc | -0.0401214 | 0.1728201 *** | 0.0448237 *** |
|  | dd | -0.0795429 ** | 0.2016446 *** | -0.0624464 *** |
|  | de | -0.0288312 | 0.2579486 *** | 0.1894975 *** |
|  | df | -0.0301455 | -0.0165656 | -0.0569656 *** |

续表

| 类别 | 变量 | 国有上市公司 | 非国有上市公司 | 所有上市公司 |
|---|---|---|---|---|
| 控制变量 | dg | -0.1116158*** | 0.2025095*** | 0.0161871 |
|  | dh | 0.0733790** | 0.2046114*** | 0.1638822*** |
|  | dj | 0.0419882 | 0.0049193 | 0.1019468*** |
|  | dk | 0.0311324 | 0.0548307 | 0.0764783*** |
|  | dl | 0.0903235 | 0.4297568*** | 0.1818448*** |
| 常数项 | _cons | -2.4341140*** | -2.5772390*** | -2.3567370*** |

注：*** 为1%置信水平下显著，** 为5%置信水平下显著，* 为10%置信水平下显著。

根据表4-5中回归结果，当公司的第一大股东性质为国有时，高管持股比例与公司绩效负相关，只在10%显著性水平下显著；而当公司的第一大股东性质为非国有时，高管持股比例越高，公司绩效越好，因此假设6成立。在两个子样本中，独立董事比例及其交互项均不显著，而两职分离的作用主要体现在与股权激励的交互作用中。在股权结构方面，z指数及其交互项的表现与全样本回归一致，充分体现股权制衡度对公司绩效的正向作用；第一大股东持股比例与公司绩效正相关，但其交互项只在国有上市公司中显著。

总体而言，我国上市公司董事会并没能发挥应有的管理和监督作用，其原因主要在于中国的独立董事由董事会提名，股东会选举产生，控股股东有可能利用自己股权优势操纵独立董事的任选，选择对自己有利的人进入董事会，因此独立董事的独立性得不到保证。

## 六　稳健性检验

为了检验GLS模型的稳健性，本章根据同样的样本数据和样本区间，采用面板数据回归模型中的随机效应模型进行实证分析，所得结果如表4-6和表4-7所示。

以上实证结果与GLS回归结果相似，股权激励对所有上市公司以及非国有上市公司的绩效有显著的促进作用，而在国有上市公司子样本中的系数为负，并且不显著，与预期一致。独立董事制度在稳健性检验中也失效，股权结构的两个代理变量对公司绩效影响显著优于董事会结构的两个代理变量。

综上所述，随机效应模型与 GLS 模型所得结果类似，因此本章模型是稳健的。

表4-6 全样本回归结果

| 类别 | 变量 | 模型1 | 模型2 | 模型3 | 模型4 |
| --- | --- | --- | --- | --- | --- |
| 高管持股比例 | MSR | 0.0054249*** | 0.0086017*** | 0.0061624*** | 0.0087231*** |
| 董事会结构 | ind | 0.0276375 | 0.0771740 | 0.0257506 | 0.0738425 |
| | duality | 0.0366420** | 0.0279626* | 0.0364599** | 0.0280905* |
| 股权结构 | fs | 0.0046324*** | 0.0047383*** | 0.0049223*** | 0.0048972*** |
| | z | -0.0016828*** | -0.0016812*** | -0.0016649*** | -0.0016548*** |
| 董事会结构交互项 | msr_ind | | -0.0055010** | | -0.0053722* |
| | msr_duality | | 0.0015447 | | 0.0014330 |
| 股权结构交互项 | msr_fs | | | 0.0000113 | 0.0000248 |
| | msr_z | | | -0.0002406*** | -0.0002444*** |
| 控制变量 | asset | 0.1102333*** | 0.1101950*** | 0.1109396*** | 0.1111375*** |
| | leverage | -0.0081332*** | -0.0080853*** | -0.0081094*** | -0.0080933*** |
| | d2006 | 0.1125544*** | 0.1146967*** | 0.1116470*** | 0.1138006*** |
| | d2007 | 0.2205775*** | 0.2217896*** | 0.2196070*** | 0.2206029*** |
| | d2008 | 0.0918094*** | 0.0926845*** | 0.0905073*** | 0.0912697*** |
| | d2009 | 0.1552680*** | 0.1557947*** | 0.1537406*** | 0.1541545*** |
| | d2010 | 0.2128457*** | 0.2141517*** | 0.2114224*** | 0.2124936*** |
| | d2011 | 0.1287231*** | 0.1298700*** | 0.1289634*** | 0.1299111*** |
| | da | -0.1061319 | -0.1079547 | -0.1037626 | -0.1049702 |
| | db | 0.3154269*** | 0.3153006*** | 0.3095590*** | 0.3120991*** |
| | dc | 0.0103342 | 0.0075423 | 0.0065544 | 0.0054249 |
| | dd | -0.1487939* | -0.1491006* | -0.1516722* | -0.1510213* |
| | de | 0.2154541** | 0.2137427** | 0.2134370** | 0.2136552** |
| | df | -0.1396948* | -0.1389035 | -0.1445903* | -0.1424743* |
| | dg | 0.0005996 | -0.0030363 | 0.0001464 | -0.0010185 |
| | dh | 0.1284782* | 0.1261656* | 0.1272493* | 0.1258297* |
| | dj | 0.0680430 | 0.0651361 | 0.0637280 | 0.0623360 |
| | dk | 0.0914478 | 0.0860041 | 0.0876393 | 0.0838217 |
| | dl | 0.2158842* | 0.2114453* | 0.2108876* | 0.2088626* |
| | _cons | -2.0173270*** | -2.0462430*** | -2.0402520*** | -2.0683500*** |

注：*** 为1%置信水平下显著，** 为5%置信水平下显著，* 为10%置信水平下显著。

表 4-7　　子样本回归结果

| 类别 | 变量 | 国有上市公司 | 非国有上市公司 | 所有上市公司 |
| --- | --- | --- | --- | --- |
| 高管持股比例 | MSR | -0.0020886 | 0.0076716 *** | 0.0087231 *** |
| 董事会结构 | ind | 0.0705675 | 0.0828739 | 0.0738425 |
|  | duality | 0.0277709 | 0.0495718 ** | 0.0280905 * |
| 股权结构 | fs | 0.0018610 * | 0.0062042 *** | 0.0048972 *** |
|  | z | -0.0010072 *** | -0.0017860 *** | -0.0016548 *** |
| 董事会结构交互项 | msr_ind | -0.0764158 | -0.0040410 | -0.0053722 * |
|  | msr_duality | -0.0130218 | -0.0000773 | 0.0014330 |
| 股权结构交互项 | msr_fs | 0.0025993 *** | -0.0000003 | 0.0000248 |
|  | msr_z | 0.0003414 | -0.0002060 ** | -0.0002444 *** |
| 控制变量 | asset | 0.1662010 *** | 0.1229646 *** | 0.1111375 *** |
|  | leverage | -0.0089159 *** | -0.0078649 *** | -0.0080933 *** |
|  | d2006 | 0.0796945 *** | 0.2339235 *** | 0.1138006 *** |
|  | d2007 | 0.1744363 *** | 0.3187459 *** | 0.2206029 *** |
|  | d2008 | 0.0303379 | 0.1921955 *** | 0.0912697 *** |
|  | d2009 | 0.0604221 ** | 0.2625071 *** | 0.1541545 *** |
|  | d2010 | 0.1634567 *** | 0.2512960 *** | 0.2124936 *** |
|  | d2011 | 0.1260430 *** | 0.1335924 *** | 0.1299111 *** |
|  | da | -0.1922336 | 0.0735492 | -0.1049702 |
|  | db | 0.2803835 * | 0.3749993 ** | 0.3120991 *** |
|  | dc | -0.1110682 | 0.1741381 * | 0.0054249 |
|  | dd | -0.2153373 * | 0.1013955 | -0.1510213 * |
|  | de | -0.1039308 | 0.4490988 *** | 0.2136552 ** |
|  | df | -0.2033510 * | 0.0533394 | -0.1424743 * |
|  | dg | -0.1344909 | 0.1717172 * | -0.0010185 |
|  | dh | 0.0447501 | 0.2774067 ** | 0.1258297 * |
|  | dj | 0.0264255 | 0.0925219 | 0.0623360 |
|  | dk | 0.0398911 | 0.2334980 ** | 0.0838217 |
|  | dl | 0.1375169 | 0.3626030 *** | 0.2088626 * |
| 常数项 | _cons | -3.0829270 *** | -2.5261790 *** | -2.0683500 *** |

注：*** 为1%置信水平下显著，** 为5%置信水平下显著，* 为10%置信水平下显著。

## 七 结 论

本章主要研究股权激励和公司治理结构之间的相互作用对公司绩效的影响。在此基础上,针对我国国有法人持股独特情况,进一步考察企业第一大股东性质不同情况下,股权激励对公司绩效的影响。以 2006—2012 年在沪市和深市的非金融行业上市公司为样本,采用 GLS 进行回归以控制异方差和自相关,实证研究得出以下结论:

(1) 对于所有上市公司,高管持股比例、股权集中度、股权制衡度、股权激励与两职分离状态的交互项、股权激励与股权制衡度的交互项对公司绩效有显著的促进作用。

当一个公司具有合理的股权结构时,大股东有意愿行使自己的权利,监督经理人行为以及股权激励合同的制定。同时,控股股东又受到其他股东的牵制和制衡,能够防止利益纠纷,有利于提高股权激励的有效性。

董事长与总经理两职分离体现了董事会的独立性,两职分离加强了董事会的监督作用,有利于保证股权激励制度的有效实施。因此,在良好的公司治理结构下,我国的股权激励能够发挥一定的作用。企业在成长发展过程中应重视公司治理,因为合理的治理结构不仅能对公司运营产生直接的影响,还能通过其他方面的辐射提高公司经营绩效。

(2) 对于所有上市公司,独立董事比例、股权激励与独立董事比例的交互项对公司绩效有显著的抑制作用。

实证结果表明独立董事制度在我国失效。我国引进独立董事制度不仅是为了提高董事会的独立性,还为了多元化董事会成员,丰富董事会的总体经验,提供更专业的意见,提高董事会的决策水平。但在实际的应用中,独立董事的选举并没有做到公正透明,控股股东有可能利用自己的股权优势操纵独立董事的任选,选择对自己有利的人进入董事会。此外,许多公司的独立董事并不具有相应的市场知识和专业知识,只是为了满足上市条件而设立,导致我国独立董事制度形同虚设。

(3) 对于国有上市公司,高管持股比例与公司绩效负相关,只在 10% 显著性水平下显著;对于非国有上市公司,高管持股比例与公司绩效显著正相关。

由于国有上市公司的经理层具有强烈的政治色彩，其政治目标高于公司经营目标，因此由股权激励合同获得的货币性奖励对这些经理人而言并没有很大的激励作用，从而导致股权激励失效。此外，对于政治目的不强烈的经理人，由于所有者缺位，控股股东监督作用削弱，经理人容易产生自利倾向，利用其职位便利谋取私利，很可能造成股权激励失效或者损害其他股东权益。

所以，股权激励制度在中国的推广需要结合各个公司的治理结构，董事会独立性较高以及股权结构合理的公司有利于股权激励的有效实施。对于国有企业，需要谨慎考虑是否采用股权激励制度，其控制人的政治性会降低股权激励的有效性。

**参考文献**

1. 白重恩、刘俏：《中国上市公司治理结构的实证研究》，《经济研究》2005 年第 2 期。
2. 白洁：《上市公司高管特征与股权激励对企业绩效的交互影响研究》，《财会通讯》2013 年第 10 期。
3. 程隆云、岳春苗：《上市公司高管层股权激励绩效的实证分析》，《经济与管理研究》2008 年第 6 期。
4. 范合君、初梓豪：《股权激励对公司绩效倒 U 形影响》，《经济与管理研究》2013 年第 2 期。
5. 高雷、宋顺林：《高管人员持股与企业绩效》，《财经研究》2007 年第 3 期。
6. 高明华、马守莉：《独立董事制度与公司绩效关系的实证分析——兼论中国独立董事有效行权的制度环境》，《南开经济研究》2002 年第 2 期。
7. 李维安、李汉军：《股权结构、高管持股与公司绩效——来自民营上市公司的证据》，《南开管理评论》2006 年第 6 期。
8. 李有根、赵西萍、李怀祖：《上市公司的董事会构成和公司绩效研究》，《中国工业经济》2001 年第 5 期。
9. 李常青、赖建清：《董事会特征影响公司绩效吗?》，《金融研究》2004 年第 5 期。
10. 林大庞、苏冬蔚：《股权激励与公司业绩——基于盈余管理视角的新研究》，《金融研究》2011 年第 9 期。
11. 吕峻、李朝霞、胡洁：《基于公司治理视角上的上市公司经营者监督实证研究》，《数量经济技术经济研究》2008 年第 9 期。
12. 潘颖：《股权激励、股权结构与公司业绩关系的实证研究——基于公司治理视角》，《经济问题》2009 年第 8 期。

13. 施东辉：《股权结构、公司治理与绩效表现》，《世界经济》2000 年第 12 期。
14. 魏刚：《高级管理层激励与上市公司经营绩效》，《经济研究》2000 年第 3 期。
15. 魏刚、肖泽忠：《独立董事背景与公司经营绩效》，《经济研究》2007 年第 3 期。
16. 吴淑琨、柏杰：《董事长与总经理两者的分离与合一》，《经济研究》1988 年第 8 期。
17. 王玉婷、杜鹏程、杨丹：《高新技术企业股权激励与企业绩效的实证分析——基于我国信息技术上市企业的面板数据》，《科技与经济》2012 年第 3 期。
18. 王跃堂、赵子夜、魏晓雁：《董事会的独立性是否影响公司绩效?》，《经济研究》2006 年第 5 期。
19. 徐莉萍、辛宇、陈工孟：《股权集中度和股权制衡及其对公司经营绩效的影响》，《经济研究》2006 年第 1 期。
20. 徐晓东、陈小悦：《第一大股东对公司治理、企业业绩的影响分析》，《经济研究》2003 年第 2 期。
21. 谢华、朱丽萍：《股权结构、内部控制与公司绩效——基于沪市江苏省上市公司的实证研究》，《西华大学学报》2014 年第 1 期。
22. 向朝进、谢明：《我国上市公司绩效与公司治理结构关系的实证分析》，《管理世界》2003 年第 5 期。
23. 夏纪军、张晏：《控制权与激励的冲突》，《经济研究》2008 年第 3 期。
24. 辛金国、王琳燕：《董事会监督与总经理激励对绩效的影响——基于我国中小板家族企业研究》，《技术经济与管理研究》2013 年第 2 期。
25. 俞鸿琳：《国有上市公司管理者股权激励效应的实证检验》，《经济科学》2006 年第 1 期。
26. 于东智、池国华：《董事会规模、稳定性与公司绩效：理论与经验分析》，《经济研究》2004 年第 4 期。
27. 周建波、孙菊生：《经营者股权激励的治理效应研究——来自中国上市公司的经验证据》，《经济研究》2003 年第 5 期。
28. Anup Agrawal and Charles R. Knoeber, "Firm performance and mechanisms to contral agency problems between managers and shareholders", Journal of Financial Quantitative Analysis, 1996.
29. Berle and Means, "The supply of money and common stock prices", The Journal of Finance, Vol. 26, 1932, pp. 1045 – 1066.
30. Claudio Loderer and Kenneth Martin, "Executive stock ownership and performance tracking faint traces", Journal of Financial Economics, Vol. 45, 1997, pp. 223 – 255.
31. Charles P. Himmelberg, R. Glenn Hubbard and Darius Palia, "Understanding the determinants of managerial ownership and the link between ownership and performance", Jour-

nal of Financial Economics, Vol. 53, 1999, pp. 353 – 384.

32. Claessens S, "Corporate Governance and Equity Prices: Evidence from the Czech and Slovak Republics", Journal of Finance, 1997, pp. 1641 – 1658.

33. David Yermack, "Higher market valuation of companies with a small board ofdirectors", Journal of Financial Economics, Vol. 40, 1996, pp. 185 – 211.

34. Eugene F. Fama and Michael C. Jensen, "Separation of ownership and control", Journal of Law and Economics, Vol. 26, 1983, pp. 301 – 325.

35. Geoffrey C. Kiel and Gavin J. Nicholson, "Board composition performance: how the Australian experience informs contrasting theories of corporate governance", Corporate Governance: An International Review, No. 11, 2003, pp. 189 – 205.

36. Huimin Cui and Y. T. Mak, "The relationship between managerial ownership and firm performance in high R&D firms", Journal of Corporate Finance, No. 8, 2002, pp. 313 – 336.

37. Harold Demsetz and Kenneth Lehn, "The structure of corporate ownership: causes and consequences", Journal of Political Economy, Vol. 93, 1985, pp. 1156 – 1177.

38. John M. Griffith, "CEO ownership and firm value", Managerial and Decision Economics, Vol. 20, 1999, pp. 1 – 8.

39. Jensen Michael C., "The Modern Industrial Revolution, Exist, and the Failure of Internal Control Systems", Journal of Finance, 1993, pp. 831 – 880.

40. John E. Core, Robert W. Holthausen and David F. Larcker, "Corporate governance, chief executive officer compensation, and firm performance", Journal of Financial Economics, Vol. 51, 1999, pp. 371 – 406.

41. Jerry Sun, Steven F. Cahan and David Emanuel, "Compensation committee governance quality, chief executive officer stock option grants, and future firm performance", Journal of Banking and Finance, Vol. 33, 2009, pp. 1507 – 1519.

42. Kin Wai Lee, Baruch Lev and Gillian Hian Heng Yeo, "Executive pay dispersion, corporate governance, and firm performance", Review of Quantitative Financial Accounting, Vol. 30, 2008, pp. 315 – 338.

43. Michael C. Jensen and William H. Meckling, "Theory of the firm: managerial behavior, agency costs and ownership structure", Journal of Financial Economics, No. 3, 1976, pp. 305 – 360.

44. Michelle Hanlon, Shivaram Rajgopal and Terry Shevlin, "Are executive stock options associated with future earnings?", Journal of Accounting and Economics, Vol. 36, 2003, pp. 3 – 43.

45. Morck Randall, Shleifer Andrel and Vishny, Robert W., "Management Ownership and Market Valuation: An Empirical Analysis", Journal of Financial Economics, Vol. 20,

1988, pp. 293 – 315.
46. Mcconnel, J. and H. Servaes, "Additional Evidence on Equity Ownership and Corporate Value", *Journal of Financial Economics*, Vol. 27, 1990, pp. 595 – 613.
47. Martin J. Conyon, "Corporate governance and executive compensation", *International Journal of Industrial Organization*, Vol. 15, 1997, pp. 493 – 509.
48. Ohad Kadan and Jun Yang, Executive stock option and earnings management: A theoretical and empirical analysis, 2006.
49. Robet C. Hanson and Moon H. Song, "Managerial ownership, board structure, and the division of gains in divestitures", *Journal of Corporate Finance*, No. 6, 2000, pp. 55 – 70.
50. Roszaini Haniffa and Mohammad Hudaib, "Corporate governance structure and performance of Malaysian listed companies", *Journal of Business Finance and Accounting*, Vol. 33, 2006, pp. 1034 – 1062.
51. Seema Pissaris, Wendy Jeffus and Kimberly C. Gleason, "The joint impact of executive pay disparity and corporate governance on corporate performance", *Journal of managerial Issues*, Vol. 22, 2010, pp. 306 – 329.
52. Stijn Claessens, Simeon Djankov and Larry H. P. Lang, "The separation of ownership and control in east Asian corporations", *Journal of Financial Economics*, Vol. 58, 2000, pp. 81 – 112.
53. Shleifer and Vishny, "Large Shareholders and Corporate Control", *Journal of Politic Economy*, Vol. 94, 1986, pp. 461 – 488.
54. Sanjai Bhagat and Brian Bolton, "Corporate governance and firm performance", *Journal of Corporate Finance*, Vol. 14, 2008, pp. 257 – 273.
55. Sudipta Basu, Lee – Seok Hwang, Toshiaki Mitsudome and Joseph Weintrop, "Corporate governance, top executive compensation and firm performance in Japan", *Pacific – Basin Finance Journal*, Vol. 15, 2007, pp. 56 – 79.
56. Trond Randoy and Jim Nielsen, "Company performance, corporate governance, and CEO compensation in Norway and Sweden", *Journal of Management and Governance*, No. 6, 2002, pp. 57 – 81.
57. Wei, Xie and Zhang, "Ownership structure and firm value in China's privatized firms: 1991 – 2001", *Journal of Financial and Quantitative Analysis*, Vol. 40, 2005, pp. 87 – 108.

# 第五章 上市公司股权激励计划的有效性分析

## 一 上市公司股权激励计划的有效性

有关管理者薪酬问题的研究早已有之（如 Roberts，1956），但是自 20 世纪 80 年代以来，受到越来越多的关注。随着代理人理论被提出并规范（Jensen and Meckling，1976），进而广泛被人接受，学者们开始从这个角度研究管理者薪酬——一个有效的薪酬方案应当将风险厌恶的、自利的管理者的利益和股东的利益结合起来，减轻代理问题。早期研究多集中于薪酬和公司绩效之间的关系（Coughlan and Schmidt，1985；Murphy，1985，1986；Jensen and Murphy，1990）。此后，相关研究延伸到投资决策、盈余管理、资本结构、股利政策、并购等多个领域。

作为管理者薪酬一部分，股权激励有着区别于现金报酬的特征，使得管理者可能在将来成为股东，分享公司价值增长带来的收益；同时，区别于奖金等年度报酬的短期激励，股权激励计划通常规定数年的行权限制期（股票期权）或禁售期（限制性股票），是一种中长期激励机制。股权激励的支持者认为，股权激励可促使管理者和股东利益的协同效应，缓解代理问题（Haugen and Senbet，1981）；但是，股权激励本身在实施过程中可能会诱发管理者实施盈余管理，提早或延迟收入和费用的确认，改变不同年度的利润（Oyer，1998；Murphy，1998），或为了实现短期利润作出不利于公司长期利益的投资决策（Dechow and Sloan，1991；Gibbons and Murphy，1992）。

我国股权激励起步较晚。2005 年以前，由于原《公司法》规定，除了以注销为目的的回购外，禁止公司回购本公司股票并库存，而原《证券法》不允许在职高管转让其所持本公司股票，使股权激励存在法律障碍。故在此之前的股权激励以股票增值权和业绩股票的方式为主（周建波，2003）。2005年上述法律修订后，取消了对公司回购股票和上市公司高管不能出售本公司股票的限制。2005年12月31日中国证监会发布《上市公司股权激励管理办法（试行）》，我国真正意义上的股权激励由此开始。上市公司开始广泛采用股票期权和限制性股票作为股权激励的方式，有些公司也同时使用上述方式和股票增值权混合的方式（张军，2009）。此后，证监会又先后发布《股权激励有关事项备忘录1号》、《股权激励有关事项备忘录2号》和《股权激励有关事项备忘录3号》，进一步规范股权激励的实施。针对国有上市公司股权激励，相关的规定包括国资委和财政部联合发布的《国有控股上市公司（境内）实施股权激励试行办法》和国资委《关于规范国有控股上市公司实施股权激励有关问题的补充通知》。

国内学者针对股权激励也做了大量研究，主要角度有：

**股权激励对公司投资决策的影响。**吕长江等（2011）学者发现，股权激励机制有助于抑制上市公司的非效率投资行为，抑制了投资过度行为，也缓解了投资不足的问题，有助于缓解管理层和股东的利益冲突。徐倩（2014）考虑了环境的不确定性，其研究结果也支持了上述观点，认为股权激励制度有助于减少环境不确定性导致的代理矛盾。

**股权激励和盈余管理。**管理者可以利用盈余管理调节不同年份的利润，方便自己从股权激励计划中获利。肖淑芳等（2013）研究发现，经理人通过真实经营活动盈余管理方式对基期业绩进行了打压，从而降低了行权达标的难度。股权激励比例、管理权力大小与盈余管理程度显著正相关，说明股权激励是诱发盈余管理的直接动因，而管理权力的存在又加剧了这种操纵行为。苏冬蔚等（2010）研究结果表明，股权激励具有公司负面治理效应，提出或通过激励预案的公司，其CEO股权和期权报酬与盈余管理的负相关关系大幅减弱并不再统计显著，盈余管理加大了CEO行权的概率，而且CEO行权后公司业绩大幅下降。

**股权激励和股利支付。**吕长江等（2012）发现，相比非股权激励公司，推出股权激励方案的公司更倾向减少现金股利支付，部分实施股权激励计划的公司高管利用股利政策为自己谋福利。与之相反，肖淑芳等（2012）的研究结果表明，上市公司公告股权激励计划对送转股和现金股利水平均有正向的影响。

股权激励对公司绩效的影响。盛明泉等（2011）使用我国实施了股权激励的上市公司2006—2008年的数据资料对上述问题进行了实证研究。实证研究的结果表明，激励的高级管理人员占高管总数的比例与公司业绩呈显著的正相关关系，但目前对高管和核心员工的股权激励强度并没有产生应有的积极作用。杨青等（2010）采用2005—2008年沪深上市公司面板数据研究证实，中国上市公司CEO薪酬激励与公司业绩显著正相关，董事会部分特征与薪酬机制设计相关；被激励后的CEO在外部治理环境监控下会进一步改善公司业绩，产生激励后效，股权集中度有正向促进作用，但董事会特征与激励后效无关。周仁俊等（2012）则分析了大股东控制权实现过程中对管理层股权激励的监督或冲突作用以及这种影响在不同股权性质和不同成长性公司中的不同表现。谢德仁等（2010）发现，股权激励草案公共的累计超额回报（CAR）显著为正，给投资者带来正的财富效应。

股权激励计划的制度设计。这方面研究最多，因为我国股权激励刚起步不久，上市公司在股权激励的具体方案的制定（例如绩效指标的选取）方面缺乏经验，许多学者针对已经公布的方案进行了相关方面的研究。吴育辉等（2011）学者认为，尽管拟实施股权激励的公司的盈利能力和成长性都较好，但这些公司在其股权激励方案的绩效考核指标设计方面都异常宽松，有利于高管获得和行使股票期权，体现出明显的高管自利行为。吕长江等（2009）通过分析上市公司股权激励方案，认为上市公司设计的股权激励方案既存在激励效应又存在福利效应。

本章研究也归属于股权激励计划制度设计范畴，从股权激励计划是否得到实施的角度，考察2006—2013年国内上市公司推出的股权激励计划的有效性和影响有效性因素。得到实施的股权激励计划，称之为有效的；停止实施的股权激励计划，称之为无效的。

公司在撤销股权激励计划时，会发出公告，一部分公司在公告中会解释撤销股权激励计划的原因；而另一部分公司则不予解释或只给出模糊的解释（如宏观环境发生改变）。对于前者，公司的解释可能并未反映完整、真实的原因；对于后者，我们仅通过阅读公告，对真相更是所知甚少，所以，我们希望通过对相关数据的分析，找到能够解释上市公司撤销股权激励计划的因素。

## 二 数据及描述性统计结果

### (一) 数据来源及样本选取

本章数据来自于 Wind 和国泰安数据库。股权激励计划的相关数据来自于 Wind, 选取预案公告日在 2006 年 1 月 1 日和 2014 年 7 月 31 日之间, 方案进度为实施或停止实施的股权激励计划（激励标的物包括股票期权、限制性股票或股票增值权）。样本中共包含 713 个股权激励计划, 546 家公司。

### (二) 数据描述性分析

1. 样本行业分布

在样本中的 713 个股权激励计划中, 有 99 个属于计算机、通信和其他电子设备制造业, 77 个属于电气机械和器材制造业, 76 个属于软件和信息技术服务业, 此外, 化学原料和化学制品制造业、医药制造业、专用设备制造业和房地产业的公司也较多使用股权激励计划。容易看出, TMT 行业、医药制造等行业的公司更倾向于使用股权激励计划, 这些行业中有很多成长型公司, 相较于现金薪酬, 这些公司更倾向于为高管提供股权激励, 股权激励在短期内占用公司现金流较少, 若公司体现出长期成长潜力, 在股票市场中获得较高的估值, 高管会因此获得更多回报 (见表 5-1)。

表 5-1　　　　　　　　样本行业分布

| 证监会行业 | 数量 |
| --- | --- |
| CSRC 计算机、通信和其他电子设备制造业 | 99 |
| CSRC 电气机械和器材制造业 | 77 |
| CSRC 软件和信息技术服务业 | 76 |
| CSRC 化学原料和化学制品制造业 | 48 |
| CSRC 医药制造业 | 48 |
| CSRC 专用设备制造业 | 38 |
| CSRC 房地产业 | 35 |
| CSRC 通用设备制造业 | 19 |

续表

| 证监会行业 | 数量 |
|---|---|
| CSRC 金属制品业 | 17 |
| CSRC 非金属矿物制品业 | 16 |
| CSRC 纺织服装、服饰业 | 16 |
| CSRC 橡胶和塑料制品业 | 15 |
| CSRC 零售业 | 13 |
| CSRC 农副食品加工业 | 13 |
| CSRC 批发业 | 13 |
| CSRC 汽车制造业 | 12 |
| CSRC 建筑装饰和其他建筑业 | 11 |
| CSRC 纺织业 | 10 |
| CSRC 专业技术服务业 | 10 |
| CSRC 铁路、船舶、航空航天和其他运输设备制造业 | 8 |

2. 样本年份分布

从年份分布上来看,2006—2010 年,推出股权激励计划的公司较少,2011—2013 年推出股权激励计划的公司大幅增多(每年有超过 100 个方案推出)。一方面,政策刚出台时,公司股权激励的具体方案还在摸索制订阶段,故推出股权激励的公司较少;另一方面,2007 年股市处于高位,金融危机以来,股市陷入长期熊市,股价低时,推出股权激励计划无疑在将来更易行权兑现,一个推测是,管理层左右了股权激励计划的推出时机(见表 5-2)。

表 5-2　　　　　　　　　　样本年份分布

| 年份 | 2006 | 2007 | 2008 | 2009 | 2010 | 2011 | 2012 | 2013 | 2014 | 总计 |
|---|---|---|---|---|---|---|---|---|---|---|
| 数量 | 37 | 7 | 59 | 13 | 60 | 139 | 140 | 175 | 83 | 713 |

3. 公司性质

在 713 个股权激励计划中,仅有 71 个出自国有上市公司,仅占 10%。国有上市公司要实施股权计划,除了要遵守证监会的相关规定,还要遵守国资委的相关规定，并且，规定更加具体严格。具体实施过程中，也比非国有上市公司要经过更多的流程。多方面原因，国有上市公司的股权激励计划较少。

4. 激励计划有效性

在 713 个股权激励计划中，有 159 个停止实施，约占 22%。我们将这些被公司推出又因为某种原因撤销的股权激励计划称为无效激励计划。本章将探讨影响激励计划有效性的因素。

## 三 模型设计

本章采用 Logistic 模型分析影响激励计划有效性的因素。应变量是激励计划有效性（y），激励计划正常实施的，即为有效激励计划，y 取 1；激励计划停止实施的，即为无效激励计划，y 取 0。

自变量如下：

（1）主要解释变量，包括反映计划特征的两个变量，即计划授予管理层股权比例（share）和激励计划有效期（year）；

（2）公司特征控制变量，包括五个变量：是否国有（gov）、第一大股东持股比例（H1）、管理层持股比例（top）、总资产（size）和财务杠杆（lev）；

（3）CEO 特征控制变量，包括三个变量：董事长和 CEO 是否为同一人（s）、CEO 年龄（age）和 CEO 任职时间（tenure）（见表 5-3）。

表 5-3　　　　　　　　　　变量定义

| 变量名称 | 变量定义 |
| --- | --- |
| 因变量 | |
| y | 股权激励计划是否实施，实施为有效，y = 1；停止实施无效，y = 0 |
| 自变量 | |
| (1) 主要解释变量 | |
| share | 计划授予管理层股权比例 |
| year | 激励计划有效期，授权日至失效日的时间，对于股票期权，包括行权限制期和行权有效期；对于限制性股票，包括禁售期和解锁期 |

续表

| 变量名称 | 变量定义 |
|---|---|
| (2) 公司特征控制变量 | |
| gov | 是否国有，国有，gov = 1；非国有，gov = 0 |
| H1 | 第一大股东持股比例 |
| top | 股权激励计划预案公告年度的管理层持股比例，包括董事会、监事会和高管的持股比例总和 |
| size | 总资产 |
| lev | 财务杠杆，负债/资产 |
| (3) CEO 特征控制变量 | |
| s | 董事长和 CEO 是否为同一人，是同一人，s = 1；不是同一人，s = 0 |
| age | CEO 年龄 |
| tenure | CEO 任职时间，指的是从任职起始年到 2013 年的年数 |

## 四 实证结果

我们用 Logistic 模型来估计各种因素对股权激励方案有效性的影响，回归结果见表 5-4，下面对这些因素分别进行分析。

表 5-4　　　　　　　Logistic 模型回归结果

| | |
|---|---|
| (1) 主要解释变量 | |
| share | $-0.11^{**}$ ($-2.47$) |
| year | $-0.17^{**}$ ($-2.01$) |
| (2) 公司特征控制变量 | |
| gov | $-0.55^{*}$ ($-1.70$) |
| H1 | 0.0058 (0.84) |
| top | $0.99^{**}$ (2.03) |
| size | $-3.31E-13$ ($-0.54$) |
| lev | $-0.0042$ ($-0.85$) |
| (3) CEO 特征控制变量 | |
| s | $-0.10$ ($-0.48$) |

续表

| (3) CEO 特征控制变量 | |
| --- | --- |
| age | 0.0091 (0.51) |
| tenure | -0.049 (-1.46) |
| C | 2.28** (2.38) |
| Number of observations | 713 |

说明：括号中的数值是 Z-statistics，系数右上方的星号代表显著性水平，其中***、**、*分别代表在1%、5%、10%的显著性水平下显著。

我们的主要解释变量计划授予管理层股权比例（share）和激励计划有效期（year）系数均显著为负，即授予管理层股权比例越大、激励计划有效期越长，计划停止实施可能性越大。

公司特征控制变量中，公司是否国有（gov）和管理层持股比例（top）的系数均显著，前者系数显著为负，后者的系数显著为正，即对于国有上市公司、管理层持股比例较小的公司，计划停止实施的可能性较大。此外，第一大股东持股比例（H1）、总资产（size）和财务杠杆（lev）的系数均不显著。

CEO特征控制变量中，董事长和CEO是否为同一人（s）、CEO年龄（age）和CEO任职时间（tenure）的系数均不显著。

相对于非国有公司实施股权激励，国有上市公司实施股权激励计划，要面临更多部门的监管，相关的政策法规也更加详细具体，实施中还需报履行国有资产出资人职责的机构或部门审核。根据我们的数据统计显示，国有上市公司推出股权激励计划（仅占约10%），而且计划停止实施的可能性更大（例如可能根据国资委的评审意见终止计划，如中航飞机2008年激励计划）。

激励计划的有效期越长，实施过程中的不易预测因素将会增多，导致计划被停止的可能性也会增大。常见的原因包括：公司业绩下滑，达不到计划要求的业绩考核指标，计划终止（如万科2008年激励计划）；股价下滑，达不到计划要求的股价考核指标，计划终止（如万科2007年激励计划）。

应当与上述原因进行区别的一种情况，部分公司在停止实施股权激励的公告中解释称，"宏观经济和市场环境发生较大变化，公司依据目前二级市场的股价表现判断,预期本次设计的股权激励计划的激励效果不明显"。过去几年,我国股市处于熊市,许多公司股价在推出股权激励计划后下滑,短期内达不到行权价,即出现所谓股价倒挂现象,部分公司因此停止实施股权激励计划,但是,股权激励计划本来即是一种长期激励手段,有效期通常长达数年,未来股价仍有上升的可能,仅因为一时股价下跌便停止实施,与激励的目的相矛盾。正如吴玉辉等(2011)和吕长江等(2009)指出的,我国部分公司的股权激励计划既存在激励效应又存在福利效应,体现出高管自利行为。前面我们也看到,在股价较高的年份(如2007年),很少有公司推出股权激励计划,在股价较低的年份很多公司推出股权激励计划;在短期市场股价下跌时便停止计划,待时机有利时再推出新的股权激励计划,这些现象都体现了高管的自利行为。

下面讨论关于管理层持股比例和计划授予管理层股权比例对方案有效性的影响。公司治理中的代理问题通常分为两类:一是经理人和股东的代理问题;二是大股东和小股东代理问题。股权激励设计的目的是协同经理人和股东的利益,达到激励效应,激励的对象主要是公司的管理层,而证监会也明确规定主要股东、实际控制人原则上不得成为激励对象。股权比较集中,管理层持股比例较高时,管理层和股东之间的利益更多表现为协同效应,针对管理层中的小股东或之前不是股东的成员推出的股权激励计划较为有效,停止的可能性降低。股权结构比较分散,管理层持股比例较低时,管理层和股东之间代理问题更为严重,股权激励计划本意是为了协调这种情况下二者的利益,但可能反而被管理层操纵,体现出各种自利行为(择时推出计划、盈余管理等),推出的股权激励计划可能被人为终止。而计划授予管理层股权比例较大时,计划终止可能性更大,一种可能的解释是,这涉及对公司的控制权问题,大股东为了保护自己的控制权,更可能终止计划。

## 五 结 论

通过对样本中713个股权激励计划的研究,用Logistic模型来估计各种因素对股权激励方案有效性的影响,得出如下结论:

关于激励计划设计,授予管理层股权比例越大、激励计划有效期越长,计划停止实施的可能性越大。

关于公司特征,国有上市公司、管理层持股比例较小的公司,计划停止实施的可能性较大。此外,第一大股东持股比例,总资产和财务杠杆影响均不显著。

关于CEO特征,董事长和CEO是否为同一人,CEO年龄和CEO任职时间对计划实施的影响均不显著。

**参考文献**

1. 吕长江等:《上市公司股权激励制度设计:是激励还是福利?》,《管理世界》2009年第9期。
2. 吕长江等:《为什么上市公司选择股权激励计划?》,《会计研究》2011年第1期。
3. 吕长江、张海平:《上市公司股权激励计划对股利分配政策的影响》,《管理世界》2012年第11期。
4. 苏冬蔚、林大庞:《股权激励、盈余管理与公司治理》,《经济研究》2010年第11期。
5. 盛明泉、蒋伟:《我国上市公司股权激励对公司业绩的影响——基于2006—2008年度的面板数据》,《经济管理》2011年第9期。
6. 吴育辉、吴世农:《企业高管自利行为及其影响因素研究——基于我国上市公司股权激励草案的证据》,《管理世界》2010年第5期。
7. 谢德仁、陈运森:《业绩型股权激励、行权业绩条件与股东财富增长》,《金融研究》2010年第12期。
8. 徐倩:《不确定性、股权激励与非效率投资》,《会计研究》2014年第3期。
9. 肖淑芳、喻梦颖:《股权激励与股利分配等——来自中国上市公司的经验证据》,《会计研究》2012年第8期。
10. 肖淑芳、刘颖、刘洋:《股票期权实施中经理人盈余管理行为研究——行权业绩考核指标设置角度》,《会计研究》2013年第12期。
11. 杨青、黄彤等:《中国上市公司CEO薪酬存在激励后效吗?》,《金融研究》2010年第1期。
12. 周建波、孙菊生:《经营者股权激励的治理效应研究》,《经济研究》2003年第5期。
13. 张军:《我国上市公司股权激励问题研究》,《中央财经大学学报》2009年第5期。
14. 周仁俊、高开娟:《大股东控制权对股权激励效果的影响》,《会计研究》2012年第5期。
15. Gibbons, R. and K. J. Murphy, " Optimal incentive contracts in the presence of career

concerns: Theory and evidence", *NBER Working Paper*, No. 3792.
16. Jensen, M. C. and W. H. Meckling, "Theory of the firm: managerial behavior, agency costs, and ownership structure", *Journal of Financial Economics*, 1976.
17. Jensen, M. C. and K. J. Murphy, "Performance pay and top – management incentives", *Journal of Political Economy*, 1990.
18. Murphy, K. J., "Executive Compensation" in O. Ashenfelter and D. Card, eds., *Handbook of Labor Economics*, Vol. 3, 1999.

# 第六章　公司员工因素对收购公告期间异常收益的影响

## 一　引　言

以往文献指出,规模效应和收购公告期间的市场反应有显著联系。鉴于失败的并购交易对财富造成了巨大影响,学者们都尝试找出并购失败的原因。员工因素是最常用于解释并购失败的原因之一。本章将对该问题作出进一步探讨,而且考虑规模效应的两个不同方面的影响,即收购企业的人力资本资产和实物资产。

大量金融文献对股票市场对收购公告的反应做了阐述。在某种程度上,(1)公告是部分未预料到的,(2)股市的反应平均来看是准确的,公告期间的收益可以用于推断从并购中获得的期望收益。标准金融研究用横截面方法分析这些收益如何在目标公司和收购公司之间进行分配,并探讨总收益在特定公司和特定行业层面的决定因素。

研究结果表明,目标公司的相对规模是一个决定因素。Asquith 等人(1983)发现收购公司的累积异常收益(CARs)和相应目标公司的相对规模之间存在正相关的关系,而 Travlos(1987)则发现了这两者之间存在负相关的关系。Leland(2007)证明,相对规模的大小能显著影响金融协同合作的程度。Fuller 等人(2002)和 Moeller 等人(2004)认为,收购公司的累积异常收益和对应目标公司的相对规模之间的关系取决于并购交易的支付方式和收购企业的规模。在上述研究中,相对规模的大小采用单变量的衡量方式,它通常被定义为相对收入、相对资产规模或者权益的相对市值。

管理学文献强调,并非所有资产都是同质的。管理学文献中一个新主题是，人力资本与实物资产有很大差异。Larsson 和 Finkelstein（1999）指出，因为来自目标公司员工的阻力可以破坏合并，所以人力资本并购后整合过程将更为复杂。而那些已经取得了巨大成功而过度自信的经理人，可能无法完全预见整合的难度。Roll（1986）和 Hayward 等（1997）讨论了傲慢自大对收购的影响；Malmendier 和 Tate（2008）讨论了过度自信的 CEO 所造成的影响。关于公告期间收益的文献强调了人力资本资产和实物资产之间的重要区别。

金融学和管理学的研究可以相互补充，这是因为不同的学科所使用的数据的特点差异相当大。例如，金融研究使用大而广泛的市场数据，而管理学的研究可以使用从访谈得到的详细数据。这两个学科之间的另一个区别是，关于这个方向的管理学文献大多是基于管理层的看法进行研究的。然而，本章采用的是股票市场的数据，它反映了市场中的投资者们的集体反应。

合并企业之间的文化差异很难量化。因此，我们使用的代理变量解释的是并购整合的难度。这是基于下面认识：在其他条件不变的情况下，目标公司员工数量相对于收购公司员工数量多的并购往往遇到并购整合困难。例如，一个拥有 1000 名员工的收购公司接管一个拥有 100 名员工的目标公司的难度比接管一个拥有 1000 名员工目标公司难度小。

就合并企业相对规模而言，我们使用并购企业公告日 4 周前的市值及其在公告前的员工数量来考察实物资产和人力资本在公告期间如何影响市场。我们定义员工因素（EF）为合并公司的员工总数与收购公司的员工数之比的自然对数。相对企业规模的定义是相仿的，用公告日 4 周前的市场价值。这里取自然对数是为了减少数据由于非正态分布可能产生的问题。

分析结果表明，在控制了下列解释变量——相对规模，交易中股票的使用比例、交易价值是否超过十亿美元等虚拟变量、负债/资产（或负债/市值）和托宾 Q 值后，员工因素与收购公告期间 [－1，1] 的 3 天累积异常收益呈显著的负相关关系。

考虑到经济学意义，员工因素（EF）的全样本平均值为 32.68%，而收购公司的平均经济损失是其市场价值的 0.24%。研究结果表明，EF 的值越高，则整合过程就越复杂，这可能是因为来自于目标公司员工的阻力更显著了，并且市场似乎对这种员工密集型的并购采取更为谨慎的态度。

另外,在控制员工因素(EF)之后,实物资产的相对规模与公告日的收益则没有显著的相关性。

以往的文献中也对那些员工整合最明显的情况做了进一步的阐述。Gomes-Casseres 等(2006)指出合伙企业之间的业务相似性增强了知识的流动。Montgomery 和 Singh(1987)以及 Datta(1991)指出,处于关联行业的合并公司将比处于不同行业的合并公司经历更为大量的事后整合。我们假设业务相关性将导致更多运营的变化,从而可能引起更多员工的抗拒。Larsson 和 Finkelstein(1999)说明了含有大量资源再分配的并购将经历更复杂的整合过程以及更大程度的员工抵制。与这些范例一致的是,我们发现行业内的并购交易的员工因素效应比跨行业的并购交易的员工因素效应更显著更强烈。

协同价值取决于合并企业之间的合作和协调程度(Pabl,1994)。Jaffe 等人(1993)认为,技术和知识在地理位置接近的公司之间迁移比在相距较远的公司之间的迁移更好更快。Greenwood 等人(1994)强调,并购产生的裁员或岗位调动可能不利于员工的职业生涯而遭员工反对。因此,我们推测分布于不同地区的合并企业将有特别显著的整合困难,即跨区域的并购往往会因相距较远而遭遇更多的阻碍,原因是远距离会阻碍合并企业的日常合作与协调,而且也会削弱和延缓合并企业之间的技术和知识迁移。此外,远距离合并催生的工作调动可能会导致某些核心员工的流失。相反,当合并企业的地理位置接近时,此时员工因素可能不显著。研究结果强而有力地支持了"地理邻近性假说"。

为了检验业务相关性和地理邻近性的联合假设,我们将所有样本划分为 4 组:(相同行业,相同地区),(相同行业,不同地区),(不同行业,相同地区)和(不同行业,不同地区),以做进一步的分析。相同行业不同区域的并购交易的累积异常收益具有最强烈的 EF 效应。

Coff(1999)通过员工受过的正规教育(以受教育年限衡量)和非正式培训(以接受指导的时长衡量)来识别知识密集型产业。他们还介绍了知识密集度如何影响并购的复杂性。因此,我们按照收购公司的职工相关费用和员工数量的比值高低,将并购分为两组——高比率组和低比率组,同时假设每个员工的职工相关费用比例高(低)代表公司拥有高(低)的综合技能和专业技术的人力资源。

我们还使用了其他衡量方式,用收购企业的市值减去账面价值差除以雇员数量比值作为衡量人力资本的市场价值这一指标。这个比率也可以解释为每个员工的成长期权的价值。我们认为这种衡量方式往往与员工自身诸如综合技能和专业水平的特点密切相关。我们考察了员工因素（EF）对累积异常收益 CARs 的影响是否会因人力资本的市场价值的高低而有所不同。我们发现那些高比率的小组，EF 与 CARs 是负相关的，并且它们在数值上也比低比率的小组明显更大。

最后，按行业分析了累积异常收益的员工因素效应。除了按照 SIC 编码外，还使用了 Fama 和 French 的行业分类方法对样本进行更细致的行业分类。我们发现，医疗行业和高科技行业的员工因素效应是显著为负的。对于医疗行业，收购公司与员工因素有关的公告期间平均损失为 0.84%，而高科技行业为 0.52%。定性研究表明，这两个行业似乎比其他行业更依赖于专业化的人力资本。与此相一致的是，他们的市场价值和账面价值之差除以员工数量的比值更高。

本章第二部分陈述将要进行检验的假设，第三部分介绍数据来源、抽样标准和研究方法，第四部分报告实证结果，第五部分为结论。

## 二 可检验的假设

本章关键在于识别收购公告期间累积异常收益 CARs 的总体效应和员工因素效应。总体效应表现为回归方程的截距项，而员工因素效应则表现为员工因素（EF）对应的斜率。本章重点在于第二种效应。我们假设，总体上，EF 效应与公告期间的 CARs 显著负相关。员工因素影响的假设依赖并购企业的业务相关性、地理邻近性和人力资本的市场价值。我们还考察了并购交易的四种可能方案，以检验业务相关性（相同行业，不同行业）和地理邻近性（相同区域，不同区域）的联合假设的 EF 效应。

为了探讨人力资本的市场价值的假设，我们按行业进行了回归分析，以找出并证明那些经历了更强烈的员工因素效应的行业往往依赖具有更高的综合技能和专业知识的员工。我们想检验的假设如下：

假设 A（整合困难）：相对于收购公司员工数量而言，目标公司的员工数量越多，交易完成后合并公司的整合困难越高，进而收购公告期间的累积异常收益就越低。

我们假设目标公司的实物资产和人力资本对预期协同价值有着不同的影响。一个可能的原因是，实物资产相对来说更容易再分配和保存，而人力资本因为员工会抵制变化而更难以重组和维持。以往的管理学文献表明，在控制其他条件不变的情况下，并购通过未来不稳定性和不安全性（Kiefer，2005）、文化不兼容性（Chatterjee，1992）强烈影响了目标公司的员工，我们推测更高的EF值将增加后续的整合过程的难度。不难想象，更高的EF值将产生负的协同效应。这种负的协同效应还可能会超过正的协同效应。与此相反，当被接管的目标公司员工数量相对较少时，可推测整合过程遇到的困难将减少。

关于实物资产的相对规模方面，Larsson和Finkelstein（1999）对合并潜力定义为事前的协同利用率，并指出当目标公司相对于收购公司的规模更大的时候，合并潜力更高，这与Kusewitt（1985）提出的协同价值临界值的概念是一致的。这表明并购规模越大，所产生的协同潜力就越高，这是大规模的并购不大可能受目标公司规模的限制。此外，小的目标公司更容易被管理者忽视。我们通过在回归中加入主要变量——员工因素（EF）和相对规模（按实物资产计）来检验整合困难假设。

假设B（业务相关性）：与合并公司处于不同行业情形相比，当合并公司处于相同行业时，员工因素（EF）对累积异常收益CARs具有更强的影响。

业务相关性假说与合并企业的合并潜力假设有关。Montgomery和Singh（1987）以及Datta（1991）认为，合并公司兼并的潜力通常受它们业务相关性影响。然而，Hitt等人（1998）指出，尽管合并企业的业务不同却能互补的时候，合并也能获得部分协同价值。因此，合并的潜力不仅与相似性有关，也与合并公司之间的产品和服务的互补性有关。

我们认为，相对于跨行业并购，在行业内的并购往往具有更高的合并潜力，从而产生更高的整合程度。整合程度定义为事后合并企业间的协调和合作程度。因此，对于行业内的并购而言，其整合过程更多的是对包含人力资源在内的多种资源的重新分配和合并巩固，从而造成更复杂的整合过程和更高的整合难度。

Greenwood等（1994）认为，员工之所以反对并购是因为交易可能会因裁员或职责调整而不利于自身的职业生涯。Cannella 和 Hambrick（1993）报告了一些并购交易因为目标公司员工对交易做出的消极回应而导致失败的案例。此外，Pablo（1994）和 Shrivastava（1986）指出，合并企业之间需要充分协调和合作才能从战略同步中获益，业务相关联企业的兼并有着更高的整合可能性，这是因为，业务功能的合并巩固将提升部分重要价值。从而员工在合并之后面临被裁员的可能性也就更高，因此，业务相关联的合并企业的 EF 效应将更显著。

业务相关性也可能导致冲突效应。例如，Fee 和 Thomas（2004）指出，对于横向兼并而言，提升购买力和生产效率是协同价值的源泉。因此假设：总体上，业务相关性可能会对潜在的协同价值有着积极的影响。然而，它也可能会增加整合的难度，而反过来产生协同损失。这两个相反的效应可以通过检验总体效应（截距项）和 EF 效应（EF 变量的斜率）的显著性水平。

猜想员工因素会在不同程度影响收购公司的累积异常收益，这取决于合并公司事后整合过程的规模和范围。我们假设员工因素在收购公司需要与目标公司整合以巩固生产设施或者提升人力合作和协调的情形中是显著的。我们认为，当合并企业有着相同的业务以及类似的产品和服务的时候，它们往往会更倾向于整合而消除行业中的过剩、混乱和窘境，从而获得规模经济。因此，行业内部的并购交易对 EF 效应更敏感。另外，当收购公司和目标公司在不同行业运营时，并购交易后的整合程度更低，因此其 EF 效应将不显著。

假设 C（邻近性）：分布在不同地理区域的合并企业比分布在相同地区的合并企业将有更显著的 EF 效应，这是因为前者将经历一个更复杂的整合过程。

以往文献指出，合并公司之间的邻近性会影响并购收益。Houston 和 Ryngaert（1994）、Hawawini 和 Itzhak（1990）发现，股票价格会由于地域重叠性更高的并购产生更强烈反应。Houston 等人（2001）阐述了有着显著地域重叠的银行并购将从消除多余和低效率的分支机构中得益，而增加降低成本的可能性。

同样，邻近效应假设的基础如下：因为地理位置邻近有利于企业的沟通和协同，位于相同地理区域的合并企业的合作和协调效果更好、效率更高。因此，其整合过程的复杂程度较低，因而 EF 效应预期较小。相反，当合并企业位于不同的地理区域时，整合过程将由于诸如区域和文化的不兼容性、缺乏直接沟通的能力和时差等问题而变得更复杂。从而，协作的质量将随着距离增大而下降。因此，预期不同区域的合并的 EF 效应将更显著。

为检验距离因素是否显著影响 EF 效应，假设合并公司处于不同区域（或用国家进行稳健性检验）的并购比合并公司位于相同地区（或国家）的并购有着更明显的员工因素。在回归方程中加入虚拟变量"相同地区"，及其与 EF 变量的交互项。区域数据将美国分为六个区域：中东、中西部、东北部、东南部、西南部和西部。如果公司位于美国以外的地区，则其编码为国外。

假设 D（人力资本的市场价值）：收购公司员工的人力资本市场价值越高，员工因素效应越强。

对上文的假设进行拓展，并猜想 EF 效应在那些需要更高人力资本市场价值的行业将会更强烈。Chi（1994）认为，并购的一个主要动机是获得以知识为基础的资产。Barney（1991）和 Peteraf（1993）认为，知识具有难以获得和模拟的特点，因而成为区分企业业绩表现的一个关键因素。此外，Farjoun（1994）报告说，人力资源的质量和数量在不同行业之间差异很大。

因此，我们推测，EF 效应在那些对人力资源高度依赖的行业将呈现更为显著的负效应。而那些对知识和技能的复杂程度需求较弱的行业，预期 EF 效应的显著程度也较弱。我们使用收购公司平均每人的员工相关费用作为雇员的综合技能和专业性的代理变量。此外，我们使用的收购公司的市场价值（MV）减去账面价值（BV）的差除以员工数量的比值，即（MV－BV）/员工数量，作为衡量人力资本市场价值的指标。这个比率也可以解释为每名员工成长期权的价值。这两种衡量方式有着相同的预测结果。

假设 D 表明了那些涉及员工具有较高人力资本市场价值的并购对员工因素更敏感，如公司重组期间往往伴随员工流失。此外，在人力资本的市场价值与综合技能、专业性和教育水平这些因素高度相关的假设下，收购公司为获得和保留具有高综合技能、高专业水平和高学历的核心员工就更难，成本也更高。

对于上述三个假设（B 假设、C 假设和 D 假设），直接比较员工因素

EF 对累计异常收益 CARs 的影响。具体而言，我们通过建立虚拟变量来识别合并公司是否处于相同的行业、是否分布于相同的地区和是否依赖于具有较高人力资本市场价值的员工。然后，我们加入这些虚拟变量和 EF 变量的交互项，并检验它们的 EF 系数是否相等。

此外，我们同时检验业务相关性假说和地理邻近性假说。将并购交易分成四个子样本，即相同行业、相同地区，相同行业、不同地区，不同行业、相同地区和不同行业、不同地区，并据此设立四个虚拟变量。然后，在回归分析中加入这些虚拟变量和 EF 变量的交互项。该系数可捕捉业务相关性和地理邻近效应与 EF 相互作用的综合影响。

假设 E（行业效应）：收购公司所属行业对员工具有的技术水平、专业技能和资格要求越高，EF 效应越强。

行业效应假设的基础是员工因素 EF 在不同行业群中有着不同特点。根据收购公司的 SIC 编码、Fama 和 French 的五大行业群分类法把所有样本划分为五大行业群。我们分析了各行业群的数据，并找出那些经历了强烈 EF 效应的行业群。此外，我们使用美国劳工部网站（http://www.dol.gov）的数据来研究行业性质及员工特点。我们猜想，那些具有较高比例高技术水平和专业水平的员工的行业有更强的 EF 效应，如医疗行业。相反，那些高技术水平和专业知识的员工比例较小的行业的 EF 效应较弱。我们使用 COFF（1999）的办法，用员工受教育的年限来衡量员工的人力资本市场价值，找出那些要求员工具有较高的人力资本市场价值的行业。

## 三　数据和方法

根据 Mueller 等人（2004，2005）的方法，在分析中加入统计上显著的变量作为控制变量，这些变量包括交易中使用的股票比例、负债/资产率（负债/市值）、托宾 Q 值、收购公司在公告日 4 周前的市值（收购公司的市值）以及竞标者数量。因为需要获取收购公司和目标公司的市场价值，样本包括的均为上市公司。

从美国证券数据公司（SDC）企业并购数据库中收集了从 1994—2010 年 2599 个国内外的上市的目标公司被上市的收购公司宣布收购的样

## 第六章 公司员工因素对收购公告期间异常收益的影响

本。我们需要变量的数据如下：

收购公司和目标公司在公告日 4 周前的员工数量、股票收益、收购公司和目标公司在公告日 4 周前的市值、并购交易中使用的股票比例、交易价值、竞标者的数量、收购公司的负债及其资产的市值和账面价值。托宾 Q 值是负债的账面价值和资产的市场价值之和除以资产的账面价值。

使用公告日 4 周前市场价值作为实物资产规模的衡量指标。四周时间既可以得到公告日前更新的数据，也可以减少因为兼并信息泄露造成的数据污染。为了得到实物资产的相对规模，定义相对规模（relative size）为公告日 4 周前合并公司的总市值与收购公司的总市值的比值取自然对数，即：

$$relative\ size = \ln\left(\frac{MV_A + MV_T}{MV_A}\right)$$

其中，$MV_A$ = 收购公司在公告日 4 周前的资产的市场价值；$MV_T$ = 目标公司在公告日 4 周前的资产的市场价值。

此外，使用销售净额作为实物资产规模的代理变量进行了稳健性检验。近似的，员工因素（EF）定义如下：

$$员工因素(EF) = \ln\left(\frac{E_A + E_T}{E_A}\right)$$

其中，$E_A$ = 收购公司的员工数量；$E_T$ = 目标公司的员工数量。

对数转换是为了处理数据的非正态分布问题。对于小的 EF 值，它在数值上近似等于目标公司员工数量除以收购公司员工数量。合并公司在收购公告日上一会计年度的员工数量来自 SDC 的数据库，若 SDC 中无法获得，则转而从 Compustat 数据库寻找。而交易价值、合并企业在公告日 4 周前的市场价值及股票在并购交易中的使用比例也来自于 SDC 的数据库。股票收益数据来自 CRSP 数据库。收购公司的负债、资产账面价值和市场价值等数据来自 Compustat 数据库。

交易的价值为收购公司支付的总价格，其中包括普通股、普通股等价物、优先股、债券、认股权证、资产、期权和为公告期间六个月的股权收购费用，但不包括交易佣金及费用。收购公司的股票收益数据需包含公告日以前至少 100 个交易日的观察值，以便于我们的分析。

收购公司的累积异常收益定义为市场模型的残差在估计窗口 [ −1,

1]3天的总和,同时市场回归模型采用CRSP的加权平均市场指数作为市场收益代理变量。Brown(1980)和Warner(1985)认为,当股票收益率方差在事件期间变大时,可能出现检验问题。为了修正公告期间股票方差变化,采用Boehmer等人(1991)和MacKinlay(1997)的事件研究方法。我们计算所有横截面的累积异常收益的方差,并在允许事件期间的方差异于估计周期的方差的情况下专门检验了平均值。使用在交易区间[-280,-30]中的数据,以确保估计周期包含全年的数据,以便控制季节性的影响。

使用各样本公司的累积异常收益作为回归方程的因变量,并用White(1980)异方差一致协方差矩阵计算t统计量。

对于任意证券$i$,市场模式的定义如下:

$$R_{it} = \alpha_i + \beta_i R_{mt} + \varepsilon_{it}$$

$$E(\varepsilon_{it}) = 0, \ var(\varepsilon_{it}) = \sigma_{\varepsilon i}^2$$

其中,$R_{it}$和$R_{mt}$分别是证券$i$和市场在$t$期间的收益。

对于公司$i$,计算它在$t$期间的异常收益$AR_{i\tau}$,以及它在从$\tau_1$期间到$\tau_2$期间的累积异常收益$CAR_{i(\tau_1,\tau_2)}$,其定义如下:

$$AR_{i\tau} = R_{i\tau} - \hat{\alpha}_i - \hat{\beta}_i R_{mt}$$

$$CAR_i(\tau_1, \tau_2) = \sum_{\tau=\tau_1}^{\tau_2} AR_{i\tau}$$

各公司平均累积异常收益及方差估计方法如下:

$$\overline{CAR}(\tau_1, \tau_2) = \frac{1}{N}\sum_{i=1}^{N} CAR_i(\tau_1, \tau_2) = \sum_{\tau=\tau_1}^{\tau_2} \overline{AR_\tau}$$

其中,$\overline{AR_\tau} = \frac{1}{N}\sum_{i=1}^{N} AR_{i\tau}$。

大样本方差可以使用下列方法估计:

$$var(\overline{CAR}(\tau_1, \tau_2)) = \frac{1}{N^2}\sum_{i=1}^{N}(\tau_2 - \tau_1 + 1)\sigma_{\varepsilon i}^2$$

在零假设中,平均累积异常收益符合渐进标准正态分布。

$$\frac{\overline{CAR}(\tau_1, \tau_2)}{\sqrt{var(\overline{CAR}(\tau_1, \tau_2))}} \sim N(0, 1)$$

以上是假设检验的基础。

## 四　实证结果

### (一) 描述性统计

表 6-1 是对回归分析中使用的样本及主要变量在公告当年的统计描述。平均 CARs 除了 1994 年、1997 年、2009 年和 2010 年外,均为负值。在全样本中,平均 CARs 为 -1.03%,这在 1% 的水平上是显著的。样本中的并购交易大多以现金和股票进行结算。平均成交金额约为 13.7 亿美元,而这些并购的交易价值有 19.09% 超过 10 亿美元。

表 6-1　　　　按公告年度顺序排列的样本公司

| 年份 | N | CARs (%) | EF (%) | Relative size (%) | % stock | % cash | % other | Average deal value ($ million) | % TV > $1 billion | No. of competing bidders | Same FF (%) | Same region (%) |
|---|---|---|---|---|---|---|---|---|---|---|---|---|
| 1994 | 37 | 0.30 | 47.10 | 25.34 | 47.09 | 46.68 | 6.23 | 538.43 | 24.32 | 0.22 | 64.86 | 29.73 |
| 1995 | 110 | -1.96 | 28.10 | 24.62 | 48.15 | 46.33 | 5.51 | 813.72 | 18.18 | 0.07 | 61.82 | 34.55 |
| 1996 | 103 | -1.15 | 32.40 | 18.97 | 45.26 | 46.55 | 8.19 | 970.90 | 21.36 | 0.15 | 57.28 | 28.16 |
| 1997 | 191 | 0.04 | 31.00 | 20.52 | 48.39 | 44.40 | 7.22 | 916.68 | 15.71 | 0.08 | 55.50 | 37.70 |
| 1998 | 227 | -1.08 | 33.50 | 19.03 | 49.23 | 43.06 | 7.72 | 737.38 | 16.30 | 0.06 | 60.35 | 36.12 |
| 1999 | 295 | -1.05 | 29.70 | 15.16 | 44.85 | 49.09 | 6.06 | 1210.52 | 18.98 | 0.07 | 55.93 | 40.34 |
| 2000 | 260 | -2.90 | 35.40 | 20.92 | 46.43 | 47.65 | 5.92 | 1746.44 | 20.77 | 0.11 | 52.69 | 46.15 |
| 2001 | 185 | -2.40 | 28.50 | 18.73 | 51.96 | 41.70 | 6.34 | 874.60 | 18.92 | 0.08 | 54.05 | 43.24 |
| 2002 | 152 | -0.53 | 31.40 | 17.03 | 35.29 | 57.58 | 7.13 | 835.62 | 11.18 | 0.03 | 50.66 | 54.61 |
| 2003 | 191 | -1.96 | 26.30 | 22.10 | 38.36 | 58.86 | 2.78 | 630.89 | 14.14 | 0.07 | 50.79 | 51.31 |
| 2004 | 194 | -1.14 | 31.00 | 18.76 | 38.21 | 59.39 | 2.40 | 2022.68 | 22.16 | 0.08 | 42.27 | 43.81 |
| 2005 | 190 | -1.21 | 23.90 | 15.16 | 28.98 | 68.49 | 2.53 | 1764.92 | 25.26 | 0.10 | 58.95 | 38.95 |
| 2006 | 122 | -0.31 | 26.40 | 28.32 | 42.07 | 55.75 | 2.05 | 2043.81 | 18.03 | 0.10 | 59.84 | 72.13 |
| 2007 | 90 | -0.98 | 39.90 | 26.08 | 59.31 | 38.79 | 1.90 | 2752.55 | 28.89 | 0.07 | 54.44 | 86.67 |
| 2008 | 95 | -1.51 | 29.70 | 21.55 | 63.82 | 33.71 | 2.47 | 2229.33 | 15.79 | 0.06 | 54.74 | 72.63 |
| 2009 | 81 | 0.13 | 39.30 | 24.01 | 69.74 | 28.09 | 2.17 | 1779.74 | 16.05 | 0.07 | 67.90 | 69.14 |

续表

| 年份 | N | CARs (%) | EF (%) | Relative size (%) | % stock | % cash | % other | Average deal value ($ million) | % TV > $1 billion | No. of competing bidders | Same FF (%) | Same region (%) |
|---|---|---|---|---|---|---|---|---|---|---|---|---|
| 2010 | 76 | 0.27 | 42.00 | 19.85 | 66.41 | 30.31 | 3.28 | 1448.25 | 18.42 | 0.04 | 55.26 | 76.32 |
| 均值 | 152.88 | -1.03*** | 32.68 | 20.95 | 48.44 | 46.85 | 4.70 | 1371.56 | 19.09 | 0.09 | 56.31 | 50.68 |
| t 统计量 | | (-7.55) | | | | | | | | | | |

注：本章数据来自证券数据公司（SDC）的并购数据库，收购公司数据来自 CRSP 和 Compustat. 数据库。CARs 表示公告期间 [-1, 1] 3 天的累积异常收益。员工因素（EF）指，并购交易前合并公司的员工总数与收购公司的员工总数的比值取自然对数。"Relative size" 是公告日 4 周前的收购公司的资产总市值与收购公司资产的市值之比的自然对数。变量"% cash"、"% stock" 和 "% other" 是指收购公司在交易中的支付方式。"Average deal value" 是平均交易价值（单位：百万美元）。"TV > $1 billion dummy" 表示交易价值是否超过 10 亿美元。"No. of competing bidders" 是指交易中竞争投标的公司的数量。虚拟变量"Same FF"表示根据 Fama 和 French 的五大行业分类法，合并企业是否处于相同的行业。虚拟变量"Same region"表示合并企业是否位于相同的区域。

在所有表格中，括号中的数字都是根据 White 异方差—一致协方差矩阵方法（1980）估计出来的 t 统计量。*、**和***分别表示在 10%、5% 和 1% 水平上的双尾 t 检验的统计学显著性。

### （二）假设检验

对全样本进行整合困难假设检验。业务相关性的假设检验了两个独立的亚组：相同行业的并购和不同行业的并购。邻近性假说也考察了两个不同的子样本：相同区域的并购和不同区域的并购。人力资本的市场价值假设分别研究了涉及高、低人力资本市场价值的并购。

基本实证模型如下：

$$CAR_i = \alpha + \beta_1 EF_i + \beta_2 RelativeSize_i + \beta_3 Stock_i + \beta_4 TV_{(>\$1billion)i} + \beta_5 Debt/Assets_i + \beta_6 Tobin'sQ_i + \beta_7 Acquirer'sMV_i + \beta_8 No.ofCompetingBidders_i + \varepsilon_i$$

因变量是在收购公告期间 [-1, 1] 内 3 天的累积异常报酬。解释变量是员工因素（EF）、相对规模（relative size）、交易中使用的股票的比例（Stock），虚拟变量：交易价值是否超过十亿美元（$TV_{(>\$1billion)}$）、负债/资产比（负债/市值的比值）、托宾 Q 值（Tobin's Q），收购公司在公告日 4 周前的市场价值（Acquirer's MV）和竞标者的数量（No. of Competing Bidders）。

员工因素（EF）定义为并购前合并企业的员工数量与收购公司员工数量之比的自然对数。使用相对规模变量是为了分别检验以人力资本和实物资产表示的相对规模在收购公告期间的表现。为了确保消除多重共线性，计算得出相对规模和员工因素 EF 的相关系数为 0.29。这个数字表明两个变量之间的共线性较低，可以忽略。我们的实证结果将在下文中展开。

1. 假设 A（整合困难）

表 6-2 的第 1 列为全样本的回归结果。我们还选取了子样本集进行了回归分析，以确认不存在样本选择问题。第 2 列表示的是收购公告中，收购方和目标公司均为美国公司的数据。第三列为其结果，"The rest"是全样本刨除第 2 列数据后的子样本，第 4 列和第 5 列分别显示了收购公告最终结果为有效的和无效（撤回）的回归结果。

第 1 列的结果显示，公告期间的累积异常收益与 EF 效应是负相关的，其系数为 -0.73（t 统计量为 -2.58），该系数对于全样本而言在 1% 的水平上是统计显著的。样本中所有公司的 EF 值的平均值是 32.68%，因此 -0.73 的系数意味着平均而言，一个收购公司的经济损失为 0.24%（32.68% ×0.73%）。

第 2 列的美国公司数据再次证实我们的观点。目标公司拥有员工数量越高，合并企业想实现快速而成功的整合复杂程度越高。研究结果强调了收购公司为双方公司员工快速而有效的合作和协调创造适宜的工作环境而制定整合计划的重要性。

第 3 列的结果显示 EF 效应并不显著，这表明了涉及非美国公司合并公告的 EF 效应与只涉及美国公司收购公告的 EF 效应有明显的不同。第 4 列和第 5 列的结果表明，在 5% 的显著性水平下，有效的非撤回交易在公告期间的 EF 效应是显著为负的。

交易中使用的股票比例（Stock）与公告期间累积异常收益 CARs 在 1% 显著水平上负相关，与信息不对称假设一致。此外，除了非美国公司的子样本外，虚拟变量 "TV > \$ 1 billion" 与累积异常收益 CARs 至少在 10% 的显著性水平上呈负相关的关系，这表明大型并购交易往往会遭遇很大的减值，这与 Moeller 等（2005）提出的"大交易的损失"的发现是一致的。一方面，相对规模（relative size）的系数在统计上不显著。对于有效交易的样本，负债/资产（debt/asset）的系数在 1% 的水平上显著。我们发现，托宾 Q 值和竞标者数量在 10% 的水平上是显著；对于全样本，只有美国公司的子样本和无效交易的样本具有更好的结果。另一方面，变量收购公司市场价值（Acquirer's MV）系数在所有回归中统计不显著。

表6-2　　全样本及各子样本的收购公告期间收益的决定因素

| 变量 | 全样本 [1] | US-US [2] | The rest [3] | 有效交易 [4] | 无效交易 [5] |
|---|---|---|---|---|---|
| 截距 | 0.61**<br>(2.04) | 0.70**<br>(2.14) | -0.97<br>(-1.04) | -0.23<br>(-0.65) | 1.14<br>(1.50) |
| EF | -0.73***<br>(-2.58) | -0.84***<br>(-2.72) | 0.04<br>(0.06) | -0.63**<br>(-1.97) | -0.71<br>(-1.11) |
| Relative size | 0.24<br>(0.61) | 0.42<br>(0.88) | -0.20<br>(-0.35) | -0.25<br>(-0.53) | 1.33*<br>(1.73) |
| % stock used | -0.03***<br>(-9.07) | -0.03***<br>(-8.27) | -0.04***<br>(-3.58) | -0.03***<br>(-9.36) | -0.02***<br>(-3.00) |
| TV > $1 billion dummy | -1.09***<br>(-3.19) | -1.23***<br>(-3.34) | 0.27<br>(0.32) | -0.92**<br>(-2.55) | -1.67*<br>(-1.73) |
| Debt/assets | 0.60<br>(1.19) | 0.45<br>(0.84) | 2.51*<br>(1.67) | 1.58***<br>(2.84) | 0.55<br>(0.41) |
| Tobin's Q | -0.17***<br>(-6.42) | -0.17***<br>(-6.33) | 0.07<br>(0.36) | 0.02<br>(0.57) | -0.30***<br>(-7.87) |
| Acquirer's MV | 0.32<br>(1.29) | 0.29<br>(0.69) | 0.38<br>(1.64) | 0.38<br>(1.31) | 0.14<br>(0.29) |
| No. of competing bidders | -0.73*<br>(-1.89) | -0.82*<br>(-1.95) | -0.06<br>(-0.07) | -0.17<br>(-0.31) | -1.50**<br>(-2.38) |
| 调整的 $R^2$ | 6.25% | 6.13% | 4.66% | 5.07% | 14.87% |
| 样本（N） | 2599 | 2332 | 267 | 2101 | 498 |

注：表6-2报告了OLS回归结果，其中因变量是收购公司[-1,1] 3天的累积异常收益CARs。自变量包括下列8个。其中，员工因素EF为并购交易前合并公司的员工总数与收购公司的员工总数的比值取自然对数。"Relative size"是公告日4周前的收购公司的资产总市值与收购公司资产的市值之比的自然对数。变量"% stock used"是指支付方式。虚拟变量"TV > $1 billion dummy"表示交易价值是否超过10亿美元。"debt/asset"是指收购公司的资产负债率。"Tobin's Q"是指收购公司的负债账面值和资产市值的总和与资产的账面值之比。"Acquirer's MV"指的是收购公司在公告日4周前的市场价值。"No. of competing bidders"是交易中竞标公司的数量。列1是对全样本的回归结果；列2是合并公司均为美国公司的子样本的回归结果；列3是合并公司中含非美国公司的子样本的回归结果；列4和列5分别是有效并购交易子样本和无效并购交易子样本的检验结果。

2. 假设B（业务相关性）

根据 Morck 等人（1990）方法，我们使用了合并企业的 SIC 编码来衡量他们的业务相关性。我们用公司的 SIC 编码、Fama 和 French 五大行业群分类法确定各样本公司的所属行业。然后，建立虚拟变量 FF，对收购企业的行业和它对应的目标公司所属的行业进行比较。当合并公司处于相同行业（不同行业）的时候，FF 等于 1（0）。该假设预测合并公司属于相同行业的 EF 效应比合并公司在不同的行业的 EF 效应更显著。

表 6-3 的列 1 和列 2 表明，有 1435 个收购公告的收购公司和目标公司均在相同的行业群，1164 个并购交易中的收购公司和目标公司属于不同的行业群。结果与假设一致，相同行业群的并购交易的 EF 变量的系数为 -1.17，且它在 5% 的水平上是显著的（t 统计量为 -2.45）。反之，跨行业群的并购交易的 EF 变量的系数为 -0.37，这在统计上是不显著的（t 统计量为 -1.11）。我们的研究结果表明，合并企业之间不同的业务关联程度会引起不同的 EF 效应，从而凸显了合并公司的整合计划的重要性。

表 6-3　六种不同情况下收购公告期间收益的决定因素

| 变量 | 相同行业 [1] | 不同行业 [2] | 相同地区 [3] | 不同地区 [4] | 高技能 [5] | 低技能 [6] |
| --- | --- | --- | --- | --- | --- | --- |
| 截距 | -0.76 (-1.51) | 1.16*** (2.67) | -0.75 (-1.63) | 1.17*** (2.75) | 0.67 (1.63) | -0.20 (-0.22) |
| EF | -1.17** (-2.45) | -0.37 (-1.11) | -0.50 (-1.34) | -0.85** (-1.97) | -1.04*** (-2.77) | -0.15 (-0.34) |
| Relative size | 0.30 (0.47) | 0.15 (0.31) | 0.37 (0.78) | 0.20 (0.30) | -0.37 (-0.64) | 0.70 (1.26) |
| % stock used | -0.02*** (-5.81) | -0.03*** (-7.10) | -0.02*** (-5.63) | -0.03*** (-7.24) | -0.03*** (-6.02) | -0.03*** (-6.53) |
| TV > $ 1 billion dummy | -1.43*** (-2.93) | -1.00** (-2.08) | -0.82* (-1.76) | -1.26** (-2.52) | -1.11** (-2.37) | -0.99* (-1.92) |
| Debt/assets | 4.50*** (3.95) | -0.57 (-0.92) | 1.61** (2.44) | 0.21 (0.26) | 0.43 (0.59) | 1.03 (1.15) |
| Tobin's Q | 0.00 (0.05) | -0.22*** (-8.10) | 0.06 (0.98) | -0.21*** (-6.84) | -0.16*** (-5.78) | 0.14 (0.39) |

续表

| 变量 | 相同行业<br>[1] | 不同行业<br>[2] | 相同地区<br>[3] | 不同地区<br>[4] | 高技能<br>[5] | 低技能<br>[6] |
|---|---|---|---|---|---|---|
| Acquirer's MV | 0.32<br>(1.21) | 1.99<br>(0.53) | 0.43<br>(1.24) | 0.25<br>(0.73) | 0.35<br>(1.03) | 0.31<br>(0.86) |
| No. of competing bidders | -1.23**<br>(-2.28) | -0.18<br>(-0.32) | -0.18<br>(-0.27) | -1.01**<br>(-2.05) | -0.46<br>(-0.65) | -0.90**<br>(-1.98) |
| 调整的 $R^2$ | 5.22% | 10.07% | 2.98% | 9.12% | 7.51% | 3.35% |
| 样本（N） | 1435 | 1164 | 1240 | 1359 | 1300 | 1299 |

注：表6-3报告了六种不同情况的OLS回归结果。所有变量都与表6-2中所述的相同。列1、列2分别研究了收购公司和目标公司属于相同行业、不同行业的子样本。公司的行业是根据标准行业分类（SIC）编码、Fama和French的五大行业分类法来确定的。列3、列4分别研究了合并公司位于相同地区、不同地区的子样本。列5、列6分别研究了收购公司的市值减去账面价值之差除以员工数量的比值（比中位数）更高、更低的子样本。

回归中，同行业群并购交易的截距为-0.76，它在统计上是不显著的（t 统计值是 1.51），而跨行业并购的截距为 1.16，这在统计上是显著的（t 统计值是 2.67）。

3. 假设 C（邻近性）

通过比较收购公司和它对应的目标公司所在地理区域，将样本分为两组：第一组为 1240 个合并公司都位于相同区域的并购交易；第二组为 1359 个合并公司位于不同区域的并购交易。

表6-3中列3和列4表明，对于不同区域的并购而言，员工因素 EF 的系数为-0.85，它在5%的水平上是显著的（t 统计量=-1.97）。对于相同区域的并购而言，员工因素 EF 的系数尽管是负的，但在统计上是不显著的。

研究结果表明，分布在不同地理位置合并企业的整合过程更具挑战性，这可能是由于难以直接沟通而增加了日常合作和协调的难度以及不确定性。这个结果与现实中的一些非官方证据一致。例如，思科系统公司的并购政策规定，应尽可能收购那些在相同的地理区域的目标公司应该确保目标公司能够留住核心员工，并使他们快速、有效地融入思科的企业文化环境中。

### 第六章 公司员工因素对收购公告期间异常收益的影响

**4. 假设 D（人力资本的市场价值）**

员工相关费用由几个成本项目组成，如劳工及相关费用和股票补偿支出。收购公司员工相关费用与员工数量比率是直接衡量人力资源的代理变量。然而，我们样本中大部分并购的员工相关费用数据无法得到，从而使可用观测值的数量减少了一半以上。尽管观测值的减少使结果不那么显著而削弱了检验的效力，但研究结果仍然支持了高技能水平和专业知识的假设。这部分结果在本章中没有报告，但若有需要可提供。

为了避免数据问题，我们对传统市值账面比进行了修改，使用收购公司的市场价值减去账面价值的差与雇员数量的比值来衡量人力资本的市场价值，作为一个公司的成长机会的衡量尺度。该比率可以作为人力资本的市场价值的合理代理变量，这是基于资产能够以与其账面价值相当的价格进行重置或者出售的重要假设。而用市场价值减去账面价值是为了通过扣除与员工没有直接关系的价值。该比例基本能揭示员工的技能水平和专业知识的特点。我们统计了该比率的中位数，并以此将所有样本分为两个子样本：收购企业每个员工的市场价值减去账面价值高于中位数的为一组，收购公司每个员工的市场价值减去账面价值低于中位数的为一组。这些措施使得我们能够使用更大的数据集（2599 个观察值）进行回归，以获得更有说服力的结果。

假设收购公司的人力资本市场价值比值越大，员工可能拥有的技能和专业知识水平越高，因而员工因素效应就越强。人力资本的市场价值比值高的小组有望更容易出现员工因素效应，因为有些高技能的员工因为没有得到满足则可能离开公司，而导致显著的损失和未实现的协同价值。收购公司不仅会由于高的员工流动率而遭受运营冲击，而且也因筛选、招聘和培训新员工需承担巨大的成本。回归结果与我们的设想一致，表 6-3 的列 5 和列 6 支持了这一假设。具有较高综合技能的样本的 EF 系数在 1% 水平上显著为负，而综合技能较低的那一组的系数则不显著。

对上述假设中的系数的相等性进行测试，并在全样本中应用了下列回归模型，同时允许 EF 变量与众多虚拟变量之间存在不同交互项。

$$CAR_i = \alpha + \beta_1 D_i + \beta_2 EF_i \times D_i + \beta_3 EF_i(1 - D_i)$$
$$+ \beta_4 \, Relative \, Size_i + \beta_5 Stock_i + \beta_6 TV_{(>\$1billion)i} + \beta_7 \, Debt/Assets_i$$
$$+ \beta_8 \, Tobin's Q_i + \beta_9 \, Acquirer's \, MV_i + \beta_{10} No. \, of \, Competing \, Bidders_i + \varepsilon_i$$

其中，$D_i$ 是虚拟变量，表示合并企业是否在相同行业中（表6-4中的 Panel A）；是否位于相同区域内（表6-4中的 Panel B）；收购企业的市场价值减去账面价值后除以员工人数的比值是否（比中位数）较高（表6-4中的 Panel C）。

表6-4显示的是 Panel A、B、C 中的交互项的系数之差 $\beta_2 - \beta_3$，它在 Panel A、B、C 中分别等于 -0.89（F统计量 = 2.73）、0.51（F统计量 = 0.91）、-1.08（F统计量 = 3.88），并分别是在10%的水平上显著、不显著、在5%的水平上显著。此外，结论不因是否包括截距式虚拟变量而变化。这些结果支持了业务相关性假说（Panel A）和人力资本市场价值假设（Panel C），但不支持邻近性假说（Panel B）。

我们同时检验了业务相关性假说和地理邻近性假说。我们建立了四个虚拟变量对合并的企业进行分类：（相同行业，相同地区）、（相同行业，不同地区）、（不同行业，相同地区）或（不同行业，不同地区），如下图所示。

| 地区 | 行业 | |
|---|---|---|
| | 相同 | 不同 |
| 相同 | $D_1$ | $D_3$ |
| 不同 | $D_2$ | $D_4$ |

对全样本应用下列模型进行估计：

$CAR_i = \alpha + \beta_1 EF_i \times D_{1i} + \beta_2 EF_i \times D_{2i} + \beta_3 EF_i \times D_{3i} + \beta_4 EF_i \times D_{4i}$
$+ \beta_5 Relative\ Size_i + \beta_6 Stock_i + \beta_7 TV_{(>\$1billion)i} + \beta_8 Debt/Assets_i$
$+ \beta_9 Tobin's\ Q_i + \beta_{10} Acquirer's\ MV_i + \beta_{11} No.\ of\ Competing\ Bidders_i + \varepsilon_i$

表6-5显示，交互项"相同行业×不同区域×EF"（"Same FF × Diff region × EF"），即相同行业不同地区的并购的交互项系数为 -1.47，并在1%的水平上是显著的（t统计量 = -2.98）。相同行业不同地区的并购的 EF 平均值为 29.63%，因此 -1.47 的系数意味着收购公司的平均经济损失为 0.44%（29.63% × 1.47%）。我们的研究结果支持这一假设，并证明相同行业不同地区的并购对员工因素最敏感。

表6-4 业务相关性假说（Panel A）、邻近性假说（Panel B）和
人力资本的市场价值假说（Panel C）中的系数相等性检验

| 业务相关性假说（Panel A） | | 邻近性假说（Panel B） | | 综合技能假说（Panel C） | |
| --- | --- | --- | --- | --- | --- |
| 截距 | 0.37 | 截距 | 0.67** | 截距 | 0.57 |
|  | (0.89) |  | (2.11) |  | (1.61) |
| Same FF dummy | 0.39 | Same region dummy | -0.15 | High skill dummy | 0.03 |
|  | (1.13) |  | (-0.47) |  | (0.09) |
| Same FF × EF | -1.24*** | Same region × EF | -0.48 | High skill × EF | -1.12*** |
|  | (-2.94) |  | (-1.22) |  | (-3.23) |
| Diff FF × EF | -0.35 | Diff region × EF | -0.99** | Low skill × EF | -0.04 |
|  | (-0.96) |  | (-2.54) |  | (-0.09) |
| Relative size | 0.27 | Relative size | 0.25 | Relative size | 0.14 |
|  | (0.67) |  | (0.61) |  | (0.34) |
| % stock used | -0.03*** | % stock used | -0.03*** | % stock used | -0.03*** |
|  | (-9.00) |  | (-9.00) |  | (-8.90) |
| TV > $1 billion dummy | -1.10*** | TV > $1 billion dummy | -1.09*** | TV > $1 billion dummy | -1.05*** |
|  | (-3.19) |  | (-3.18) |  | (-3.03) |
| Debt/assets | 0.01 | Debt/assets | 0.01 | Debt/assets | 0.01 |
|  | (1.26) |  | (1.20) |  | (0.99) |
| Tobin's Q | 0.00*** | Tobin's Q | 0.00*** | Tobin's Q | 0.00*** |
|  | (-6.48) |  | (-6.32) |  | (-6.12) |
| Acquirer's MV | 0.00 | Acquirer's MV | 0.00 | Acquirer's MV | 0.00 |
|  | (1.23) |  | (1.29) |  | (1.31) |
| No. of competing bidders | -0.01* | No. of competing bidders | -0.01* | No. of competing bidders | -0.01** |
|  | (-1.93) |  | (-1.86) |  | (-1.96) |
| 调整的 $R^2$ | 6.29% | 调整的 $R^2$ | 6.21% | 调整的 $R^2$ | 6.36% |
| N | 2599 | N | 2599 | N | 2599 |

| 系数相等性检验 | | | | | |
| --- | --- | --- | --- | --- | --- |
| Same FF × EF | | Same region × EF | | High skill × EF | |
| - Diff FF × EF | -0.89 | - Diff region × EF | 0.51 | - Low skill × EF | -1.08 |
| F-统计量 | 2.73 | F-statistic | 0.91 | F-statistic | 3.88 |

注：表6-4报告了三种不同情况的OLS回归结果。Panel A中，虚拟变量"Same FF"和"Diff FF"表示合并企业根据Fama和French的五大行业分类法是否属于相同的行业。近似地，虚拟变量"Same region"和"Diff region"表示Panel B中的合并公司是否位于相同的区域。而虚拟变量"High skill"和"Low skill"表示Panel C的收购公司是否具有（比中位数）更高的市场价值减去账面价值除以员工数量的比值。

表 6-5 累计异常收益 CARs 对不同的行业虚拟变量和距离虚拟变量组合的回归结果

| 变量 | 估计值 | 变量 | 估计值 |
|---|---|---|---|
| 截距 | 0.69** | % stock used | -0.03*** |
|  | (2.24) |  | (-9.11) |
| Same FF × Same region × EF | -0.57 | TV > $1 billion dummy | -1.07*** |
|  | (-1.03) |  | (-3.11) |
| Same FF × Diff region × EF | -1.47*** | Debt/assets | 0.46 |
|  | (-2.98) |  | (0.89) |
| Diff FF × Same region × EF | -0.56 | Tobin's Q | -0.17*** |
|  | (-1.27) |  | (-6.45) |
| Diff FF × Diff region × EF | -0.42 | Acquirer's MV | 0.31 |
|  | (-0.87) |  | (1.28) |
| Relative size | 0.26 | No. of competing bidders | -0.71* |
|  | (0.66) |  | (-1.84) |
| 调整的 $R^2$ | 6.27% |  |  |
| N | 2599 |  |  |

注：表 6-5 报告了 OLS 回归的结果，其中因变量是收购公司在估计窗口 [-1, 1] 内 3 天的累积异常收益 CARs。我们建立了四个虚拟变量来表示合并企业是否属于相同的行业以及是否位于相同的区域，其中行业的分类是基于 Fama 和 French 的五个行业分类法。四种可能情况分别是：情形 1（相同行业，相同地区）、情形 2（相同行业，不同地区）、情形 3（不同行业，相同地区）和情形 4（不同行业，不同地区）。然后，我们将员工因素（EF）和上述 4 个虚拟变量的乘积作为交互项。其他的变量与表 6-2 中所述的相同。

对于稳健性检验，我们也使用了 Fama 和 French 的 12 大行业和 30 大行业分类法判定一个并购是否属于相同的行业，并使用虚拟变量（State）表示该并购是否为跨国的并购。交互项（相同行业，不同国家）的系数在 1% 的水平上保持显著。因此，稳健性检验加强了假设。此外，当回归分析中加入截距式虚拟变量（固定效应），也有类似发现。

5. 行业效应

为了进一步检验员工因素是否在各个行业或只在特定行业中与累积异常收益呈负相关的关系，我们使用了 SIC 编码、Fama 和 French 的五大行业分类法把所有的并购交易分成了五大行业群，并对各个行业群进行了单独的回归计算。

表 6-6 显示，员工因素 EF 和累积异常收益 CARs 在两个行业呈负的相关性。高科技行业的员工因素 EF 的系数为 -1.86（t 统计量 = -3.05），医疗行业的员工因素 EF 的系数为 -3.34（t 统计量 = -2.67）。它们都在 1% 的水平上是显著的。它们的值相差很大证明了员工因素 EF 在不同的行业有不同的效应。医疗行业的员工因素 EF 的平均值为 25.22%，因此，-3.34 的系数意味着医疗行业的收购公司平均为 0.84%（25.22% × 3.34%）的巨大经济损失。另外，高科技行业的 EF 值平均为 28.28%，-1.86 的系数意味着高科技行业的收购公司的平均经济损失为 0.53%（28.28% × 1.86%）。

表 6-6 不同行业群的收购公告期间收益决定因素

| 变量 | 消费 | 制造 | 高科技 | 医疗 | 其他 |
| --- | --- | --- | --- | --- | --- |
| 截距 | 1.98 | 0.22 | 0.13 | 1.38 | -0.50 |
|  | (1.53) | (0.13) | (0.22) | (0.98) | (-0.95) |
| EF | 0.87 | -1.06 | -1.86*** | -3.34*** | -0.29 |
|  | (1.25) | (-1.13) | (-3.05) | (-2.67) | (-0.80) |
| Relative size | 0.26 | 0.91 | 1.28 | -2.64* | 0.10 |
|  | (0.21) | (1.09) | (1.05) | (-1.83) | (0.21) |
| % stock used | -0.04*** | -0.02** | -0.02*** | -0.03*** | -0.02*** |
|  | (-4.03) | (-2.33) | (-3.78) | (-2.93) | (-5.86) |
| TV > $1 billion dummy | -1.43 | -1.32* | -0.73 | -1.68 | -1.24*** |
|  | (-1.22) | (-1.79) | (-0.95) | (-1.61) | (-2.64) |
| Debt/assets | -1.08 | 1.85 | 1.73 | 1.59 | 0.83 |
|  | (-0.44) | (0.77) | (1.12) | (0.51) | (1.27) |
| Tobin's Q | -0.11 | -0.12 | -0.20*** | -0.14 | 0.13** |
|  | (-0.65) | (-0.24) | (-5.77) | (-0.64) | (2.33) |
| Acquirer's MV | 0.04 | -2.50 | 0.42 | 0.36 | 2.33 |
|  | (0.09) | (-0.39) | (0.95) | (0.66) | (0.57) |
| No. of competing bidders | -1.75* | -0.75 | -1.25 | -0.68 | 0.06 |
|  | (-1.68) | (-0.78) | (-1.39) | (-0.51) | (0.12) |
| 调整的 $R^2$ | 5.22% | 1.89% | 8.82% | 8.12% | 5.25% |
| 样本 (N) | 269 | 376 | 831 | 309 | 814 |

注：表 6-6 报告了 OLS 回归结果，其中因变量是各主要行业群的收购公司在估计窗口 [-1, 1] 内 3 天的累计异常收益 CARs。行业的分类依据是 Fama 和 French 的五大行业分类法。表 6-6 所有的变量都与表 6-2 中所述的相同。

从美国劳工部（www.bls.gov）网站收集的员工任职要求，以及员工中高、低专业水平和技能水平员工比例的规定等数据。通过研究行业性质发现，一些支持高科技行业和医疗行业有显著的负 EF 效应的证据。在一般情况下，这两个行业要求员工具有较高技能水平、教育水平和专业水平，而这些技能水平、教育水平和专业水平的获得相对于其他行业更难也更耗时（见附录）。

此外，表 6-6 表明，医疗行业（包括医疗设备和药品）具有最大的负的 EF 效应。医疗行业由于行业的性质特点，对产品和服务的需求都相当稳定，因而与商业周期相关性不高。因此，行业对人员的需求也较稳定。如果员工对并购交易不满，他们也可以较容易地找到一份新工作。确实，美国劳工部劳动统计局的数据显示，美国的药品和医药制造业的从业人员中拥有大学本科及以上学历的比例超过 60%，是所有行业的平均值的两倍。此外，医疗行业具有相对较高的员工流动率，并且医疗行业的从业人员属于受教育程度最高的人群之一，这些都凸显了在重组期间收购公司高效而有效地执行核心员工保留计划和筹划周全的整合过程的必要性。

还使用相对规模的其他代理变量——合并公司的总净销售额除以收购公司的净销售额后取自然对数，重复了稳健性检验。检验结果与基于公告日 4 周前的市值数据的结果一样是显著的。

## 五　结　论

本章基于并购交易中实物资产规模效应研究，通过检验人力资本资产的规模效应（或各员工的增长期权）以及其与市场反应的关系，为这方面研究做出补充。结果表明，以下三种情形具有相当强烈的员工因素效应：(1) 行业内部兼并；(2) 跨区域兼并；(3) 涉及具有高人力资本市场价值的员工兼并。我们发现那些对员工的技术水平和专业知识要求较高的行业具有显著的员工效应。这些行业是高科技行业和医疗行业，这两个行业中各员工的人力资本的市场价值比率高于其他行业。一个可能的解释是整合困难是造成负的 EF 效应的主要原因。不幸的是，我们缺乏足够的数据和方法来证实这个命题。我们的研究结果只表明存在这种可能性。因此，本章主要贡献是揭示了在通常情况及某些特定情况下，员工因素 EF

和公告期间的累积异常收益 CARs 之间的负相关关系。

有人会问:"为什么公司会继续合并?"以往文献给出的几种解释主要都与代理问题有关。另一种与代理问题无关的解释是,公司选择参与并购是为了获得竞争优势,如专有技术、专业知识和技术,尤其是那些有强烈的 EF 效应的并购。Lord 和 Ranft(2000)证明,技术驱动型行业需要具有高技能、专业知识和专业化的员工。技术进步的快节奏使企业的自我扩展可能无法维持其竞争优势。因此,他们需要收购其他企业来维持自身的竞争力。尽管参与并购会因员工因素蒙受损失,但收购公司不参与并购则可能丧失竞争优势,而使其未来的业绩表现更加逊色。这是一个有趣的研究课题,有待进一步研究。

总而言之,本研究表明,在控制相对规模后,员工因素 EF 对公告期间的累积异常收益 CARs 有着显著负效应,这种效应的大小主要取决于合并企业的业务相关性、地理位置的接近性和人力资本的市场价值。研究结果与经常提到的员工因素是一致的,与以往的管理学文献也是一致的,这可能进一步凸显并购后的整合计划的重要性,而整合计划在尽职调查过程中则必须考虑。

## 参考文献

1. Asquith, P., Bruner, R. F. and Mullins, D. W., "The gains to bidding firms from merger", *Journal of Financial Economics*, No. 11, 1983, pp. 121 – 139.

2. Barney, J. B., "Firm resources and sustained competitive advantage: A comment", *Journal of Management*, No. 17, 1991, pp. 99 – 120.

3. Boehmer, E., Musumeci, J. and Poulsen, A. B., "Event – study methodology under conditions of event – induced variance", *Journal of Financial Economics*, Vol. 30, 1991, pp. 253 – 272.

4. Brown, S. J. and Warner, J. B., "Measuring security price performance", *Journal of Financial Economics*, No. 8, 1980, pp. 205 – 258.

5. Brown, S. J. and Warner, J. B., "Using daily stock returns: The case of event studies", *Journal of Financial Economics*, Vol. 14, 1985, pp. 3 – 31.

6. Cannella, A. A. Jr. and Hambrick, D. C., "Relative standing: A framework for understanding departures of acquired executives", *Academy of Management Journal*, Vol. 36, 1993, pp. 733 – 762.

7. Chatterjee, S., Lubatkin, M. H., Schweiger, D. M. and Weber, Y., "Cultural differ-

ences and shareholder value in related mergers: Linking equity and human capital", *Strategic Management Journal*, No. 13, 1992, pp. 319 – 334.

8. Chi, T. , "Trading in strategic resources: Necessary conditions, transaction cost problems, and choice of exchange structure", *Strategic Management Journal*, Vol. 15, 1994, pp. 271 – 290.

9. Coff, R. W. , "How buyers cope with uncertainty when acquiring firms in knowledge – intensive industries: Caveat emptor", *Organization Science*, No. 10, 1999, pp. 144 – 161.

10. Datta, D. K. , "Organizational fit and acquisition performance: Effects of post – acquisition integration", *Strategic Management Journal*, No. 12, 1991, pp. 281 – 297.

11. Fama, E. F. and French, K. R. , "Industry classifications", http: //mba. tuck. dartmouth. edu/pages/faculty/ken. french/data_ library. html.

12. Fee, C. E. and Thomas, S. , "Sources of gains in horizontal mergers: evidence from customer, supplier, and rival firms", *Journal of Financial Economics*, Vol. 74, 2004, pp. 423 – 460.

13. Fuller, K. , Netter, J. and Stegemoller, M. , "What do returns to acquiring firms tell us? Evidence from firms that make many acquisitions", *Journal of Finance*, Vol. 57, 2002, pp. 1763 – 1794.

14. Gomes – Casseres, B. , Hagedoorn, J. and Jaffe, A. B. , "Do alliances promote knowledge flows?", *Journal of Financial Economics*, Vol. 80, 2006, pp. 5 – 33.

15. Greenwood, R. , Hinings, C. R. and Brown, J. , "Merging professional service firms", *Organization Science*, Vol. 5, 1994, pp. 239 – 257.

16. Hayward, M. L. A. and Hambrick, D. C. , "Explaining the premiums paid for large acquisitions: Evidence of CEO hubris", *Administrative Science Quarterly*, Vol. 42, 1997, pp. 103 – 127.

17. Hitt, M. , Harrison, J. , Ireland, D. R. and Best, A. , "Attributes of successful and unsuccessful acquisitions of US firms", *British Journal of Management*, No. 9, 1998, pp. 91 – 114.

18. Houston, J. F. and Ryngaert, M. D. , "The overall gains from large bank mergers", *Journal of Banking and Finance*, No. 18, 1994, pp. 1155 – 1176.

19. Houston, J. F. , James, C. M. and Ryngaert, M. D. , "Where do merger gains come from? Bank mergers from the perspective of insiders and outsiders", *Journal of Financial Economics*, Vol. 60, 2001, pp. 285 – 331.

20. Jaffe, A. , Henderson, R. and Trajtenberg, M. , "Geographic localization of knowledge spillovers as evidenced by patent citations", *Quarterly Journal of Economics*, Vol. 108, 1993, pp. 577 – 598.

21. Kiefer, T. , "Feeling bad: Antecedents and consequences of negative emotions in ongoing

change", *Journal of Organizational Behavior*, Vol. 26, 2005, pp. 875 – 897.

22. Larsson, R. and Finkelstein, S., "Integrating strategic, organizational, and human resource perspectives on mergers and acquisitions: A case survey of synergy realization", *Organization Science*, No. 10, 1999, pp. 1 – 26.

23. Leland, H. E., "Financial synergies and the optimal scope of the firm: Implications for mergers, spinoffs, and structured finance", *Journal of Finance*, Vol. 62, 2007, pp. 765 – 807.

24. Lord, M. D. and Ranft, A. L., "Acquiring new knowledge: The role of retaining human capital in acquisitions of high – tech firms", *Journal of High Technology Management Research*, No. 11, 2000, pp. 295 – 319.

25. MacKinlay, A. C., "Event studies in economics and finance", *Journal of Economic Literature*, Vol. 35, 1997, pp. 13 – 39.

26. Malmendier, U. and Tate, G., "Who makes acquisitions? CEO overconfidence and the market's reaction", *Journal of Financial Economics*, Vol. 89, 2008, pp. 20 – 43.

27. Moeller, S. B., Schlingemann, F. P., and Stulz, R. M., "Firm size and the gains from acquisitions", *Journal of Financial Economics*, Vol. 73, 2004, pp. 201 – 228.

28. Moeller, S. B., Schlingemann, F. P. and Stulz, R. M., "Wealth destruction on a massive scale? A study of acquiring – firm returns in the recent merger wave", *Journal of Finance* 60, 2005, pp. 757 – 782.

29. Montgomery, C. A. and Singh, H., "Corporate acquisition strategies and economic performance", *Strategic Management Journal*, No. 8, 1987, pp. 377 – 386.

30. Morck, R., Shleifer, A. and Vishny, R. W., "Do managerial objectives drive bad acquisitions?", *Journal of Finance*, Vol. 45, 1990, pp. 31 – 48.

31. Pablo, A. L., "Determinants of acquisition integration level: A decision – making perspective", *Academy of Management Journal*, Vol. 37, 1994, pp. 803 – 836.

32. Peteraf, M. A., "The cornerstone of competitive advantage: A resource – based view", *Strategic Management Journal*, No. 14, 1993, pp. 179 – 191.

33. Roll, R., "The hubris hypothesis of corporate takeovers", *Journal of Business*, Vol. 59, 1986, pp. 197 – 216.

34. Shrivastava, P., "Postmerger integration", *Journal of Business Strategy*, No. 7, 1986, pp. 65 – 76.

35. Travlos, N. G., "Corporate takeover bids, method of payment, and bidding firm's stock returns", *Journal of Finance*, Vol. 52, 1987, pp. 943 – 963.

36. U. S. Department of Labor (www.bls.gov and www.dol.gov).

37. White, H., "A heteroskedasticity – consistent covariance matrix estimator and a direct test for heteroskedasticity", *Econometrica*, Vol. 48, 1980, pp. 817 – 838.

## 附录：人力资本市场价值的分类
## ——根据 Fama 和 French 的五大行业分类法

人力资本的市场价值使用收购公司的市值与账面价值之差除以员工数量的比值来代替。表中按照中位数从最高到最低排列。

**Panel A：各行业的人力资本的市场价值比率的中位数**

| 行业 | 每个员工的人力资本市场价值 | 样本容量（N） |
| --- | --- | --- |
| 医疗 | 742.10 | 295 |
| 高科技 | 348.15 | 823 |
| 其他 | 267.61 | 804 |
| 制造 | 172.40 | 398 |
| 消费 | 118.69 | 279 |

**Panel B：各行业的人力资本的市场价值比率的平均值**

| 行业 | 每个员工的人力资本市场价值 | 样本容量（N） |
| --- | --- | --- |
| 高科技 | 1824.42 | 823 |
| 医疗 | 1149.85 | 295 |
| 其他 | 884.89 | 804 |
| 消费 | 816.91 | 279 |
| 制造 | 514.63 | 398 |

# 第七章　中国A股市场公司股权结构与股价同步性研究

## 一　导　言

股权结构是影响公司治理的关键因素之一，不同股权结构决定了不同的企业组织结构，从而决定了不同的企业治理结构，进而决定了企业的行为和绩效（Shleifer and Vishny, 1997; La Porta, Lopez－de－Silanes and Sheleifer, 2000）。股权结构可以理解为股东之间的利益关系和股东对公司控制关系。股东之间的利益关系常指公司剩余价值在不同股东之间的分配关系，依据股东持有的股份占公司总股份的比重分配，又称之为股东的现金流权。通常，股权并不是均衡分布在各个股东之间，当股权高度集中在少数股东手中，这些股东对公司拥有绝对控制权并对公司经营管理产生影响，进一步可以对公司分配方案和经营决策产生影响，而各个小股东因为股权比重较低，并不能在实质上影响公司经营决策，也就是说，不同的股东对公司控制权并非总是和其现金流权相匹配。现金流权和控制权的分离不可避免地会产生代理问题，进而可能对投资者行为产生影响。本章就是从股权结构的两权分离入手，研究中国股票市场的同步性现象是否与代理问题所导致的投资者行为存在关系。

股价同步性通常表现为股票市场的同涨同跌现象。资产定价模型认为股价是由系统性风险和个股特有风险决定的。个股风险是指不能被投资组合分散化的风险反映了公司自身的风险，在股价中相应地体现为投资者要求风险溢酬来补偿其承担的风险。投资者对风险的理解和投资决策受到市场信息可获得性以及投资者所受到的市场保护程度的影响。Morck、Yeung 和 Yu（2000，以下简称 MYY）对股价同步性（Synchronicity）的研究表明，由于新兴市场对于产权和投资者利益保护程度较低，公司内部与外部投资者之间的信息不对称程度增加，投资者基于公司特质信息的交易减少，股价中更多反映了市场层面的信息，使得包括中国在内的新兴市场的股价同步性处在较高水平。Jin 和 Myers（2006）在 MYY 基础上的研究表明，公司透明度是造成市场间股价同步性差异的重要原因。另外，他们的研究关注，中国上市公司普遍具有的股权高度集中的股权结构特征，结果表明，由于集中的股权结构同时具有"堑壕效应"（Entrenchment effect）和"利益趋同效应"（Incentive alignment effect），公司股价同步性随着股权集中度的上升先提高后降低。袁知柱、鞠晓峰（2009）的研究考察了股权结构中股权制衡对于同步性的影响，结果表明当多个大股东同时存在的情况下，股权制衡可以有效限制大股东对公司的资产掏空行为。而中国上市公司的股权制衡度普遍较低，在这种情况下，大股东可以通过减少信息披露以隐藏自身的掏空行为，造成公司信息透明度降低。

中国上市公司与很多东亚国家相似，股权结构特征除了股权高度集中、股权制衡度低特征以外，还包括金字塔持股结构下的两权分离。实际控制人可以通过金字塔结构，交叉持股等以实现现金流权和控制权分离来侵占公司价值（La Porta et al.，1999；Claesens et al.，2002）。由于两权分离降低了侵占成本，因此激励了实际控制人的侵占行为。在两权分离度较高的情况下，实际控制人倾向于通过关联交易等方式对公司实施掏空（Tunneling）行为，侵占公司及中小股东的利益。而这些行为往往具有非公开性特征，实际控制人会有意识提供虚假信息或隐匿一些公司重要信息以掩盖其侵占行为，从而降低了公司的信息透明度（La Porta，2002；王鹏、周黎安，2006；刘星，2010），从而增加了公司与外部投资者之间的信息不对称程度。投资者在进行投资决策时可供参考的公司特质信息数量较少，而不得不更多地依赖市场或行业层面信息作为参考。因此股价中将包含较少的公司特质信息，从而表现出较高的同步性。Shleifer 和 Vishny（1997）通过对不同国家公司的研究发现，公司股权结构并不是普遍分散的，而是相对集中。La Porta（1999）通过对西方 27 个发达国家公司各层控股链的追溯，找到公司的终极控股股东他发现，终极控股股东控制权与企业的现金流权发生分离，而这两权的背离，会使公司的终极控股股东有强烈的动机与能力从自身的利益出发，侵占中小股东利益和影响企业整体价值。

我国国有企业的股权结构从历史发展角度看大概经历了几个阶段：在改革开放初期，为了维护公有制这一基本经济制度，基本上都是国家完全控股，国家或地方政府是企业的唯一股东，它们在我国经济格局中有着举足轻重的作用。随着经济的发展与经济体制改革的不断推进，为了激活国有企业的活力，我国政府学习西方先进管理模式，通过管理层收购、引进战略投资者、股权分置改革等措施，不断推进企业的股份制改革。经过几十年的改革与发展，企业中国家控股的比例有所下降。但和美国、英国等国家相比，目前我国国有企业的股权集中度仍然比较高，根据 Gul、Kim 和 Qiu 等（2010）的研究，我国上市公司的流通股中，有 42.8% 被公司的最大股东持有，而这些最大股东中，又有 66.5% 与政府有关，外国投资者仅仅占流通股权的 3.8%，这间接反映出了我国政府对上市公司有着巨大的影响。同时企业金字塔持股、交叉持股等股权结构明显，这些特征与美国、英国等国有企业股权被大量民众分散持有形成鲜明对比。同时笔者也观察到，和美国、英国等西方国家相比，我国股票市场中个股同涨同跌现象比较显著，Morck、Yeung 和 Yu（2000）以 40 个国家为样本发现我国股价同涨同跌程度位居世界第 2 位，Jin 和 Myers（2006）以 30 个国家为研究对象发现我国股价同涨同跌程度位居世界第 1 位。

研究股价同步性的大量文献集中在国家层面上的比较，比如一国资本市场的发达程度和对投资者保护的法律环境等，对公司层面研究比较少。其中，从股权结构，尤其是两权分离的角度研究股价同步性的论述尤为缺乏。本章将考察中国上市公司的股权结构特征对股价同步性的影响。以我国 2003—2012 年所有 A 股上市公司为样本，将股价同步性作为信息有效性的衡量，对股权结构与股价的信息质量之间的关系进行了实证研究。研究发现两权分离度和股权制衡度指标与股价同步性呈正相关关系，上市公司信息披露的质量和股价同步性呈现负相关关系。我国上市公司股权集中度高，股权制衡度低和两权分离度高的特征影响公司透明度，从而影响股价中的信息含量，最终影响股票市场效率。针对不同的公司股权特征，我国证券市场监管有待进一步完善。

本章以我国 2003—2012 年 A 股上市公司为样本，主要研究上市公司两权分离的资本结构与公司股价同步性之间的内在关系。

经过实证研究发现，我国上市公司两权分离度与公司股价同步性存在显著正相关关系。我国的很多上市公司股权结构中存在交叉持股、金字塔结构等，这类股权结构会引起公司终极控股股东控制权与现金流权的不一致，而这种两权的背离又在客观上引起了公司大股东与中小股东的利益冲突。一方面公司的终极控股股东有动机去掩盖自己对公司利益的侵犯行为，公司的终极控股股东影响了公司传向资本市场的公司特质信息，影响资本市场中反映出的公司信息的质量与效率。同时，资本市场中公司外部投资者在缺乏有效保护的情况下，为了获取更多的公司层面的信息，需要付出更高的成本去克服公司控股股东对公司信息的影响，对资本市场中的知情交易造成了负面的影响，从而使上市公司股价中包含较少的公司特质信息。另一方面，在公司控股股东有意通过影响公司财报等公司信息发布渠道去隐瞒自身侵权行为情况下，股票市场中的广大投资者与公司终极控股股东对公司的信息掌握程度会不一致，这时出现了公司信息不对称。在如今我国资本市场中上市公司普遍两权分离的实际情况下，显然，市场中的广大投资者会意识到这种关于公司信息的不对称现象。在此情况下，投资者就会倾向于采取与市场整体表现一致的行为（跟随市场表现），即在投资时更多地依赖市场信息和行业信息，最终形成羊群效应。这种广大投资者更多地采取市场信息和行业信息的行为，就会造成上市公司股价中包含更多的市场和行业方面的信息，从而公司层面的特质信息被吸收得就比较少。

综上所述，我国上市公司股权结构普遍存在的控制权与现金流权分离现象，以及其背后包含的侵权行为、信息不对称等，极有可能是导致股票市场个股同涨同跌现象的一个重要原因。本章正是从此着手，通过研究近十年来我国股票市场个股同涨同跌现象与公司控制权、现金流权分离程度的关系，从公司资本结构角度对我国股市的同涨同跌现象给出一个合理解释，从而为我国未来公司治理结构的改善与股市的发展提供建议。

## 二 相关概念的界定

### (一) 控股股东

根据 La Porta (1999) 的阐述，公司控股股东是指在公司中的控制权达到一定比例，能够控制公司董事会决议，最终掌握公司生产经营的股东。控股股东有狭义与广义两种定义，狭义的控股股东是指公司股权的直接控制人,即公司的第一大股东。而在实际中,公司股东也可以通过交叉持股、金字塔股权结构等股权安排,最终以较少的现金流权取得公司的实际控制权,此为公司的间接控股股东,也即广义的控股股东。

目前,我国上市公司中交叉持股与金字塔股权结构比较普遍,因此本章将采用广义控股股东概念,即终极控股股东,是指在企业的层层股权结构中处于最顶端、具有绝对控制权、在很大程度上能够影响公司经营决策与财务决策的股东。

(二) 控制权和现金流权

伯利和米恩斯在 *The Modern Corporation and Private Property* 一书中,将控制权定义为"控制权来源于与所有权的分离,它是公司制度的特殊产物,是通过施加压力或者运用法定权利,实际上能够有权选举大部分董事会成员的权利。"通过伯利和米恩斯的定义我们可以知道,控制权是公司控股股东控制公司生产经营的一种能力。

本章中的控制权,又称表决权,它与所有权相对,是指排他性使用企业资源,决定企业经营方针和投资计划的权利。现金流权,是指公司股东按持股比例享有对公司收益的分享权。而这种收益权主要指的是公司的现金流,既包括公司现在的现金流,也包括未来的现金流,是股东所有权的直接体现。

两权分离是指上市公司的终极控股股东通过交叉持股、金字塔股权结构等方式层层控制目标公司的股权,最终以较少的现金流权取得公司的实际控制权,我们把这种现象称之为两权分离。研究发现,两权分离主要通过以下方式实现:

(1) 交叉持股。指不同企业间相互持股,从而形成的一种企业间的股权安排形式。这种股权安排使企业的股权不是集中于单一控制者,而是在企业集团成员内部进行股权的分配,最终实现核心控股股东的控制权大于其现金流权。如果集团控制链中的一家企业拥有其他控股股东的股份或控制链中其他企业的股权,那么这家企业就属于交叉持股这种股权安排。

(2) 金字塔股权结构。是一种纵向多层次的企业股权安排结构,类似于层层的金字塔。终极控股股东位于金字塔的最顶端,他控制第一层级的公司,该层级公司再控制下一层级的公司,这样通过一层层对中间层级的公司的控制最终达到对末端目标公司的控制。在这种股权结构下,终极控股股东就以较小的现金流权实现对目标公司的控制权。根据研究,我国资本市场中的上市公司大部分终极控股股东都是通过这种股权形式实现对上市公司的控制。金字塔股权结构拥有较大的权益杠杆效应，终极控股股东通过这种股权安排，可以实现以少控多和两权分离目的。一方面，终极控股股东拥有对金字塔最底端公司的绝对控制权；另一方面，终极控股股东在两权分离的情况下，可以通过关联交易、非有效投资、修改公司财报等方式侵占中小股东的利益。

（3）双重股权结构。是指公司发行的股票拥有不同的投票权，这就导致了公司股票的投票权与股权分离的情况。在实际中，双重股票在欧洲比较常见，在世界上其他很多国家则是不被允许发行的。即使允许发行双重股票，仍会限制股票的投票权。而允许发行的公司则会发行两种股票，一种股票没有投票权或者拥有很小的投票权，而另外一种股票的投票权则会很大。在我国公司最常见的做法就是发行普通股和优先股两种股票。公司发行的优先股越多，终极控股股东的实际控制权也就越多。

（三）股价同涨同跌现象

股价同涨同跌现象，即股价的同步性，是指单个公司与整体市场价格波动的同步性。前人研究认为，股价的同步性可以用来衡量各股股价的信息含量。在本章中，公司股价的同步性用来反映公司股价中包含的市场层面、行业层面、公司层面信息的多少。

## 三　文献综述

（一）公司资本结构：控制权、现金流权和两权分离

1932 年，Berle 和 Means 通过对美国公司的研究，提出公司股权被广大投资者持有，股权结构普遍分散，他们同时探讨了公司股东与管理层之间的委托—代理问题。在以后几十年中，这一观点得到了国内外学者的普遍认可，委托—代理问题的讨论也主要集中在这一领域。在 1997 年，Shleifer 和 Vishny 通过对不同国家公司研究发现，整体看，不同国家公司股权结构并不是普遍分散而是相对集中的。La Porta（1999）首次研究公司终极控制权，通过对西方 27 个发达国家公司各层控股链的追溯，找到公司的终极控股股东，从而发现终极控制权与现金流权分离的现象，而这两权的分离会使终极控股股东倾向于做出只有利于自身的决定。Claessens、Stijn、Djankov 和 Lang（2000）通过对亚洲九国的研究发现，这些国家的很多上市公司被终极股东通过金字塔股权结构、交叉持股和一股多票等方式间接控制，在此公司股权结构下，公司治理的主要矛盾表现为终极控股股东与其他股东的利益分歧。Faccio 和 Lang（2002）对西欧等国家的实证研究也证实了公司股权结构相对集中的观点。因此公司治理的一个重要研究方向是大股东与中小股东的利益分歧，如何保护中小股东利益成为完善公司治理的主要目的之一。

两权分离的股权结构导致公司终极控股股东与其他股东的利益冲突。Claessens、Stijn、Djankov、Fan 和 Lang（1999）对东亚 2658 个公司研究发现，随着公司最大股东现金流权的增加，公司价值也会上升；同时随着公司最大股东控制权的增加，公司价值会下降，这种现象在公司最大股东控制权比较大而现金流权比较小的时候更加明显。Claessens、Djankov、Fan 和 Lang（2002）通过对 1996 年亚洲八个国家 1301 家上市公司研究发现，随着公司最大股东现金流权的增加，公司的价值会上升，显示为正激励效应的结果；当公司最大股东两权分离度增大时，侵占效应又会显现，从而降低公司价值，表现为两权分离度与公司 M/B 显著负相关。Fan 和 Wong（2002）以亚洲七个国家上市公司为样本，通过对它们股权结构的研究发现，这些国家上市公司股权结构中普遍存在两权分离的现象。这种现象会使公司最终控股股东有意地隐瞒公司的相关信息披露（公司公告、年报等），从而达到侵吞中小股东的目的，损害了公司的整体利益。这种行为造成了公司最终控股股东与外部投资者关于公司层面信息的不对称，从而使得两权分离度越高的公司，公司财务状况与公司股价表现相关性越低。Gul、Kim 和 Qiu（2010）通过对 1996—2003 年我国股市上市公司研究表明，我国上市公司的股权集中度对公司股票的表现有显著的影响。随着公司股权集中度的增加，公司终极控股股东与中小股东的利益不断背离，这时终极控股股东为了满足自身价值最大化会去侵占中小股东的利益；而当股权集中度超过一定临界值时，公司终极控股股东又会与小股东的利益趋向一致。这种现象具体表现为公司股价的同涨同跌现象经历了先上升后下降的表现。同时文章中还指出，上市公司最大股东为政府背景与股价同涨同跌现象有显著的正向关系。王鹏、周黎安（2006）研究了公司终极控股股东控制权与现金流权对公司绩效影响及终极控股股东股权结构与公司资金占用关系。最终控制人对公司的控制具有隐秘性和复杂性，在股权集中度比较高的情况下，上市公司终极控股股东的控制权往往超过其现金流权，从而形成两权分离。两权分离致使股权结构更加复杂，为控股股东关联交易、掏空上市公司和利润转移等行为提供了便利。邹平、付莹（2007）研究发现我国上市公司终极控股股东的控制权较高，控制权与现金流权存在分离的现象。企业价值与终极控股股东的现金流权呈正相关关系，与控制权显著负相关，两权分离度与企业价值也显著负相关。杨淑娥、苏坤（2009）通过对我国民营企业的研究发现，我国民营上市公司最终控制人的控制权与现金流权分离程度整体大大高于西欧和其他东亚国家。最终控制人的现金流权与公司绩效呈正相关关系，最终控制人控制权与现金流权的分离对公司绩效具有显著的负面影响，分离度越大，公司绩效越差。俞红海、徐龙炳、陈百助（2010）研究发现，高股权集中度、控股股东的存在往往伴随公司的过度投资行为，控股股东控制权与现金流权分离使这一行为更加明显与严重；现金流权的提高与公司治理机制的改善，则可以显著降低公司的过度投资行为。

### （二）股价同涨同跌

King（1966）指出，上市公司的股票回报与市场、行业的股票回报同向波动，与公司表现受宏观经济影响一致。在此基础上，Ball 和 Brown（1967）通过研究发现，公司每年盈利的变动可以被整个宏观与行业层面盈利信息解释。Roll（1988）发现，单个公司股票的回报与市场、行业的回报是弱相关关系。Roll 指出，这种弱相关关系是公司层面更多信息进入股票的结果。特别是，当其他条件一样时，市场、行业层面股票回报的变动对单个公司股票回报的波动的解释力随着更多单个公司层面信息进入股票程度的加深而不断减弱。此后众多学者的研究支持了 Roll 的股价同步性是股价包含市场层面、行业层面、公司层面信息多寡的这一观点。同时广大学者的研究发现，与发达国家相比，新兴市场中股票价格的同步性更高，并进一步探讨了形成这一现象的原因。Morck、Yeung 和 Yu（2000）通过对样本中新兴市场国家与发达国家股市的对比发现，新兴市场国家股市比发达国家有更显著的同涨同跌现象，而且这一现象与新兴市场国家的低人均 GDP 有显著关系。文章作者通过在回归方程中加入关于国家宏观经济层面、国家产权保护程度等几组新的变量发现，产生这一现象的原因在于新兴市场中产权的保护程度较低，使得公司层面特质信息的获取成本提高，对套利者的用处降低，降低了新兴市场中套利者的活动程度，从而使得公司股票价格更多地反映了市场和行业信息，而不是公司的特质信息。这其实也就从信息效率的角度对股市同涨同跌现象进行了合理的解释，即公司层面信息的不透明导致公司股票价格中包含其信息含量变少，股价同涨同跌程度加重，股价同步性反映股票市场的公司层面的信息效率低下的现象。Durnev、Li、Morck 和 Yeung（2004）通过对 1990—2000 年 56 个国家的研究表明，健全的产权制度、强大的投资者保护规则及透明的股票市场有助于信息的有效传递，提高资本配置效率，进而促进经济增长，而这对转型经济体尤为重要。Durnev、Morck 和 Yeung 进一步研究发现，与股市同步性较低的行业资金相对集中在价值更高的领域，即资本配置效率较高，文中解释这是因为股价中的关于公司层面的信息有助于提高投资效率。另外，Wurgler（2000）通过对 65 个国家资本配置效率、DeFond 和 Hung（2004）对投资者保护和 CEO 变更关系的研究均支持 Morck、Yeung 和 Yu（2000）的市场公司信息传递效率这一成果。Piotroski 和 Roulstone（2004）通过对 1984—2000 年美国股票市场的研究指出，机构投资者与内部交易者对上市公司的研究分析更多是基于公司层面信息，从而使公司股价中包含公司层面的信息上升，进而显著降低公司股价的同涨同跌程度。同时，证券分析师的研究更多是基于整个市场与行业，从而使公司股价中包含了更多市场和行业层面的信息，这显著地提高了公司股价的同涨同跌程度。Chan 和 Hameed（2006）通过对新兴市场的研究，验证了资本市场上证券分析师的研究更多是基于市场和行业层面的信息，从而显著提高公司股价同涨同跌程度的结论。Jin 和 Myers（2006）通过理论与实证指出，由于公司所有者与广大投资者对公司层面信息的不对称，从而造成外部投资者更多地依靠市场平均收益率对公司进行预期，从而公司信息不透明度越高，股价反映的公司层面的信息就越少，股票市场上股价的同涨同跌现象就越严重。他们通过五个描述信息不透明度指标，研究了 1900—2001 年 30 个国家股票市场的表现，发现信息不透明与公司股价的同涨同跌程度存在显著的正相关关系。Kim 和 Shi（2008）研究发现，采用国际会计准则的国家公司能显著地降低外部投资者与公司股东之间关于公司层面信息的不对称程度，而信息不对称程度的下降又能显著地降低公司股票的同涨同跌程度。

近些年一些国内学者也开始关注我国股票市场中个股股价较高的同涨同跌现象。祁斌（2006），王咏梅、王亚平（2011）研究发现，机构投资者拥有较强研究能力与专业投资能力,从而在市场上客观降低了公司信息的不对称程度,机构投资者持股比例比较高的股票,其股价波动性相对较小,机构投资者对降低我国股票市场上整体波动性具有明显的推动作用。游家兴、张俊生、江伟(2006)通过对我国证券市场研究发现,伴随制度建设的逐步推进,股价同步性趋向减弱,股票价格反映出的公司特质信息越来越丰富;同时也发现我国投资者法律保护措施的加强有效抑制了股价波动的同步性。

通过对以上相关文献可以看出以下特点:

第一,终极控制权与现金流权存在背离现象,而这种两权背离是公司终极控股股东通过交叉持股,金字塔股权结构等股权安排实现的,进而产生了公司治理大股东与中小股东利益冲突。

第二,国内外学者对公司大股东与中小股东利益冲突的研究,主要集中在大股东通过转移公司资产、非有效投资、篡改公司财报等方式侵害中小股东权益,从而对公司终极控制权与终极控制权下公司治理与公司行为之间的相互关系进行了探讨。

第三,学者对公司股价同涨同跌现象的研究主要集中在股价反映的信息方面,即市场信息、行业信息和公司信息分别对公司股价波动的影响。学术界对这背后的原因也进行了一定的研究,如国家层面的产权保护措施、市场中对中小投资者的保护力度、透明的市场规则、严格的市场监管等,这些因素都可以通过影响信息的传递,从而影响到公司股价同涨同跌的程度。

## 四 两权分离对股价同涨同跌的影响

本部分将从委托—代理理论、控制权理论、信息不对称、股价同步性等角度出发,分析两权分离对股价同涨同跌现象的影响,为后续实证分析奠定理论基础。

### (一) 委托—代理与公司治理理论

委托—代理,是指委托人从利益最大化角度出发,委托—代理人从事某些活动,并授予代理人特定权力。公司的委托—代理关系是建立在企业各种契约关系基础之上的。公司的契约关系主要包括公司股东和管理层、公司大股东和中小股东、公司股权人和债权人、公司与顾客等。当公司委托人与代理人最终目标不一致时，委托—代理冲突就会出现，从而产生委托—代理问题。委托—代理问题产生的主要原因是委托人与代理人之间关于公司信息的不对称，当公司的委托人不能有效监督代理人行为，而代理人拥有较大自主权时，代理人就有强烈动机去实现自身利益的最大化。根据目前学术界研究和生活中的实际情况，公司主要存在三类委托—代理冲突。第一类是公司股东与管理层之间的委托—代理冲突，第二类是公司的终极控股股东和中小股东之间的委托—代理冲突，第三类是公司股东与债权人的委托—代理冲突。公司治理实质上就是探讨公司中各种委托—代理关系以及解决这些问题的机制和制度安排。根据前文可以知道，目前大部分发展中国家公司股权结构都是高度集中的，并且公司主要由终极控股股东控制。这样的股权结构有利于公司大股东加强对管理层的监督，从而在客观上减少第一种委托—代理问题——公司股东与管理层的冲突，改善了公司内部的治理结构。但是，公司的大股东承担了大部分的监管成本，而公司取得的收益却要和中小股东一起分享，这就激化了公司委托—代理中的第二类问题。这时，公司的大股东会通过侵占中小股东的利益去实现自身的利益。同时，大部分公司中存在的交叉持股、金字塔股权安排等股权结构，可以使公司的终极控股股东以较少的现金流权获取较多的控制权，导致终极控股股东通过转移资产、非效率投资、修改公司财报等方式来攫取私利，损害中小股东的利益。

(二) 控制权理论

根据伯利和米恩斯（1932）在 *The Modern Corporation and Private Property* 一书中的说法，控制权就是通过法定权利或施加影响，有权利任免大部分公司董事会成员，从而影响公司经营方针的权利。根据产权理论，公司契约明确规定了的权利被称为特定控制权，而其余并没有在契约中明确写明的权利被称为剩余控制权。在实际中，由于资本市场和公司治理的不完善，公司的契约也是不完善的，因此，总有一些权益没法在契约中明确约定，而这部分被公司终极控股股东所掌握的，就是终极控股股东的剩余控制权。

公司的控制权能够带来控制权收益。根据 Grossman 和 Hart（1988），将控制权收益分为共同收益和私有收益两个部分。其中，共同收益是指公司大股东和中小股东能够共同分享的收益，这部分收益来自公司经营效率的提高与公司整体价值的提升。公司的大股东通过改善公司的经营管理，提高了公司的业绩，提升公司的整体价值。而私有收益是公司大股东可以享有而中小股东没法分享的那部分收益。公司大股东利用手中的控制权，通过转移资产、非效率投资等手段侵占公司利益，损害了中小股东的利益，降低了公司的整体价值。目前，学术界普遍认为，公司终极控股股东通过获取控制权私有收益来满足自身利益。Baraclay 和 Holderness（1989）研究认为，在公司缺乏有效监管的情况下，终极控股股东与中小股东之间存在着利益冲突，终极控股股东会通过多种手段获取控制权私有收益，间接损害中小股东的利益。Dyck 和 Zingales（2004）研究发现，由于公司终极控股股东和中小股东存在严重的委托代理问题，公司各个股东实际上并不能按照他们拥有的公司股份比例分享公司的收益，而是常常被公司的终极控股股东排他性享有。Claessens、Djankov、Fan 和 Lang（2002）文章则指出，公司终极控股股东通过获取控制权私有收益来满足自身利益，严重损害了公司其他股东的利益，也降低了公司的价值。

（三）信息不对称理论

信息不对称理论是指在经济活动中，交易者对相关信息的掌握有不同，信息资源较多的交易者，往往处于比较有利的地位，而缺乏信息的，则处于比较不利的地位，从而使得利益向着信息拥有者一方倾斜，从而产生不公平。由于市场不完善，投资者并不都是理性的，在此情况下，信息存在成本就导致不透明信息的存在，从而造成公司控股股东与中小股东之间的信息不对称现象。

国内外学者研究表明，市场中信息不对称的存在往往会引起逆向选择和道德风险等问题。一方面，公司终极控股股东由于掌握公司控制权，可以参与、决定公司的经营管理，这时终极控股股东有强烈动机和能力利用手中的经营决策权做出只有利于自身的行为。另一方面，虽然终极控股股东可以通过对管理层的有效监管降低公司股东与管理层之间的信息不对称，保证所有股东的权益，但是，终极控股股东也控制了公司股东大会表决权、监事会的监督权等相关权利，因此当终极控股股东通过修改公司财务报表、隐瞒公司真实信息等途径侵害其他股东利益时，其他股东却缺乏有效监管。

（四）终极控制权，现金流权的分离与公司股价同涨同跌现象

当公司终极控股股东的控制权与现金流权一致时，终极控股股东的利

益就与公司整体利益完全一致。在这种情况下，公司终极控股股东与中小股东利益也完全一致。

当公司股权结构安排中存在交叉持股、金字塔股权结构、双重股权等形式下，终极控股股东的控制权与现金流权就会发生分离，此时公司的终极控股股东就可以以较小的成本去实现较大的收益，由此导致了公司终极控股股东与中小股东的利益冲突，这就会使得终极控股股东有强烈的动机和能力做出有利于自己而不利于中小股东和整个公司价值的事情，比如通过转移公司资产、非效率投资等方式。同时，公司终极控股股东肯定会对中小股东隐瞒自己的这种侵犯行为。比如他们可以通过限制相关公司信息的流出、封锁对自己不利的信息等各种方式去掩盖自己的不利行为。在这些情况下，公司的终极控股股东就通过控制权影响了公司传向资本市场的特质信息，影响资本市场中反映出的公司信息的质量与效率。同时，资本市场中公司外部投资者在缺乏有效保护的情况下，为了获取更多的公司层面的信息，就会需要付出更高的成本去克服公司控股股东对公司信息的影响。在高成本获得公司信息的情况下，会对资本市场中的知情交易造成负面的影响，从而使上市公司股价中包含较少的公司特质信息。另外，在公司控股股东有意通过影响公司财报等公司信息发布渠道隐瞒自身侵权行为情况下，股票市场中的广大投资者与公司终极控股股东对公司的信息掌握程度就会不一致，这时就出现了公司信息不对称。如今我国资本市场中上市公司普遍两权分离的实际情况下，显然，市场中的广大投资者会意识到这种关于公司信息的不对称现象。在公司层面信息不对称的情况下，市场中的广大投资者就会倾向于采取与市场整体表现一致的行为（跟随市场表现），即在投资时更多依赖市场信息和行业信息，最终形成羊群效应。这种广大投资者更多采取市场和行业信息的行为，就会造成上市公司股价中包含更多的市场和行业方面的信息，从而公司层面的特质信息吸收得就比较少，最终导致资本市场中上市公司个股的高同涨同跌现象。

通过对委托—代理理论、控制权理论、信息不对称理论等理论的分析，当公司存在交叉持股、金字塔股权结构等股权安排时，上市公司的终极控股股东有能力与动机去侵害中小股东的利益，这在客观上影响了公司特质信息进入资本市场的效率。市场中公司层面信息的缺乏、市场层面和行业层面信息的增多，进而导致了公司股价高同涨同跌现象。

## 五 中国上市公司股权结构与股价特征

经过几十年的发展，我国上市公司的数量与质量都有显著提高，但与西方发达国家相比，我国上市公司控制权高度集中、两权分离、股价高同步性等现象十分明显。

### (一) 股权集中度

中外学者研究表明，虽然我国国有企业进行了股份制改革，上市公司的股权集中度有所下降，但由于长期以来我国相关法律制度不完善，上市公司的资本结构与公司治理也存在着种种问题，因此我国上市公司的股权集中度仍普遍较高，终极控股股东普遍存在，其他中小股东对终极控股股东的制衡与监督能力不足。本章对 2003—2012 年沪深两市的上市公司的股权集中度进行了整体统计分析（见表 7-1）。其中，CR1 表示公司第一大股东的持股比例，CR10 表示公司前十大股东的持股比例之和，Z 是公司第一大股东和第二大股东持股比例的比值，H5 是公司前五大股东持股比例的平方和，H10 是公司前十大股东持股比例的平方和。

通过分析可以发现，首先，我国上市公司第一大股东的持股比例均值都在 34% 以上，这说明了我国上市公司大股东持股比例较高的现象仍比较明显。而且前十大股东的持股比例均值都在 50% 以上，说明公司股权集中度比较高。其次，上市公司第一大股东与第二大股东持股比值均值每年都在 10 倍以上，说明公司第一大股东的持股份额远远高于第二大股东，在这种情况下，公司第一大股东牢牢地掌握着对公司的控制权，而持股份额较低的其他股东难以形成对公司控股股东的有效制约与监督。最后，随着时间推移，我国上市公司大股东的持股份额呈逐年下降趋势，说明随着 2005 年股权分置改革和我国资本市场的不断建设和完善，上市公司一股独大的局面呈不断缓和趋势。

同时，对 2003—2012 年上市公司最终控制人的性质及其控股情况进行了研究（见表 7-2）。其中，国家控股终极控制人包括国有股和国有法人股，非国家控股终极控制人包括境内外法人股、境内外自然人股以及其他。统计信息表明，随着国有企业改革的推进特别是 2005 年开始的股权分置改革，我国上市公司中终极控股股东中国家的比例在不断下降，具体

表 7-1  2003—2012 年我国上市公司股权结构

| 年份 | 指标 | $CR_1$（%） | $CR_{10}$（%） | Z | H5 | H10 |
|---|---|---|---|---|---|---|
| 2003 | 均值 | 42.66 | 61.20 | 42.93 | 0.23 | 0.23 |
| | 中位数 | 41.54 | 62.84 | 5.59 | 0.20 | 0.20 |
| 2004 | 均值 | 41.90 | 61.78 | 38.35 | 0.23 | 0.23 |
| | 中位数 | 39.94 | 63.27 | 4.76 | 0.19 | 0.19 |
| 2005 | 均值 | 40.46 | 60.55 | 31.21 | 0.21 | 0.21 |
| | 中位数 | 37.91 | 62.10 | 4.66 | 0.18 | 0.18 |
| 2006 | 均值 | 36.55 | 56.80 | 19.14 | 0.18 | 0.18 |
| | 中位数 | 34.06 | 57.51 | 4.57 | 0.14 | 0.15 |
| 2007 | 均值 | 36.19 | 56.25 | 17.73 | 0.17 | 0.17 |
| | 中位数 | 34.37 | 56.39 | 4.64 | 0.14 | 0.14 |
| 2008 | 均值 | 36.37 | 55.81 | 17.54 | 0.17 | 0.17 |
| | 中位数 | 34.67 | 55.90 | 4.74 | 0.15 | 0.15 |
| 2009 | 均值 | 37.11 | 55.25 | 17.48 | 0.18 | 0.18 |
| | 中位数 | 35.72 | 55.76 | 6.13 | 0.15 | 0.15 |
| 2010 | 均值 | 36.67 | 54.48 | 17.94 | 0.17 | 0.17 |
| | 中位数 | 34.74 | 54.76 | 6.25 | 0.14 | 0.14 |
| 2011 | 均值 | 36.60 | 53.86 | 17.98 | 0.17 | 0.17 |
| | 中位数 | 34.57 | 54.66 | 6.34 | 0.14 | 0.14 |
| 2012 | 均值 | 36.42 | 58.89 | 13.67 | 0.18 | 0.18 |
| | 中位数 | 34.51 | 60.79 | 4.13 | 0.15 | 0.15 |

注：$CR_1$ 表示公司第一大股东的持股比例，$CR_{10}$ 表示公司前十大股东的持股比例之和，Z 是公司第一大股东和第二大股东持股比例的比值，H5 是公司前五大股东持股比例的平方和，H10 是公司前十大股东持股比例的平方和。

由 2003 年国有是非国有的两倍还多下降到 2012 年的占比不到一半。这反映出了近些年来我国国有企业改革的成果与政府的简政放权。但我们注意到和美、英等国相比，我国上市公司的国有控股现象还是比较突出。国有股产权一直受到产权缺位的诟病，国有企业负责人的业绩考核，薪酬和晋升制度并不完全与企业价值和经营业绩相匹配，这就有可能会使其在管理公司的过程中通过控制更多的资源去取得政绩并满足私利，或者出现转移公司资产、非效率投资等行为，这些行为都可能侵犯到公司中小股东的权益。因此，国有控股股东的目标与市场经济下的公司目标并不完全一致，这可能会加剧公司终极控股股东与其他股东的利益冲突，另外，由于政府在经济中的强势地位，中小股东对其监管与制约就更加困难。

表7-2　　　　　2003—2012年我国上市公司股东性质　　　　单位:%

| 年份 | 终极控制人性质 | |
|---|---|---|
| | 国有 | 非国有 |
| 2003 | 68.06 | 31.94 |
| 2004 | 63.70 | 36.30 |
| 2005 | 57.67 | 42.33 |
| 2006 | 56.22 | 43.78 |
| 2007 | 56.60 | 43.40 |
| 2008 | 60.24 | 39.76 |
| 2009 | 55.65 | 44.35 |
| 2010 | 47.97 | 52.03 |
| 2011 | 44.82 | 55.18 |
| 2012 | 42.95 | 57.05 |

（二）终极控股股东的控制权、现金流权和两权分离

通过前面分析可知，当公司的股权结构安排中存在交叉持股、金字塔股权结构、双重股权等形式时，终极控股股东的控制权与现金流权就会发生分离，此时公司的终极控股股东就可以通过较小的现金流权去实现对公司的控制权，在这样的情况下，公司终极控股股东的利益与公司整体利益并不完全一致，由此导致了公司终极控股股东与中小股东的利益冲突，这时公司终极控股股东可以以较小的成本去实现较大的收益，这就会使得终极控股股东有动机和能力侵占其他股东的利益，产生代理问题。

表7-3统计了上市公司终极控股股东控制权、现金流权及两权分离度的情况，其中两权分离度用比值和差值两种指标衡量。从均值来看，2003—2012年我国上市公司终极控股股东控制权全部大于现金流权，两权分离度（现金流权/控制权）的比值一直在0.85左右，两者差值在5.7%左右，这表明了终极控制权与现金流权分离的现象在我国上市公司中普遍存在。

表 7-3　　2003—2012 年我国上市公司终极控股股东控制权与现金流权

| 年份 | 控制权（%） | | 现金流权（%） | | 两权分离度 | |
|---|---|---|---|---|---|---|
| | 均值 | 标准差 | 最小值 | 最大值 | 比值 | 差值（%） |
| 2003 | 42.93 | 16.75 | 39.56 | 18.83 | 0.90 | 3.37 |
| 2004 | 41.98 | 16.50 | 36.41 | 19.14 | 0.83 | 5.58 |
| 2005 | 40.49 | 16.10 | 34.57 | 18.50 | 0.82 | 5.91 |
| 2006 | 37.41 | 15.42 | 31.55 | 17.20 | 0.82 | 5.86 |
| 2007 | 37.39 | 15.88 | 31.43 | 17.55 | 0.82 | 5.99 |
| 2008 | 37.83 | 15.61 | 31.93 | 17.10 | 0.82 | 5.90 |
| 2009 | 38.89 | 16.40 | 33.17 | 17.82 | 0.83 | 5.69 |
| 2010 | 39.70 | 16.62 | 34.37 | 17.94 | 0.84 | 5.30 |
| 2011 | 40.17 | 16.37 | 34.95 | 17.63 | 0.85 | 5.20 |
| 2012 | 40.78 | 16.28 | 35.48 | 17.47 | 0.85 | 5.24 |

### （三）上市公司股价同步性的表现

研究表明，上市公司的股票价格受到市场层面、行业层面、公司层面等多方面的影响，股价同步性反映了股价信息含量的多少。公司股价同步性越高，股价中包含的市场层面和行业层面的信息就越多，公司层面的信息就越少。同时，公司股价的同步性还和整个资本市场的信息披露、投资者的保护程度有关。在资本市场信息披露制度不完善，中小投资者保护措施力度不够的情况下，股价同涨同跌现象也比较明显。

用资产定价模型（CAPM）的 R 方来衡量上市公司的股价同步性。表 7-4 总结了样本期间的同步性统计。首先，从整体上看，我国股市十年来股价同步性的平均值是 0.47，这和 Morck、Yeung 和 Yu（2000）研究中国市场股价同步性得出的 R 方为 0.45 比较接近。其次，与 Piotroski 和 Roulstone（2004）研究美国股票市场得出的 R 方是 0.19 相比，显然，我国股市存在着比较高的股价同涨同跌现象。最后，从时间的角度来看，我国上市公司股价的 R 方一直在 0.45 左右，没有太大起伏。2008 年 R 方比较大（0.64），可能是由于 2008 年世界性金融危机导致股市恐慌与高同涨同跌现象。十年以来一直比较高且比较稳定的 R 方可能从一个侧面说明了在未来我国资本市场的建设仍有待改善，整个资本市场的信息披露、投资者的保护程度还有待提高。

表7-4　　2003—2012年我国上市公司股价同步性表现

| 项目 | 年份 | 均值 | 标准差 | 最小值 | 最大值 |
|---|---|---|---|---|---|
| 股价同步性 | 2003 | 0.43 | 0.17 | 0.01 | 0.85 |
| | 2004 | 0.44 | 0.14 | 0.01 | 0.87 |
| | 2005 | 0.44 | 0.13 | 0.06 | 0.81 |
| | 2006 | 0.37 | 0.14 | 0.01 | 0.83 |
| | 2007 | 0.46 | 0.14 | 0.02 | 0.86 |
| | 2008 | 0.64 | 0.13 | 0.16 | 0.92 |
| | 2009 | 0.50 | 0.14 | 0.06 | 0.93 |
| | 2010 | 0.46 | 0.14 | 0.02 | 0.90 |
| | 2011 | 0.46 | 0.13 | 0.07 | 0.87 |
| | 2012 | 0.49 | 0.14 | 0.01 | 0.90 |
| | 总体 | 0.47 | 0.15 | 0.01 | 0.93 |

通过描述性统计发现，我国上市公司的股权结构和资本市场中公司股价同步性表现等特征，对股权结构的分析显示出我国上市公司终极控股股东一股独大的现象比较明显，公司股权呈现出高度集中的特点，两权分离现象普遍存在。同时对上市公司股价波动性的分析表明我国上市公司股价普遍显示出高同涨同跌现象。

## 六　实证研究

### （一）研究假设

首先，理论上讲公司控制权的高度集中与两权的显著分离会使公司终极控股股东具备动机与能力去转移公司资源，满足自身的利益，从而间接损害其他股东的合法权益，显示出侵权效应（Morck, Yeung and Yu, 2000; Claessens, Djankov, Fan and Lang, 2002; Fan and Wong, 2002）。我们推测在其他条件相同情况下，上市公司终极控制权与现金流权两权分离的程度与公司股价同步性呈正向相关关系，随着我国上市公司两权分离程度的提高，资本市场中公司股价的同步性增强。

其次，我国上市公司有一部分同时在A股市场和香港交易所交易的

H股或沪深交易所交易的B股市场。不同交易所股票交易规则和市场信息环境不同。举例来说，在本章2003—2012年的研究区间内，发行A股的上市公司只需要根据内地会计准则准备公司财务报告，而发行A股同时也发行B股的上市公司需要根据国际会计准则准备公司的财务报告，发行A股同时也发行H股的上市公司需要根据香港会计准则去准备公司的财务报告。以国际会计报告准则和香港会计准则为依据的财务报告需要国际四大会计师事务所的审计，而根据国内会计准则编写的财务报告则只需要国内会计师事务所的审计。

尽管A股市场与B股市场、A股市场与H股市场的交易被严格限制和分隔，但上市公司在不同市场披露的信息却是自由流通的。Chui和Kwok（1998），Chen、Firth和Kim（2002）的研究已证实，当一个上市公司既发行A股又发行B股或者H股时，A股中的投资者可以有效采用同一公司在B股或H股市场中的相关信息。Kang和Stulz（1997）、Jiang和Kim（2004）、Kin和Yi（2009）相关的研究都表明，公司拥有外国股权往往具有较高的公司治理水平和较小的信息不对称程度。因此可以推测与仅仅发行A股的上市公司相比，同时发行A股与B股或者A股与H股的上市公司股价中会包含更多公司层面的信息，相应的，这些股票可能并不像仅仅发行A股的上市公司那样与大盘存在明显的同涨同跌现象。

再次，外部审计也可以减少上市公司管理层与股东之间的信息不对称，增加公司财务报表可信度。一般来说，审计的质量被定义为发现上市公司财务报表瑕疵可能性的大小（DeAngelo, 1981; Chio, Kim, Liu, Simunic, 2008）。大量论证表明，高效的审计对公司财报具有很大正面的督促作用（Becker, DeFond, Jiambalvo, Subramanyam, 1998; Kim, Chung, Firth, 2003）。此外，Fan和Wong（2005）发现，在新兴市场经济国家中，世界四大会计师事务所对高股权集中度公司的公司治理起到了显著提高作用。高质量的审计会使上市公司更及时、全面、有效发布公司有关方面信息，从而在客观上起到对中小股东的保护作用。因此，我们推断聘用世界四大会计师事务所担任审计者的公司向市场传递了高质量财务报告的积极信号，降低了信息的不对称性，因而与其他股票的同涨同跌现象也较弱。

（二）样本选择和数据来源

本章研究2003—2012年在我国沪深证券交易所上市的上市公司，其中上市公司股价收益率数据来源于 Wind 数据库，公司财务报表、股东结构等相关信息和上市公司控制权与现金流权的数据来自于国泰安数据库。同时剔除了被标记为 ST 或者 PT 类型的公司，因为该类特别处理的上市公司的财务状况与公司股价波动都异于正常公司。另外，也剔除了交易时间小于 200 天的公司，以及存在大量数据缺失或极端值的样本。

### （三）变量定义

依据国内外学者研究，衡量两权分离程度可以用以下两个指标：一是两权分离率，参考 Claessens, Djankov, Lang（2000）、Fan, Wong（2002, 2005）等人的方法，用现金流权与控制权的比值衡量，其中比值越小于 1 两权分离程度越大；二是超额控制权，参考 Claessens, Djankov, Fan, Lang（2002）、Kim, Yi（2006）等人的研究，表示为控制权超过现金流权的部分，其用两者的差额来衡量，其中差值越大两权分离程度越大。本章采用这两种指标衡量两权分离程度。

上市公司股价同步性衡量也是文献常用的方法，即系统性风险占整体风险的比重，也就是以下方程的 $R^2$。系统性风险包括市场和行业的风险，控制了系统性风险之后的残差值，也就是不能被分散的公司个股风险。

$$RET_{i,t} = \alpha + \beta_1 MKTRET_t + \beta_2 INDRET_t + \varepsilon_{i,t} \tag{7.1}$$

其中，$RET$ 表示公司在上海或者深圳交易所交易股票每天的回报率，$MKTRET$ 表示该天该公司股票所在市场加权平均回报率，$INDRET$ 表示该天该公司所在行业股票加权平均回报率，$\varepsilon$ 是残差项。我们对 $R^2$ 进行调整，股市的同步性定义为：

$$SYNCH = \log\left(\frac{R_i^2}{1 - R_i^2}\right)$$

### （四）实证检验模型

我们通过模型（7.2）研究公司股价同步性和两权分离度、信息不对称性等因素的关系。

$$SYNCH_{i,t} = \lambda_0 + \lambda_1 SEPARATION_{i,t} + \lambda_2 AandH_{i,t} + \lambda_3 AandB_{i,t} + \lambda_4 Bigfour_{i,t} + \sum_k \lambda_k CONTROL_{i,t}^k + \varepsilon_{i,t} \tag{7.2}$$

其中，$SYNCH$ 表示该公司股价同涨同跌程度，$SEPARATION$ 是衡量该公司终极控股股东控制权与现金流权分离程度的指标，它用上市公司终极现金流权与终极控制权两者比值与差值两种方式衡量。$AandH$ 是衡量公司上市地点的虚拟变量，公司同时发行 A 股和 H 股时取 1，否则取 0，A and B 是衡量公司上市地点的虚拟变量，公司同时发行 A 股和 B 股时取 1，否则取 0。*Bigfour* 是衡量上市公司审计质量的虚拟变量，上市公司的审计公司是世界四大会计师事务所时取 1，否则取 0。同时考虑以下控制变量：公司规模（Size，每年末公司资产总额的对数值）、公司资产负债率（Leverage，每年末公司的资产负债率）、公司市净率（M/B）、公司股票换手率（Turnover，一年内公司总的股票交易量除以流通股数）、公司盈利的标准差（Stdroa，过去 5 年（包括本年）公司 ROA 的标准差）、年份（year）、行业虚拟变量（Industry）。根据本章假设，如果两权分离度导致大股东对其他股东的侵权动机和行为，造成外部投资者只能依靠市场而非公司信息判断股价，从而提高了股价同市场的同步性，我们期望当两权分离度是现金流权和控制权的比值的时候，系数 $\lambda_1 < 0$，（当两权分离度是用两者差值衡量的时候，系数 $\lambda_1 > 0$）即分离度越大同步性越高。当公司同时发行 A、H 股或者 A、B 时候，或者公司审计是四大会计师事务所之一，财务报告的质量标准被认为比单纯在 A 股发行股票的质量高，内外部投资者信息不对称降低，从而提供投资者更丰富的高质量公司个股信息，投资者也不必过分依赖市场信息判断股价。所以，我们期望相应的变量系数 $\lambda_2 < 0$；$\lambda_3 < 0$；$\lambda_4 < 0$。

（五）实证检验和结果分析

表 7-5 是回归模型中各个变量的描述性统计。

从表 7-5 中可以看出，我国股市十年来股价同步性的平均值是 0.48，这与 Piotroski 和 Roulstone（2004）研究美国股票市场得出的 $R^2$ 是 0.19 相比显然很高，显示出我国股市存在着比较高的股价同涨同跌现象。比值和差值两种衡量两权分离度的指标都显示我国上市公司普遍存在现金流权低于控制权。

表 7-5　　　　　　　变量统计性描述

| 变量 | 均值 | 标准差 | 最小值 | 最大值 |
| --- | --- | --- | --- | --- |
| r-squ | 0.487 | 0.143 | 0.008 | 0.931 |
| synch | -0.060 | 0.646 | -4.767 | 2.599 |
| Ratio（synch） | 0.851 | 0.221 | 0.021 | 1 |
| Diff（synch） | 0.057 | 0.084 | 0 | 0.429 |

续表

| 变量 | 均值 | 标准差 | 最小值 | 最大值 |
|---|---|---|---|---|
| AandB | 0.044 | 0.205 | 0 | 1 |
| AandH | 0.033 | 0.179 | 0 | 1 |
| Bigfour | 0.057 | 0.232 | 0 | 1 |
| Size | 21.721 | 1.284 | 18.157 | 30.493 |
| Leverage | 0.464 | 0.199 | 0.011 | 0.973 |
| MB | 3.898 | 3.205 | 0.667 | 24.169 |
| Turnover | 5.994 | 4.440 | 0.022 | 33.275 |
| Stdroa | 0.042 | 0.426 | 0 | 22.980 |

注：其中，r-squ 是每个公司股价对大盘与行业回归的 $R^2$，其衡量公司股价的同步性；synch 是 r 经过对数变化后的结果；Ratio 是现金流权与控制权两者的比值；Diff 是控制权与现金流权两者的差值；AandH 是衡量公司上市地点的虚拟变量，公司同时发行 A 股和 H 股时取 1，否则取 0；AandB 是衡量公司上市地点的虚拟变量，公司同时发行 A 股和 B 股时取 1，否则取 0；Bigfour 是衡量上市公司审计质量的虚拟变量，上市公司的审计公司是世界四大会计师事务所时取 1，否则取 0；Size 是每年末上市公司资产总额的对数值；Leverage 是每年末上市公司的资产负债率；MB 是市净率，即每年末上市公司市值除以账面净资产；Turnover 是换手率，即一年内公司总的股票交易量除以流通股数；Stdroa 是公司盈利的波动性，用过去 5 年（包括本年）公司 ROA 的标准差衡量。

表 7-6 是多元变量回归结果。从表 7-6 中可以看出，首先，我国上市公司两权分离程度分别用比值（ratio）和差值（diff）两种方法衡量，也就是表 7-6 的两列，在回归模型中两权分离度的这两个指标的系数都是显著的，其中现金流权与控制权比值系数为负，表明当比值越小或者越接近于零的时候，也就是说，控制权越大于现金流权的时候，公司股价表现出与市场越高的同步性，印证了我们的假设，两权分离度越高，所传递的公司信息不对称的信号越强，股价越少反映公司个股的信息，而是更多地随市场其他股票同涨同跌。同时，控制权与现金流权差值（diff）的系数显著为正，这也与我们的假设相符，控制权在绝对值方面越大于现金流权，两权背离程度越高，公司与股票市场的同步性就越高。

其次，公司的信息充分性和质量也会影响公司股价变动。在其他条件相同情况下发现，变量 AandB 和 AandH 的回归系数都是显著为负，也就是说同时发行 A 股与 B 股或者同时发行 A 股与 H 股的上市公司比仅仅发行 A 股的上市公司股价与股票市场的同步性减弱了。这一结果也符合假设：当公司在不同市场上市，并向境内境外的投资者提供不同会计制度下的财务报表的时候，实际为所有投资者提供了更为全面的公司信息，有助于那些在低标准会计准则要求的市场上的投资者更多获得公司的经营管理信息，降低公司的信息不对称性，从而投资者不需依赖系统性风险，而是更多地根据公司自身的信息判断公司股价。

再次，公司财务信息质量与其聘用的审计师事务所相关，聘用知名审计师事务所通常向市场传递公司财务信息可信度较高的信号。在假设中那些聘用世界四大会计师事务审计的公司的财务信息更值得信赖，信息质量和价值也更高，更容易得到投资者的认可。在回归检验中我们用虚拟变量 bigfour 来检验这一假设，根据表 7-6，其回归系数是显著为负，意味着在其他情况相同的情况下，那些聘用世界四大会计师事务所担任审计的上市公司比聘用其他会计师事务所的公司的股价与市场同步性降低了。也就是说声誉较高的审计师事务所被认为更能保证上市公司财务信息的完整与准确，提高了信息传递效率，减少了资本市场中上市公司大股东与中小股东之间信息不对称的程度，从而带给资本市场更多公司特质的信息，这为降低公司股价与市场的同步性提供了可能。

最后，控制变量的回归结果也与其他文献结论一致。公司规模 size 的回归系数显著为正，这与 Piotroski 和 Roulstone（2004）对美国资本市场研究的结果相吻合，这一结果说明在我国股市中，和小公司相比，规模大的公司因为其权重较大，对股票市场具有更大的影响力。这些大公司基本也是构成市场指数与行业指数的重要组成部分，因此其股价和市场指数的同步性也较高。公司的财务杠杆用资产负债率 Leverage 变量衡量，其回归系数显著为负，通常杠杆较高的公司被认为是个股风险也相对较高，公司的特有属性决定了这样的公司和市场同步性较弱。从公司治理的角度，也可以理解为当公司的负债率上升，公司的债权人会倾向加强对公司的监管，从而提高了公司层面的信息，降低了信息不对称性和市场的同步性。市净率 MB 变量是用来衡量投资者对个股的期望，当市净率较高的时候，表明投资者愿意以相对于账面价值较高的溢价购买公司的股票，相反市净率较低则表明投资者对公司未来的期望较为悲观。高市净率的股票通常被认为是值得价值投资的。在表 7-6 中看到 MB 的回归系数显著为负，一方面可能反映出在我国资本市场中那些拥有高增长潜力的公司更倾向于让更多公司层面的信息流入股市，从而反映在股票价格中，降低了信息不对

表7-6　　　　　　　　　　　多元回归结果

|  | (1) | | (2) | |
| --- | --- | --- | --- | --- |
|  | Synch | | synch | |
| ratio |  |  | (-2.72) | -0.070*** |
| diff | (2.21) | 0.150** |  |  |
| AandB | (-3.87) | -0.110*** | (-3.88) | -0.111*** |
| AandH | (-3.02) | -0.114*** | (-3.05) | -0.115*** |
| Bigfour | (-3.87) | -0.116*** | (-3.87) | -0.116*** |
| Size | (35.06) | 0.214*** | (35.12) | 0.215*** |
| Leverage | (-12.46) | -0.411*** | (-12.55) | -0.414*** |
| MB | (-23.42) | -0.044*** | (-23.42) | -0.044*** |
| Turnover | (3.59) | 0.005*** | (3.59) | 0.005*** |
| Stdroa | (-2.51) | -0.033** | (-2.47) | -0.033** |
| year | (3.32) | 0.007*** | (3.30) | 0.007*** |
| industry | (-3.18) | -0.003*** | (-3.23) | -0.003*** |
| _cons | (-34.81) | -4.382*** | (-34.26) | -4.329*** |
| N | 10458 | | 10458 | |

注：$t$ statistics in parentheses, * $p<0.10$, ** $p<0.05$, *** $p<0.01$。

称性以及和市场的同步性。另一方面，投资者能够识别具有价值投资的股票，从而判断其股价，不必依赖市场的系统风险和宏观信息。控制变量股票换手率Turnover常用来衡量市场的过度反应和投机性，当换手率特别高的时候，市场可能出现了非理性行为，市场的股价可能出现与其真实价值相背离的情况，市场情绪表现为投资者的过度乐观或者悲观，为套利者和投资者提供了机会。我们的回归发现换手率的回归系数显著为正，这可能从一个侧面说明了当我国股市中换手率较高的时候，市场过度反应，羊群效应背离了股票的真实价值，个股股价中并没有反映出更多的公司层面的信息。在回归中我们也控制了交易年度和行业，这些控制变量的加入并没有改变股权结构的两权分离和股价与市场同步性的相关关系，从而印证了我们的推论，两权分离程度越高，股票市场同步性越高。

其中，synch表示股价同步性；ratio是现金流权与控制权两者的比值；diff是控制权与现金流权两者的差值；AandH是衡量公司上市地点的虚拟变量，公司同时发行A股和H股时取1，否则取0；AandB是衡量公司上市地点的虚拟变量，公司同时发行 A 股和 B 股时取 1，否则取 0；Bigfour 是衡量上市公司审计质量的虚拟变量，上市公司的审计公司是世界四大会计师事务所时取 1，否则取 0；Size 是每年末上市公司资产总额的对数值；Leverage 是每年末上市公司的资产负债率；MB 是市净率，即每年末上市公司市值除以账面净资产；Turnover 是换手率，即一年内公司总的股票交易量除以流通股数；Stdroa 是公司盈利的波动性，用过去 5 年（包括本年）公司 ROA 的标准差衡量；Dadummy 是衡量年份的虚拟变量；Industrydummy 是衡量不同行业的虚拟变量；_cons 表示常数项；N 是回归的样本数。

## 七  结  论

本章研究了我国上市公司两权分离程度、公司上市地点、公司审计质量等因素对公司股价同步性的影响，得出以下结论：

首先，我国上市公司两权分离的程度与公司股价同步性呈正相关关系。随着我国上市公司两权分离程度的提高，公司终极控股股东侵权行为就越有可能发生，公司层面的信息传递效率就会降低，从而公司终极控股股东与股市中的中小投资者会产生信息不对称，公司股价中包含公司层面的信息就会减少，最终使得资本市场中公司股价同步性提高。

其次，与同时发行 A 股与 B 股、发行 A 股与 H 股的上市公司相比，仅仅发行 A 股的上市公司股价同涨同跌现象更明显，说明资本市场越成熟、信息监管披露机制越完善、投资者保护措施越到位，信息不对称越低，从而降低了市场股价同涨同跌现象。

最后，与聘用世界四大会计师事务所担任审计者相比，聘用国内会计师事务所的上市公司股价具有高同涨同跌现象。世界四大会计师事务所与国内会计师事务所相比，其工作更能保证上市公司财务信息的完整与准确，这实际提高了信息传递效率，更多公司层面信息进入股价在客观上降低了市场股价的同步性。

降低股价同步性在治理机制上可以考虑完善公司的治理结构，降低两权分离导致的代理问题，提高对中小投资者的保护措施，完善信息监管披露机制，提高公司财务信息质量。

## 参考文献

1. 祁斌、黄明、陈卓思:《机构投资者与股市波动性》,《金融研究》2006 年第 9 期。
2. 王鹏、周黎安:《控股股东的控制权、所有权与公司绩效:基于中国上市公司的证据》,《金融研究》2006 年第 2 期。
3. 王咏梅、王亚平:《机构投资者如何影响市场的信息效率——来自中国的经验证据》,《金融研究》2011 年第 10 期。
4. 杨淑娥、苏坤:《终极控制、自由现金流约束与公司绩效——基于我国民营上市公司的经验证据》,《会计研究》2009 年第 4 期。
5. 俞红海、徐龙炳、陈百助:《终极控股股东控制权与自由现金流过度投资》,《经济研究》2010 年第 8 期。
6. 游家兴、张俊生、江伟:《制度建设、公司特质信息与股价波动的同步性》,《经济学(季刊)》2006 年第 1 期。
7. 邹平、付莹:《我国上市公司控制权与现金流权分离——理论研究与实证检验》,《财经研究》2007 年第 9 期。
8. Berle, A. and G. Means, *The Modern Corporation and Private Property*, MacMillan, New York, N. Y. 123 – 154, 1932.
9. Ball, R. and P. Brown, Some Preliminary Findings on the Association between the Earnings of a Firm, Its Industry and the Economy, *Journal of Accounting Research*, pp. 55 – 77.
10. Barraclay, M. and Holderness, "Private Benefits from Control of Corporations", *Journal of Financial Economics*, Vol. 25, pp. 371 – 395, 1989.
11. Becker, C., DeFond, M., Jiambalvo, J. and Subramanian, K. R., "The effect of audit quality on earnings management", *Contemporary Accounting Research*, Vol. 15, 1998, pp. 1 – 24.
12. Chui, A. C. W. and Kwok, C. Y., "Cross – autocorrelation between A – shares and B – shares in the Chinese stock market", *Journal of Financial Research*, Vol. 21, pp. 333 – 353, 1998.
13. Claessens, S., Djankov, S., Fan, J., Lang, L., *The expropriation of minority shareholders: Evidence from East Asia*, Washington D. C.: World Bank, 1999.
14. Claessens, S., Djankov, S., Fan, J., Lang, L., "The Separation of Ownership and Control in East Asian Corporations", *Journal of Financial Economics*, Vol. 58, 2000, pp. 81 – 112.
15. Claessens, S., Djankov, S., Fan, J., Lang, L., "Disentangling the incentive and entrenchment efforts of large shareholdings", *Journal of Finance*, Vol. 57, 2002, pp. 2741 – 2771.
16. Chen, G. M., Firth, M., Kim, J. B., "The use of accounting information for the valua-

tion of dual – class shares listed on China's capital markets", *Accounting and Business Research*, Vol. 32, 2002, pp. 123 – 131.

17. Chan, K. and A. Hameed, "Stock price synchronicity and analyst coverage in emerging markets", *Journal of Financial Economics*, Vol. 80, 2006, pp. 115 – 147.

18. Choi, J. H., Kim, J. B., Liu, X., Simunic, D., "Audit pricing, legal liability regimes, and Big 4 premiums: theory and cross – country evidence", *Contemporary Accounting Research*, Vol. 25, 2008, pp. 55 – 99.

19. De Angelo, L. E., "Auditor size and audit quality", *Journal of Accounting and Economics*, No. 3, 1981, pp. 183 – 199.

20. De Fond, J. and Huang, M., "Investor Protection and Corporate Governance: Evidence from Worldwide CEO Turnover", *Journal of Accounting Research*, Vol. 42, 2004, pp. 269 – 312.

21. Durnev, A., Morck, R. and Yeung, B., "Value Enhancing Capital Budgeting and Firm – specific Stock Return Variation", *Journal of Finance*, Vol. 59, 2004, pp. 65 – 105.

22. Durnev, A., Li, K., Morck, R. and Yeung, B., "Capital Markets and Capital Allocation: Implications for Economies in Transition", *Economics of Transition*, Vol. 12, 2004b, pp. 593 – 634.

23. Dyck I. J. Alexander and Luigi Zingales, "Private Benefits of Control: An International Comparison", *Journal of Finance*, Vol. 59, 2004, pp. 537 – 600.

24. Faccio, Marra and Lang, Larry H. P., "The Ultimate Ownership of Western European Corporations", *Journal of Financial Economics*, Vol. 65, 2002, pp. 365 – 395.

25. Fan, J., Wong, T. J., "Do external auditors perform a corporate governance role in emerging markets? Evidence from East Asia", *Journal of Accounting Research*, Vol. 43, 2005, pp. 35 – 72.

26. Ferreira, M. A., Laux, P. A., "Corporate governance, idiosyncratic risk, and information flow", *Journal of Finance*, Vol. 62, 2007, pp. 951 – 989.

27. Fernandes, N., Ferreira, M. A., "Does international cross – listing improve the information environment?", *Journal of Financial Economics*, Vol. 88, 2008, pp. 216 – 244.

28. Fernandes, N., Ferreira, M. A., "Insider trading laws and stock price informativeness", *Review of Financial Studies*, Vol. 22, 2009, pp. 1845 – 1887.

29. Ferdinand A. Gul, Jeong – Bon Kim, Annie A. Qiu, "Ownership concentration, foreign shareholding, audit quality, and stock price synchronicity: Evidence from China", *Journal of Financial Economics*, Vol. 95, 2010, pp. 425 – 442.

30. Grossman, Sanford, Olive Hart, "One share – one vote and the market for corporate con-

trol", *Journal of Financial Economics*, Vol. 20, No. 4, 1988, pp. 175 – 202.

31. Jensen, M., Meckling, W., "Theory of the firm: managerial behavior, agency costs and ownership structure", *Journal of Financial Economics*, No. 3, 1976, pp. 305 – 360.

32. Joseph, P. H. Fan and T. J. Wong, "Corporate Ownership Structure and the Informativeness of Accounting Earnings in East Asia", *Journal of Accounting and Economics*, 2002, pp. 401 – 425.

33. Jiang, Li., Kim, J. B., "Foreign equity ownership and information asymmetry: evidence from Japan", *Journal of International Financial Management & Accounting*, Vol. 15, 2004, pp. 185 – 211.

34. Jin, L. and S. Myers, "$R^2$ around the world: new evidence and new tests", *Journal of Financial Economics*, Vol. 79, 2006, pp. 257 – 292.

35. King, B., "Market and Industry Factors in Stock Price Behavior", *The Journal of Business* 39, No. 1, 1966, pp. 139 – 190.

36. Kang, J. K., Stulz, R., "Why is there a home bias? An analysis of foreign portfolio equity ownership in Japan", *Journal of Financial Economics*, Vol. 46, 1997, pp. 3 – 28.

37. Kim, J. B., Chung, R., Firth, M., "Auditor conservatism, asymmetric monitoring and earnings management", *Contemporary Accounting Research*, Vol. 20, 2003, pp. 325 – 359.

38. Kim, J. B., Yi, C. H., "Ownership structure, business group affiliation, listing status, and earnings management: evidence from Korea", *Contemporary Accounting Research*, Vol. 23, 2006, pp. 427 – 464.

39. La Port, R., Lopez – De – Silanes, F., Shleifer, A., "Corporate Ownership Around the World", *Journal of Finance*, Vol. 54, No. 2, 1999, pp. 471 – 517.

40. Morck, R., "On the economics of concentrated ownership", *Canadian Business Law Journal*, Vol. 26, 1996, pp. 63 – 75.

41. Morck, R., B. Yeung and W. Yu, "The information content of stock markets: why do emerging markets have synchronous stock price movements?", *Journal of Financial Economics*, Vol. 58, 2000, pp. 215 – 260.

42. Pesaran, M. H. and R. Smith, "Estimating Long – run Relationships From Dynamic Heterogeneous Panel", *Journal of Econometrics*, Vol. 68, 1995, pp. 79 – 113.

43. Piotroski, J. and D. Roulstone, "The influence of analysts, institutional investors, and insiders on the incorporation of market, industry, and firm – specific information into stock prices", *The Accounting Review*, Vol. 79, No. 4, 2004, pp. 1119 – 1151.

44. Shleifer, A., Vishny, R., "Management entrenchment: the case of manager – specific investments", *Journal of Financial Economics*, Vol. 25, 1989, pp. 123 – 139.

45. Shleifer, A. and Vishny, R. , "A Survey of Corporate Governance", *Journal of Finance*, Vol. 52, No. 2, 1997, pp. 737 – 783.

46. Wurgler, J. , "Financial Markets and the Allocation of Capital", *Journal of Financial Economics*, Vol. 58, 2000, pp. 187 – 214.

# 第八章　中国上市公司高管薪酬与公司业绩相关关系研究

## 一　引　言

高管薪酬一直是公司治理领域的热门话题。在公司治理结构中，薪酬制度是对高管进行激励以使得公司管理者的利益与股东的利益趋于一致，进而试图使股东的利益最大化的主要方式。在西方国家，关于高管薪酬激励的最早研究工作可以追溯到 1925 年。Taussing 和 Baker 在 1925 年发现，公司经理的薪酬与企业业绩几乎不相关。Jensen 和 Meckling（1976）关于公司中的委托—代理关系的研究表明，公司 CEO 和高管试图最大化自己的利益，因此不会总是按照股东的意思行事。股东和董事会可以采用一些激励或监督措施来使高管的行为最大限度地符合自己的利益。而事实上，对公司高管的激励措施主要是以薪酬激励和股权激励的形式实现的。因此，从最大化股东财富的角度来说，研究薪酬制度是非常有必要的。从另一角度来看，最大化股东财富从另一种意义上也是最大化企业的价值，亦即实现有效率的资源配置。所以，对薪酬制度、薪酬的各种组成部分及其如何与公司业绩相关联的研究有着深刻的经济意义。

研究上市公司管理层的薪酬结构及其与企业业绩的关系，不仅在理论上，而且在现实上也有着重要的意义。在我国，对于上市公司高管薪酬的研究开始得比较晚。这种情况在一定程度上是受我国企业改革的进程影响的。王飞（2013）对国有企业分配制度的研究表明，在改革开放以前，政府对企业实施了很强的管制，企业收入需要全部上缴，亏损也是由政府弥补，在分配制度上实行按劳分配的模式。但是，由于对这种制度安排的认识偏差，企业的分配制度很大程度上是一种平均主义的模式，结果挫伤了企业管理者的积极性，造成了企业经济效率的极其低下。1978年以后，我国在企业和个人的分配制度上都进行了多次改革。1978—1984年，企业实施了放权让利的政策。在这一时期，企业管理者除了得到基本工资外，还会根据实现利润，得到奖金等津贴。1985—1992年，企业实施了承包责任制。在这一制度下，我国企业中政府和企业的责权利第一次得到书面明确认，企业拥有自主分配剩余利润的权利。这一时期对企业管理者的激励主要还是以工资和津贴的形式。

1993年，我国《公司法》的出台充分肯定了股份制的组织形式，从而为更好地实施管理层激励创造了条件。1994年，国家经济贸易委员会和劳动部联合发布了《国有企业厂长（经理）奖惩办法》和《关于加强国有企业经营者利润和工资总额管理的通知》，从而使对企业管理者的股权激励和期权激励逐渐变为可能。这些措施逐渐拉开了企业管理者股权激励的序幕，越来越多的企业实施了管理层持股计划。党的十六大报告肯定了人力资本的作用，为管理层的薪酬激励和股权激励提供了依据。2003年年底颁布的《中央企业负责人考核办法》规定了央企高层管理人员实施年薪制，并一定程度上肯定了股权激励的存在和作用。此后，我国关于高管激励的政策和立法不断完善。而在高管的信息披露方面，我国从1998年开始要求上市公司披露公司高管的薪酬的相关信息。受这一政策的影响，对上市公司高管薪酬的研究也从1998年以后开始兴起，并产生了一系列有价值的研究成果。例如，魏刚（2000）的研究发现，我国上市公司高管的薪酬较低，持股水平低，报酬结构不合理，形式单一，收入水平存在行业性差异。另外，上市公司高管的"零持股"、"零薪酬"现象严重。Michael Firth 等人（2006）通过对1998—2003年中国上市公司的研究，发现上市公司CEO的货币性薪酬水平与会计业绩表现和市场业绩表现都呈正相关关系，然而，这种正相关关系在由不同性质的控制人控制的公司里表现不同。此外，他们的研究还表明，中国上市公司的高管薪酬对公司业绩的敏感度较低，并由此推断为对上市公司高管的激励不是有效率的。到目前为止，对高管薪酬与企业业绩关系的研究集中在以下几个问题上：高管薪酬是否与公司业绩相关？在多大程度上相关？在前人研究的基础上，我们试图对这些问题做进一步探讨。我们使用2003—2013年中国上市公司的数据，采用Firth（2006）的方法对近几年高管薪酬是否与公司业绩有关做进一步验证。最后，我们采用Jensen和Murphy（1990b）

提出的模型估计了在这一时期的薪酬—业绩敏感度。

## 二 文献回顾

关于上市公司高管薪酬与公司业绩是否具有相关性，以及相关性大小的问题，我国和国外的学者都从不同角度不同层次做过相应的研究。Jensen 和 Meckling（1976）关于委托—代理理论的开创性研究表明，管理者与所有者的利益不一定是相同的，他们各自追求自身的私人收益。为了使管理者与自己的利益一致，公司所有者在制定契约时可以引入公司股权作为管理者报酬的一部分。管理者享有的股权比例越大，其与公司所有者的利益就越一致。Jensen 和 Meckling（1976）的研究间接地表明了在最优契约下，高管的薪酬应当与公司的业绩联系起来。然而，他们的研究强调的是股权激励的作用，对于货币性薪酬是否与公司业绩相联系并未做太多的说明。Murphy（1985）通过对 1964—1981 年美国制造业企业高管货币性薪酬的研究发现，高管的货币性薪酬与企业业绩存在显著的正相关关系。Jensen 和 Murphy（1990）根据福布斯 CEO 调查的数据，对 1974—1986 年 2213 家公司的 CEO 薪酬（包括工资、津贴和股权激励）与公司业绩的关系进行了研究。在这一研究中，Jensen 等首次提出了"薪酬—业绩敏感度"的概念。高管的薪酬—业绩敏感度被定义为股东财富增加 1000 美元时，高管薪酬相应变化的货币数量。Jensen 等的研究表明，CEO 的货币性薪酬，包括股权在内的 CEO 财富对用所有者财富变化代表的业绩敏感程度都不是很大。其次，尽管 CEO 的薪酬—业绩敏感度很小，但是，在考虑了股权激励的因素后，这一敏感度还是有了显著的提高。再次，对于规模较大的企业，其 CEO 的薪酬—业绩敏感度比规模较小的企业低。最后，根据 Jensen 等人的解释，偏低的薪酬—业绩敏感度不太可能是在最优契约下实现的，而是由于企业内外部环境对高管薪酬的约束引起的。Schaefer（1996）研究了 CEO 的薪酬—业绩敏感度大小与公司规模的关系，发现 CEO 的薪酬—业绩敏感度大致与公司规模的平方根负相关，并且，对于企业高管的平均薪酬也有相同的性质。Schaefer 还比较了用于测量薪酬—业绩敏感度的不同模型设定，结果表明，Jensen 和 Murphy（1990）的设定更加符合实际数据。Hall 和 Liebman（1998）采用福布斯

CEO 调查的数据，以及从 CRSP、Compustat 收集的股票市场和会计报表的数据，对美国 478 家公司 CEO 1980—1994 年的薪酬与企业业绩的相关关系进行了验证。与 Jensen 和 Murphy（1990）的研究结果不同的是，Hall 等（1998）发现，公司 CEO 的薪酬与企业业绩有较强的相关性；在 1980—1994 年这一段时间内，CEO 的薪酬—业绩敏感度逐年提高，并且都显著高于 Jensen 等（1990）的估计结果。Hall 和 Liebman（1998）把这一不同的结果归因为自 1980 年逐年增加的股权激励和期权激励的运用。

关于中国上市公司高管薪酬与公司业绩相关性的研究自 2000 年开始兴起。魏刚（2000）采用 1999 年上市公司高管薪酬的数据研究了上市公司高管货币性薪酬及管理层持股的情况及其与公司业绩的关系，发现中国上市公司高管的报酬呈现下列特征：

第一，中国上市公司高管的薪酬水平总体偏低，"零薪酬"的现象比较普遍。

第二，高管薪酬的高低与行业和地域有很大关系，不同行业、不同地域高管的平均薪酬差异较大。

第三，薪酬结构单一，多数公司高管薪酬形式只有工资与津贴，"零持股"的现象比较普遍。

第四，高管报酬与公司业绩的相关性较弱，不能为高管提供足够的激励。

谌新民和刘善敏（2003）研究了中国 A 股上市公司 2001 年的高管任职情况、报酬结构与企业绩效的关系，发现上市公司经营者报酬水平偏低但有上升的趋势；然而，报酬水平的确定仍然与公司绩效的关系不大，而管理层持股比例与公司绩效有显著的弱相关关系。这一结论与魏刚（2000）的发现相一致。

杜兴强和王丽华（2007）检验了上市公司高管货币性薪酬与多种业绩衡量指标的相关性，研究发现，上市公司高管薪酬与股东财富的前后两期变化显著的正相关关系，这一发现与 Jensen 和 Murphy（1990）对美国企业高管所做的研究结论相一致。然而，根据杜兴强等人（2007）的研究，高管薪酬与本期托宾 Q 值的变化呈负相关关系，与滞后一期的托宾 Q 值呈正相关关系。另外，高管薪酬与会计业绩指标（ROA，ROE）的相关性较强，说明中国上市公司高管薪酬的制定更加关注会计业绩指标。

吴育辉和吴世农（2010）利用 2004—2008 年上市公司前三名高管薪

酬的数据研究发现，上市公司高管薪酬与 ROA 相关，但与股票回报率没有显著的相关关系。另外，他们还发现，高管薪酬并未降低企业的代理成本，反而是提高了代理成本。这反映了薪酬制定过程中高管自利行为的存在，并因此降低了高管薪酬的激励作用。

## 三　数据描述

本章选取 2003—2013 年中国 A 股上市公司作为研究对象。为了使研究结论更加可信，我们选取了尽量长的时间跨度，选取 A 股上市公司是由于在不失代表性的前提下，A 股上市公司的数据更容易获得。尽管政府从 1999 年开始要求上市公司披露薪酬前三位的高管薪酬数量，但是，在实际的数据收集中还是有许多的数据缺失，因此，在实际的回归分析中我们选取了 2003—2013 年作为实证分析的时间跨度，并使用了非平衡面板数据回归分析作为实证分析方法。研究中使用的数据源于 CASMAR 数据库，并剔除了金融业上市公司以及有部分数据缺失的观测值。在本章研究中所使用的关键变量描述如下：

### （一）高管薪酬

本章采用的高管薪酬变量包括 CEO 的货币报酬总额、包括持股价值变动的 CEO 报酬总额和薪酬前三位的公司高管薪酬总和三种。其中，CEO 的货币报酬总额是指 CEO 的工资和津贴的总和，包括持股价值变动的 CEO 报酬总额是由 CEO 报酬总额、CEO 持股数量及 A 股年收盘价计算而来，计算公式为：

$$CEOtotalpay_{it} = CEOpay_{it} + CEOstk_{it} \times stkprice_{it} - CEOstk_{it-1} \times stkprice_{it-1}$$

其中，$CEOtotalpay_{it}$ 为公司 $i$ 在 $t$ 年的包括持股价值变动的 CEO 报酬总额，$CEOpay_{it}$ 为公司 $i$ 在 $t$ 年的 CEO 货币报酬总额，$CEOstk_{it}$ 为公司 $i$ 在 $t$ 年 CEO 持股数量，$stkprice_{it}$ 为公司 $i$ 在 $t$ 年的 A 股年收盘价。本章研究中界定的公司高管不包括董事、独立董事和监事，仅包括在管理层任职的高级管理人员。另外，上市公司 CEO 可能有多种称呼，如总经理、总裁、执行总裁等，本章研究中界定的 CEO 职位包括总经理、总裁、执行总裁、行长以及首席执行官（CEO）。薪酬前三位的公司高管薪酬总和是指总薪酬排名前三的高管薪酬的加总。CEO 的货币报酬总额以及薪酬前三位的公司高管薪酬总和的数据是从 CASMAR 数据库直接收集得到，包括持股价值变动的 CEO 报酬总额。这三种薪酬变量均使用消费物价指数换算成以 2010 年人民币计。

### （二）高管特征

现有文献表明，高管的一些特征比如任职年限、年龄、持股比例等会影响高管薪酬的数量。本章选取了 CEO 任职年限、CEO 年龄、CEO 持有本公司股票占总股本比例，以及是否兼任董事长作为回归分析变量，同时也收集了高管持有本公司股票占总股本比例的数据。其中，对于是否兼任董事长的变量，若公司 CEO 与董事长为同一人，则该变量取 1；若不是同一人，则该变量取 0。

### （三）公司业绩

在以往的研究中，实际使用的公司业绩的衡量指标可以大致分为两类：一类是会计收益率指标，如 ROE（魏刚，2000；夏纪军等，2008）、ROA（杜兴强等，2007；吴世农等，2010）、营业净利率（M. Firth et al., 2006；陈冬华等，2005）、总资产获现率等；另一类是基于市场的指标，如股票收益率（吴世农等，2010）、托宾 Q 值（M. Firth, 2006；吴世农等，2010）、每股收益（张俊瑞等，2003；夏纪军等，2008）等。本章中采用的业绩衡量指标包括 ROE、ROA、ROS（营业利润率）以及经过现金股利再投资调整后的 A 股个股回报率。

### （四）股东财富变动

Jensen 和 Murphy（1990）在对美国企业 CEO 薪酬的研究中，将 CEO 的薪酬—业绩敏感度定义为股东财富变动量对应的 CEO 薪酬的变动量。根据 Jensen 和 Murphy（1990）的研究，股东财富的变动被定义为本期股票的回报率与上期股权价值的乘积，即 $r_t V_{t-1}$，其中，$r_t$ 表示股票的本年回报率，$V_{t-1}$ 表示上年年末的股东权益的市场价值。但是，由于对于中国 A 股上市公司来说，部分公司不仅发行 A 股，还发行 B 股、H 股以及其他海外上市股。这些股票定价不同，回报率也有差异，在计算时以 A 股的个股回报率为基础有可能产生变量测量的误差。因此，我们使用本期股权价值与上期股权价值的差值作为股东财富变动的度量。即：

$$\Delta(shareholderwealth)_t = V_t - V_{t-1}$$

其中，$\Delta(shareholderwealth)_t$ 表示股东财富由 $t-1$ 年到 $t$ 年的变化，$V_t$ 表示第 $t$ 年年末股东权益的市场价值，以 2010 年人民币计。

本章中所用到的所有变量的定义、名称如表8-1所示。

表8-1　　　　　　　　　　变量定义及名称

| 变量名称 | 变量描述 |
| --- | --- |
| moneypay | 上市公司CEO的货币薪酬（包括工资和津贴）（单位：千元） |
| CEOtotalpay | 上市公司CEO的年薪，加上由于持股数量和股价变动而发生的财富变化（单位：千元） |
| realt3pay | 薪酬总额前三名的公司高管的薪酬总和（单位：千元） |
| roa | 总资产净利率（以百分数表示） |
| roe | 净资产利润率（以百分数表示） |
| areturn | 上市公司A股的考虑现金股利再投资的个股年回报率（以百分数表示） |
| career | 上市公司CEO的任职年限 |
| age | 上市公司CEO的年龄 |
| duality | 董事长和CEO两职合一虚拟变量，若两职合一，则取值为1；否则为0 |
| ceoshr | 上市公司CEO持股比例（以千分数表示） |
| manageshr | 高管持股比例（以千分数表示） |
| equityvalue | 股权价值，是上市公司按年收盘价计算的，包括A股、B股、H股及其他海外上市股的人民币总市值（单位：百万元） |
| leverage | 上市公司的资产负债率，即负债总额/总资产×100（以百分数表示） |
| realsize | 账面总资产数额（单位：百万元），取对数代表公司规模 |
| soe | 若实际控制人为国有企业或政府机构，则为1；否则为0 |
| fund | 机构投资者的持股比例（以百分数表示） |
| Shrcr1 | 第一大股东持股比例（以百分数表示） |
| Shrz | 第一大股东持股比例/第二大股东持股比例 |
| INDUSTRY | 行业虚拟变量（证监会一级行业，2012年分类标准） |
| YEAR | 年度虚拟变量（2003-2013年） |

注1：moneypay、totalpay、realt3pay、equityvalue、realsize均以2010年人民币计。

上述变量的描述性统计，以及国有企业和非国有企业分样本描述性统计如表8-2、表8-3和表8-4所示。由于金融企业在财务和运营中的特殊性，我们剔除了金融业上市公司的观测值。另外，为了减少极端值的影响，我们对除SOE、duality、机构投资者持股比例（fund）、第一大股东持股比例（shrcr1），以及第一大股东持股与第二大股东持股之比（shrz）外的所有变量的尾部5%进行了 Winsorize 处理。最后，我们得到11100个观测值，其中，有4909个非国有企业（NSOE）观测值和6191个国有企业（SOE）观测值。统计结果显示，在我们的研究对象范围内，国有企业的平均资产规模为64.4亿元人民币，而非国有企业的平均资产规模较为32.9亿元人民币。值得注意的是，根据统计结果，非国有企业高管持有平均12.7%的本公司股份，而对于国有企业这一比例是0.2%，这一比例是相比于非国有企业，国有企业的高级管理人员持有本公司股份的比例明显较少。这也可以解释在考虑了CEO持股价值的变动后，相比于国有企业，非国有企业的CEO薪酬变动明显更剧烈的现象。

表8-2    变量描述性统计

| 变量名 | 样本数 | 最小值 | 最大值 | 均值 | 中间值 | 标准差 |
|---|---|---|---|---|---|---|
| moneypay | 11100 | 31.79 | 1430.81 | 464.66 | 372.94 | 350.74 |
| totalpay | 11100 | -17693.59 | 29672.07 | 1347.59 | 363.60 | 8607.88 |
| realt3pay | 11100 | 121.67 | 3066.09 | 1225.56 | 1017.68 | 802.33 |
| roa | 11100 | -9.53 | 12.44 | 3.58 | 3.27 | 4.63 |
| roe | 11100 | -17.36 | 22.34 | 6.98 | 7.00 | 8.83 |
| areturn | 11100 | -57.71 | 196.91 | 33.26 | 9.10 | 75.22 |
| career | 11100 | 1.00 | 20.00 | 3.07 | 2.00 | 2.37 |
| age | 11100 | 26.00 | 76.00 | 47.77 | 48.00 | 6.34 |
| duality | 11100 | 0.00 | 1.00 | 0.18 | 0.00 | 0.38 |
| ceoshr | 11100 | 0.00 | 668.02 | 19.79 | 0.00 | 73.94 |
| manageshr | 11100 | 0.00 | 849.42 | 57.54 | 0.06 | 147.64 |
| equityvalue | 11100 | 0.40 | 20.05 | 5.42 | 3.29 | 5.37 |
| leverage | 11100 | 11.78 | 86.08 | 48.86 | 49.96 | 19.91 |
| realsize | 11100 | 397.98 | 22311.46 | 5048.40 | 2551.51 | 6037.29 |
| shrcr1 | 11100 | 14.52 | 65.66 | 35.87 | 33.88 | 14.55 |
| shrz | 11100 | 1.09 | 83.06 | 14.41 | 5.33 | 20.53 |
| fund | 11100 | 0.00 | 66.36 | 4.78 | 0.93 | 8.02 |

表8-3　　　　　　　　　国有企业样本描述性统计

| 变量名 | 样本数 | 最小值 | 最大值 | 均值 | 中间值 | 标准差 |
|---|---|---|---|---|---|---|
| moneypay | 6191 | 31.79 | 1430.81 | 459.89 | 377.41 | 342.71 |
| totalpay | 6191 | -17693.59 | 29672.07 | 600.64 | 365.41 | 3400.42 |
| realt3pay | 6191 | 121.67 | 3066.09 | 1247.32 | 1054.80 | 793.64 |
| roa | 6191 | -9.53 | 12.44 | 3.24 | 2.98 | 4.50 |
| roe | 6191 | -17.36 | 22.34 | 6.77 | 6.89 | 8.93 |
| areturn | 6191 | -57.71 | 196.91 | 34.05 | 7.75 | 77.82 |
| career | 6191 | 1.00 | 18.00 | 2.77 | 2.00 | 2.17 |
| age | 6191 | 27.00 | 75.00 | 48.39 | 48.00 | 5.83 |
| duality | 6191 | 0.00 | 1.00 | 0.09 | 0.00 | 0.29 |
| ceoshr | 6191 | 0.00 | 284.56 | 0.70 | 0.00 | 9.05 |
| manageshr | 6191 | 0.00 | 422.18 | 2.28 | 0.02 | 16.06 |
| equityvalue | 6191 | 0.40 | 20.05 | 6.20 | 3.74 | 5.90 |
| leverage | 6191 | 11.78 | 86.08 | 52.68 | 54.30 | 18.82 |
| realsize | 6191 | 397.98 | 22311.46 | 6442.33 | 3349.73 | 6825.47 |
| shrcr1 | 6191 | 14.52 | 65.66 | 38.70 | 38.33 | 14.65 |
| shrz | 6191 | 1.09 | 83.06 | 18.29 | 8.16 | 22.95 |
| sumfund | 6191 | 0.00 | 66.36 | 4.73 | 1.07 | 7.95 |

表8-4　　　　　　　　　非国有企业样本描述性统计

| 变量名 | 样本数 | 最小值 | 最大值 | 均值 | 中间值 | 标准差 |
|---|---|---|---|---|---|---|
| moneypay | 4909 | 31.79 | 1430.81 | 470.68 | 368.51 | 360.56 |
| totalpay | 4909 | -17693.59 | 29672.07 | 2289.59 | 360.13 | 12303.90 |
| realt3pay | 4909 | 121.67 | 3066.09 | 1198.13 | 968.94 | 812.41 |
| roa | 4909 | -9.53 | 12.44 | 4.01 | 3.73 | 4.76 |
| roe | 4909 | -17.36 | 22.34 | 7.24 | 7.11 | 8.69 |
| areturn | 4909 | -57.71 | 196.91 | 32.26 | 10.34 | 71.81 |
| career | 4909 | 1.00 | 20.00 | 3.46 | 3.00 | 2.56 |
| age | 4909 | 26.00 | 76.00 | 46.99 | 47.00 | 6.85 |
| duality | 4909 | 0.00 | 1.00 | 0.28 | 0.00 | 0.45 |
| ceoshr | 4909 | 0.00 | 668.02 | 43.87 | 0.00 | 105.93 |
| manageshr | 4909 | 0.00 | 849.42 | 127.23 | 1.03 | 200.64 |

续表

| 变量名 | 样本数 | 最小值 | 最大值 | 均值 | 中间值 | 标准差 |
|---|---|---|---|---|---|---|
| equityvalue | 4909 | 0.40 | 20.05 | 4.44 | 2.82 | 4.42 |
| leverage | 4909 | 11.78 | 86.08 | 44.04 | 44.56 | 20.20 |
| realsize | 4909 | 397.98 | 22311.46 | 3290.43 | 1732.48 | 4257.69 |
| shrcr1 | 4909 | 14.52 | 65.66 | 32.30 | 29.70 | 13.61 |
| shrz | 4909 | 1.09 | 83.06 | 9.51 | 3.54 | 15.67 |
| fund | 4909 | 0.00 | 54.31 | 4.84 | 0.76 | 8.11 |

## 四 高管薪酬是否与公司业绩有关？

关于高管薪酬与公司业绩的相关性，我们首先需要回答的问题是，上市公司高管的薪酬的高低是否与上市公司的业绩有关系。国内外许多学者对这一问题做出过研究，得出了不同的结论。根据 Jensen 和 Meckling (1976) 的研究，在最优契约下，公司高管报酬应该与公司股票的市场表现一致，从而可以对公司高管形成有效的激励。然而，Jensen 和 Murphy (1990) 对美国上市公司高管的研究表明，虽然这一相关性的确存在，但在实际的经济意义上这一相关性并不是很强，从而不太可能提供足够有效的高管激励。魏刚 (2000) 对 1999 年中国上市公司高管的研究表明，高管报酬与以 ROE 代表的上市公司业绩的相关性较弱。谌新民和刘善敏 (2003) 发现，CEO 是否兼任董事长以及报酬形式是否多元化，对薪酬与公司业绩（以 ROE 代表）的关系有影响。张俊瑞等 (2003) 指出，上市公司高管的对数薪酬与每股收益、国家持股比例以及管理层持股比例等多种因素有多元线性关系。随后，杜兴强和王丽华 (2007) 检验了上市公司高管货币性薪酬与多种业绩衡量指标的相关性。他们发现，上市公司高管的货币性薪酬与会计业绩指标如 ROA、ROE 的相关关系较强，与 TobinQ 的变化负相关，说明高管薪酬的制定更加关注会计指标，而忽略市场指标。吴育辉等人 (2010) 也得出了类似的结论。

总结上述文献的结论，中国上市公司高管的货币性薪酬与公司的会计业绩相关，与市场表现关系较弱，同时，高管薪酬还与高管的某些特征如任职年限等，以及公司的某些特征如公司规模等有相关关系。然而，根据辛清泉（2009）对国有上市公司2000—2005年的数据的研究，国有上市公司的对数高管薪酬与公司市场业绩表现的关系正逐年增强。这样，我们延长数据长度到2013年，对高管薪酬与公司市场业绩和会计业绩的相关性重新进行了检验，以期获得更准确的认识。

**（一）高管薪酬的决定因素**

基于现有文献及理论分析，我们对高管薪酬与相关性做了如下理论假设：

第一，我们假设高管薪酬与以会计业绩和市场业绩为代表的公司业绩正相关。在理论上，高管薪酬与公司业绩的相关性也是提供高管激励的重要手段。另外，这一假设的理由还来自以往的研究。一方面，几乎所有的现有文献都发现了高管薪酬与会计业绩的正相关关系（魏刚，2000；谌新民等，2003；杜兴强等，2007；吴育辉等，2010）；另一方面，虽然一部分学者的研究结论指出，高管薪酬与公司股票业绩没有表现出相关性（杜兴强等，2007；吴育辉等，2010），但是，也有学者发现了两者在一定程度上的相关性（张俊瑞，2003）。另外，有文献表明，高管薪酬与股票市场表现的相关性正在增强（辛清泉，2009）。

第二，我们假设高管薪酬与任职年限和高管年龄成正比。考虑到中国企业内部的惯例，年龄、资历都是决定薪酬高低的重要因素，年龄大的或任职年限长的高管有可能得到更高的薪酬。

第三，我们假设如果CEO与董事长两职合一，那么高管年薪会更高。我们认为，这是由于CEO有了更多的权力，就会想办法增加自身的利益，从而自身报酬会更高。

第四，我们假设股权越集中，高管薪酬越低，理由是股权越集中，公司的主要股东越有能力对高管实施监管，遏制高管的自利行为，从而高管薪酬越低。

第五，我们假设公司规模与高管薪酬正相关，因为相对于小公司，管理大公司的难度更大。这与现有文献的结论是一致的（如杜兴强、王丽华，2007；权小锋、吴世农、文芳，2010）。

最后，由于国有企业与非国有企业在很多方面有所不同，国有企业在高管薪酬的决定方面可能不同于非国有企业，比如国有企业高管的薪酬受到管制，不能体现对高管的激励，从而薪酬与业绩的关联减弱；另外，与私人企业不同，对国有企业的监督是通过国有或者地方监督机构进行的，但是，由于这些监督机构本身也存在问题，因此国有企业的治理结构对国有企业的影响偏弱。因此，我们对模型分组做了估计。

在以上假设基础上，我们将决定高管薪酬水平的回归模型设定为：

$$Compensation_{it} = \alpha_0 + \beta_1 performance_{it} + \beta_2 age_{it} + \beta_3 career_{it} + \beta_4 duality_{it} + \beta_5 Shrcr1_{it} + \beta_6 shrz_{it} + \beta_7 size_{it} + \epsilon_{it}$$

其中，$Compensation_{it}$ 为公司 $i$ 在 $t$ 年高管的年薪，其有可能是 CEO 货币薪酬（moneypay）或包含持股价值变动的 CEO 薪酬（CEOtotalpay），以及前三位高管的年薪总额（realt3pay）；$Performance_{it}$ 为上市公司业绩，这一变量有可能是 ROA、ROE、和 areturn；$age$ 为公司高管年龄；$Career$ 为 CEO 任职年限；$Duality$ 为表示 CEO 是否兼任董事长的虚拟变量，若是，则取值为 1，否则为 0；$shrcr1$、$shrz$ 为股权集中度指标；$size$（$logAsset$）为公司账面总资产的对数，代表公司规模。

（二）回归结果及解释

我们首先估计了使用 CEO 的货币性薪酬（moneypay）作为因变量的回归模型。估计结果如表 8-5 和表 8-6 所示。表 8-5 报告了使用会计业绩即净资产收益率（roe）作为回归自变量的估计结果。从表中可以看到，在全样本的回归结果中，不管是在混合横截面还是固定效应模型中，roe 的系数都为正，并且十分显著。另外，表 8-6 报告了使用市场业绩即 areturn 作为自变量的估计结果。并且同样的，我们发现业绩表现，即 areturn 的系数为正。在控制了公司个体特征的固定效应模型中是不显著的，但是，如果只控制行业特征的因素即使用 PoolOLS 方法并控制行业变量，我们发现，areturn 变量的系数是显著为正的。这一结果与杜兴强和王丽华（2007）关于高管薪酬与会计业绩相关，而与市场表现相关关系较弱的研究结论是一致的。在对 CEO 货币薪酬的全样本回归分析中，控制了公司的个体特征后，roe 系数为 4.15，表明净资产收益率增加 1%，则 CEO 的货币薪酬相应增加 4150 元；而对应的 CEO 货币薪酬与个股收益率的关系不显著，而且即使忽略公司的个体特征，仅考虑行业的影响，CEO 货币薪酬受市场表现的影响也较弱：根据 PoolOLS 的回归结果，个股收益率增加 1% 仅仅使 CEO 薪酬增加 400 元。

表8-5　CEO薪酬（moneypay）与公司业绩（ROE）的相关性

| | FE effect | | | Pooled OLS | | |
|---|---|---|---|---|---|---|
| | Full Sample | SOE | NSOE | Full Sample | SOE | NSOE |
| roe | 4.150*** | 4.858*** | 2.687*** | 9.281*** | 9.120*** | 8.880*** |
| | [0.366] | [0.486] | [0.532] | [0.338] | [0.428] | [0.551] |
| age | 3.292*** | 3.125*** | 3.274*** | 3.220*** | 2.523*** | 4.375*** |
| | [0.739] | [0.882] | [1.234] | [0.476] | [0.684] | [0.683] |
| career | 4.385*** | 8.439*** | -2.060 | 9.607*** | 11.873*** | 6.641*** |
| | [1.487] | [1.907] | [2.379] | [1.625] | [2.310] | [2.316] |
| duality | 10.233 | -4.204 | 13.683 | 53.840*** | 51.445*** | 46.204*** |
| | [11.946] | [15.513] | [16.806] | [8.312] | [14.459] | [10.722] |
| leverage | -1.020*** | -1.685*** | -0.077 | -1.588*** | -2.052*** | -1.187*** |
| | [0.318] | [0.371] | [0.506] | [0.158] | [0.209] | [0.248] |
| shrcr1 | 0.023 | -0.324 | 1.491 | -1.762*** | -1.626*** | -1.290*** |
| | [0.616] | [0.755] | [1.052] | [0.247] | [0.317] | [0.396] |
| shrz | -0.159 | -0.267 | 0.028 | -0.949*** | -0.990*** | -0.891*** |
| | [0.192] | [0.204] | [0.426] | [0.147] | [0.162] | [0.334] |
| size | 111.451*** | 95.638*** | 129.292*** | 124.432*** | 114.188*** | 151.219*** |
| | [10.038] | [11.448] | [16.598] | [3.323] | [4.158] | [5.763] |
| constant | -799.582*** | -545.645*** | -1100.881*** | -893.584*** | -808.454*** | -1130.075*** |
| | [108.192] | [109.037] | [161.381] | [44.220] | [64.510] | [62.231] |
| year | YES | YES | YES | YES | YES | YES |
| industry | | | | YES | YES | YES |
| observations | 11100 | 6191 | 4909 | 11100 | 6191 | 4909 |
| Adj. R-squared | 0.235 | 0.218 | 0.251 | 0.293 | 0.316 | 0.285 |

注：Robust standard errors in brackets. *** $p<0.01$, ** $p<0.05$, * $p<0.1$。

表8-6　CEO薪酬（moneypay）与公司业绩（areturn）的相关性

| | FE effect | | | Pooled OLS | | |
|---|---|---|---|---|---|---|
| | Full Sample | SOE | NSOE | Full Sample | SOE | NSOE |
| areturn | 0.087 | 0.053 | 0.076 | 0.393*** | 0.373*** | 0.378*** |
| | [0.055] | [0.075] | [0.080] | [0.075] | [0.100] | [0.113] |

续表

| | FE effect | | | Pooled OLS | | |
|---|---|---|---|---|---|---|
| | Full Sample | SOE | NSOE | Full Sample | SOE | NSOE |
| age | 3.544*** | 3.605*** | 3.379*** | 3.239*** | 3.040*** | 4.264*** |
| | [0.749] | [0.918] | [1.224] | [0.492] | [0.700] | [0.710] |
| career | 3.946*** | 8.436*** | -2.567 | 10.870*** | 13.272*** | 7.398*** |
| | [1.507] | [1.948] | [2.371] | [1.663] | [2.363] | [2.361] |
| duality | 9.951 | -6.230 | 14.290 | 53.682*** | 47.835*** | 44.667*** |
| | [11.975] | [15.829] | [16.708] | [8.582] | [14.977] | [11.013] |
| leverage | -1.614*** | -2.512*** | -0.336 | -2.509*** | -3.014*** | -1.924*** |
| | [0.326] | [0.386] | [0.508] | [0.159] | [0.209] | [0.251] |
| shrcr1 | 0.801 | 0.504 | 2.136** | -0.926*** | -0.885*** | -0.339 |
| | [0.623] | [0.779] | [1.047] | [0.251] | [0.326] | [0.396] |
| shrz | -0.350* | -0.493** | -0.053 | -1.484*** | -1.470*** | -1.345*** |
| | [0.198] | [0.215] | [0.421] | [0.150] | [0.166] | [0.342] |
| size | 118.884*** | 104.089*** | 132.749*** | 146.425*** | 135.499*** | 175.224*** |
| | [10.518] | [11.836] | [16.845] | [3.353] | [4.192] | [5.708] |
| constant | -874.833*** | -606.511*** | -1134.825*** | -1078.311*** | -1018.928*** | -1322.264*** |
| | [116.217] | [111.778] | [171.611] | [51.625] | [68.596] | [73.151] |
| year | YES | YES | YES | YES | YES | YES |
| industry | | | | YES | YES | YES |
| observations | 11100 | 6191 | 4909 | 11100 | 6191 | 4909 |
| Adj. R-squared | 0.216 | 0.190 | 0.243 | 0.248 | 0.270 | 0.248 |

除个股收益率和净资产收益率两个业绩表现的变量外，我们在对CEO薪酬的分析中还包括其他CEO特征和治理结构特征的变量。在全样本固定效应模型中的估计结果中，以roe为业绩变量时，CEO年龄的系数为正（3.292）并且在1%的水平下是显著的；以areturn为业绩变量时，CEO年龄的系数为正（3.544）并且在1%的水平下显著。这一关系在不同的模型设定下是很稳健的，并且与我们的预期一致。这说明在上市公司CEO的薪酬决定中的确存在年龄上的考虑，或者是年龄大的管理者凭借其丰富的经验获得了比较高的薪酬。同样的，不论是以roe还是以areturn

为业绩变量，在固定效应模型和混合横截面模型中任职年限的系数都是显著的，在固定效应中分别为 4.385 和 3.946。这说明任职年限越长，CEO 货币薪酬越高。

在回归模型中，Duality 代表 CEO 是否兼任董事长。在全样本回归结果中，duality 的混合横截面模型的系数为正，分别为 53.8 和 53.7，而且分别在 1% 的水平下显著。[①] leverage 变量的回归系数显著为负，说明增加财务杠杆会使得 CEO 报酬减少，这与我们的假设一致。另外，在混合横截面回归结果中，shrcr1 与 shrz 的系数都为负且在 1% 的水平上显著，这与我们的预期一致，即股权越集中，对高管的监督越有效，CEO 薪酬越低；然而，在固定效应模型回归结果中，两者的系数都不显著。最后，公司规模的变量 size 的系数是正的而且在 1% 的水平下显著，这符合我们的预期，表明 CEO 货币薪酬水平随上市公司规模的扩大而提高。

在估计了模型的全样本回归系数后，我们还对国有企业和非国有企业子样本分别进行了模型的估计。表 8-5 混合横截面模型和固定效应模型后两栏分别报告了国有企业和非国有企业的回归估计结果。从表中可以看出，在固定效应模型的估计结果中，以 roe 为业绩变量的国有企业业绩的回归系数为 4.858，非国有企业业绩的回归系数为 2.687，两者都在 1% 的水平下显著，这一结果表明，高管薪酬与公司的会计业绩在国有企业里表现得更加相关。另外，在以 areturn 为业绩变量的固定效应模型中，areturn 变量系数数值很小，而且都不显著。虽然在 PooledOLS 模型里 areturn 系数在 1% 水平下显著为正，但是，系数数值很小，为 0.37，所以，根据回归结果，在国有企业和非国有企业里 CEO 的货币薪酬与股票市场表现相关性很弱。对于非国有企业业绩变量回归系数显著性较低的事实，一个可能的解释是对于非国有企业，高管的薪酬激励使用其他手段如股权激励，而没有在货币性薪酬中体现。

表 8-5 中还报告了分样本的高管薪酬与高管特征、公司治理特征的关系。CEO 年龄的变量系数为正且都在 1% 的水平下显著，这同全样本回归的结果一致。对于 CEO 任职年限变量，不论是使用会计业绩或市场表现为自变量，国有企业该项系数显著为正，而非国有企业该项系数不显

---

① 由于这个变量随时间变化较小，其系数在固定效应模型中不显著。

著。这一结果表明,相比较非国有企业而言,国有企业在 CEO 货币薪酬的决定中更看重资历的因素,而非国有企业在货币薪酬决定中较少考虑这一特征。然后,与全样本回归相同,在固定效应模型中,关于股权集中度的变量基本上都不显著;在混合横截面回归模型中,第一大股东持股比例变量(shrcr1)以及第一大与第二大股东持股比变量(shrz)都显著为负,这与我们的预期是一致的。最后,国有企业与非国有企业的公司规模变量(logasset)的系数都显著为正,并且非国有企业中公司规模的影响更大。这与我们的预期一致,说明上市公司高管的薪酬随公司规模的扩大而提高。

**(三) 替代的薪酬变量选择**

在上述的回归模型中,我们使用 CEO 货币薪酬作为因变量,而这一变量的选择可能会有一些缺陷。首先,这一变量的选择没有考虑其他高管的薪酬。为了避免只选取 CEO 薪酬作为高管薪酬变量而引起的变量代表性的问题,我们选取薪酬前三名高管的薪酬总和。其次,选取 CEO 货币薪酬作为研究对象,没有考虑 CEO 持有本公司股份的因素。从广义上讲,CEO 因为股票价值的变化而发生的非货币性收益和亏损也应该视为 CEO 报酬的一部分。而且,这一部分"报酬"与公司的市场业绩表现具有很强的相关关系(Jensen and Murphy,1990;Hall and Liebman,1998)。为了克服这一缺陷,我们在 CEO 货币薪酬的基础上增加 CEO 持股价值的变动作为另一种薪酬变量,以确保研究结论的稳健性。表 8 – 7 至表 8 – 10 报告了模型的估计结果。

**表 8 – 7    考虑持股价值变动的 CEO 报酬(totalpay)与公司业绩(ROE)的相关性**

| | FE effect | | | Pooled OLS | | |
|---|---|---|---|---|---|---|
| | Full Sample | SOE | NSOE | Full Sample | SOE | NSOE |
| roe | 75.377*** [9.806] | 18.965*** [5.509] | 149.797*** [22.740] | 93.671*** [8.628] | 34.006*** [5.691] | 164.256*** [18.358] |
| age | 61.994*** [18.346] | 21.089*** [7.740] | 128.923*** [39.047] | -25.417* [13.163] | 6.988 [8.334] | -31.423 [24.085] |
| career | 163.093*** [48.927] | 27.383 [31.443] | 329.925*** [104.786] | 292.413*** [45.377] | 76.788** [30.784] | 458.370*** [85.585] |

续表

|  | FE effect | | | Pooled OLS | | |
|---|---|---|---|---|---|---|
|  | Full Sample | SOE | NSOE | Full Sample | SOE | NSOE |
| duality | 1664.558*** | 51.499 | 2667.986*** | 2310.510*** | 407.927* | 3031.428*** |
|  | [406.392] | [306.636] | [675.997] | [303.096] | [220.672] | [444.336] |
| leverage | 28.358*** | -3.514 | 45.713*** | -4.402 | -2.577 | -0.216 |
|  | [8.133] | [3.189] | [17.646] | [4.358] | [2.982] | [8.750] |
| shrcr1 | -12.744 | -6.620 | -36.565 | -16.601** | -11.993*** | -28.305** |
|  | [15.656] | [7.032] | [39.737] | [6.595] | [4.301] | [13.583] |
| shrz | 1.586 | 1.209 | -0.285 | -5.015** | 0.233 | -10.169 |
|  | [3.056] | [1.147] | [10.463] | [2.549] | [1.364] | [6.979] |
| size | 26.475 | 204.431** | 72.437 | 50.555 | 170.126*** | 90.943 |
|  | [191.725] | [98.481] | [455.979] | [77.451] | [55.984] | [173.174] |
| constant | -3536.212** | -1917.585** | -6109.838* | -204.900 | -964.665* | -1224.294 |
|  | [1462.151] | [745.067] | [3441.259] | [959.773] | [530.249] | [1869.547] |
| year | YES | YES | YES | YES | YES | YES |
| industry |  |  |  | YES | YES | YES |
| observations | 11100 | 6191 | 4909 | 11100 | 6191 | 4909 |
| Adj. R-squared | 0.067 | 0.016 | 0.132 | 0.086 | 0.029 | 0.135 |

表8-8　　前三位高管薪酬总额（realt3pay）与
公司市场表现（areturn）的相关性

|  | (1) | (2) | (3) | (4) | (5) | (6) |
|---|---|---|---|---|---|---|
|  | Full Sample | SOE | NSOE | Full Sample | SOE | NSOE |
| areturn | 0.036 | 0.027 | -0.125 | 0.680*** | 0.667*** | 0.634*** |
|  | [0.105] | [0.139] | [0.151] | [0.160] | [0.216] | [0.241] |
| age | 5.990*** | 5.581*** | 6.849*** | 7.868*** | 7.573*** | 8.862*** |
|  | [1.454] | [1.873] | [2.251] | [1.048] | [1.499] | [1.509] |
| career | 0.179 | 2.913 | -5.590 | 12.684*** | 10.472** | 13.431*** |
|  | [2.720] | [3.684] | [4.027] | [3.484] | [4.854] | [5.028] |

续表

|  | (1) | (2) | (3) | (4) | (5) | (6) |
|---|---|---|---|---|---|---|
|  | Full Sample | SOE | NSOE | Full Sample | SOE | NSOE |
| duality | 5.748 | -16.439 | 12.338 | 96.383*** | 68.825** | 101.213*** |
|  | [23.356] | [32.938] | [31.994] | [17.995] | [30.616] | [23.425] |
| leverage | -3.813*** | -5.579*** | -1.172 | -6.184*** | -7.355*** | -4.682*** |
|  | [0.671] | [0.808] | [0.997] | [0.350] | [0.465] | [0.553] |
| shrcr1 | 1.550 | 1.103 | 3.355 | -0.206 | -0.427 | 0.769 |
|  | [1.301] | [1.654] | [2.152] | [0.534] | [0.701] | [0.829] |
| shrz | -0.882** | -1.107** | -0.513 | -4.194*** | -4.020*** | -4.427*** |
|  | [0.402] | [0.445] | [0.849] | [0.333] | [0.383] | [0.723] |
| size | 305.634*** | 262.046*** | 353.986*** | 383.746*** | 365.116*** | 427.137*** |
|  | [22.096] | [26.742] | [33.334] | [6.879] | [8.812] | [11.758] |
| constant | -2143.144*** | -1482.136*** | -2676.693*** | -2828.545*** | -2718.043*** | -3173.279*** |
|  | [245.299] | [302.297] | [350.637] | [115.040] | [159.132] | [159.837] |
| year | YES | YES | YES | YES | YES | YES |
| industry |  |  |  | YES | YES | YES |
| observations | 11100 | 6191 | 4909 | 11100 | 6191 | 4909 |
| Adj. R-squared | 0.335 | 0.309 | 0.355 | 0.324 | 0.350 | 0.307 |

表8-9　考虑持股价值变动的CEO报酬（totalpay）与公司市场表现（areturn）的相关性

|  | (1) | (2) | (3) | (4) | (5) | (6) |
|---|---|---|---|---|---|---|
|  | Full Sample | SOE | NSOE | Full Sample | SOE | NSOE |
| areturn | 36.288*** | 7.506*** | 67.543*** | 45.065*** | 9.709*** | 76.980*** |
|  | [2.565] | [1.592] | [5.107] | [2.257] | [1.542] | [4.202] |
| age | 71.494*** | 24.308*** | 126.839*** | -17.561 | 9.313 | -16.530 |
|  | [18.172] | [7.714] | [38.933] | [12.953] | [8.355] | [23.370] |
| career | 152.304*** | 27.412 | 284.734*** | 304.871*** | 83.422*** | 476.300*** |
|  | [47.777] | [31.247] | [100.902] | [43.681] | [30.691] | [80.945] |

续表

|  | (1) | (2) | (3) | (4) | (5) | (6) |
|---|---|---|---|---|---|---|
|  | Full Sample | SOE | NSOE | Full Sample | SOE | NSOE |
| duality | 1719.328*** | 54.473 | 2931.519*** | 2184.071*** | 396.127* | 2792.029*** |
|  | [407.978] | [306.210] | [683.863] | [294.186] | [220.432] | [425.328] |
| leverage | 10.655 | -7.345** | 1.734 | -13.410*** | -6.378** | -13.719 |
|  | [8.037] | [3.162] | [18.287] | [4.253] | [3.068] | [8.505] |
| shrcr1 | -10.795 | -5.552 | -13.260 | -13.040** | -9.852** | -23.419* |
|  | [15.744] | [7.259] | [39.607] | [6.377] | [4.192] | [12.954] |
| shrz | 2.971 | 1.290 | 7.337 | -6.228** | -1.087 | -5.677 |
|  | [3.242] | [1.257] | [10.697] | [2.564] | [1.379] | [6.952] |
| size | 522.268*** | 327.104*** | 1055.360** | 371.989*** | 273.950*** | 589.356*** |
|  | [194.836] | [98.170] | [473.182] | [76.087] | [58.383] | [165.138] |
| constant | -6816.907*** | -2903.044*** | -10415.862*** | -2130.510** | -1858.547*** | -3086.908 |
|  | [1516.854] | [767.120] | [3644.251] | [1013.908] | [540.135] | [2075.056] |
| year | YES | YES | YES | YES | YES | YES |
| industry |  |  |  | YES | YES | YES |
| observations | 11100 | 6191 | 4909 | 11100 | 6191 | 4909 |
| Adj. R-squared | 0.097 | 0.023 | 0.180 | 0.123 | 0.034 | 0.192 |

表 8-10 前三位高管薪酬总额（realt3pay）与公司业绩（ROE）的相关性

|  | (1) | (2) | (3) | (4) | (5) | (6) |
|---|---|---|---|---|---|---|
|  | Full Sample | SOE | NSOE | Full Sample | SOE | NSOE |
| roe | 8.027*** | 10.067*** | 4.169*** | 20.232*** | 20.196*** | 19.565*** |
|  | [0.751] | [1.006] | [1.069] | [0.734] | [0.944] | [1.182] |
| age | 5.523*** | 4.600** | 6.655*** | 7.860*** | 6.435*** | 9.154*** |
|  | [1.441] | [1.827] | [2.258] | [1.016] | [1.468] | [1.454] |
| career | 1.018 | 2.920 | -4.869 | 9.929*** | 7.402 | 11.776** |
|  | [2.682] | [3.587] | [4.055] | [3.388] | [4.718] | [4.917] |
| duality | 6.520 | -12.116 | 12.282 | 96.186*** | 76.851*** | 103.998*** |
|  | [23.293] | [32.091] | [32.099] | [17.345] | [29.187] | [22.774] |

续表

|  | (1) | (2) | (3) | (4) | (5) | (6) |
| --- | --- | --- | --- | --- | --- | --- |
|  | Full Sample | SOE | NSOE | Full Sample | SOE | NSOE |
| leverage | -2.690*** | -3.873*** | -0.882 | -4.176*** | -5.229*** | -3.057*** |
|  | [0.654] | [0.770] | [1.000] | [0.349] | [0.464] | [0.547] |
| shrcr1 | -0.001 | -0.637 | 2.304 | -2.050*** | -2.079*** | -1.363* |
|  | [1.281] | [1.603] | [2.152] | [0.523] | [0.681] | [0.825] |
| shrz | -0.494 | -0.629 | -0.341 | -3.009*** | -2.948*** | -3.390*** |
|  | [0.391] | [0.419] | [0.859] | [0.326] | [0.376] | [0.698] |
| size | 292.624*** | 245.566*** | 351.664*** | 336.237*** | 318.390*** | 374.400*** |
|  | [21.162] | [25.883] | [32.740] | [6.919] | [8.878] | [11.992] |
| constant | -2004.859*** | -1364.613*** | -2633.315*** | -2426.140*** | -2254.049*** | -2745.010*** |
|  | [226.220] | [298.493] | [332.124] | [101.884] | [159.495] | [131.909] |
| year | YES | YES | YES | YES | YES | YES |
| industry |  |  |  | YES | YES | YES |
| observations | 11100 | 6191 | 4909 | 11100 | 6191 | 4909 |
| Adj. R-squared | 0.352 | 0.336 | 0.359 | 0.366 | 0.393 | 0.343 |

首先，表8-7及表8-9报告了使用考虑持股价值变动的CEO报酬的回归结果。总体来看，我们前述的结论基本上得到了支持。第一，在全样本估计结果中，我们发现了CEO报酬与公司业绩表现的正相关关系。第二，与前述结果相同的，CEO报酬与CEO的年龄具有正向的相关关系，估计系数为62（以roe为自变量的估计结果，1%水平下显著）和71.5（以areturn为自变量的估计结果，1%水平下显著）。第三，在全样本固定效应模型估计结果中，我们发现企业资产规模与高管薪酬的正相关关系，尽管在业绩变量为roe时这一关系并不显著。

其次，与前述的结论不同，非国有企业CEO报酬随任职年限的增长而增加。从分组的固定效应回归的结果看，非国有企业CEO任职年限变量的回归系数为329.9（roe为业绩变量，1%水平下显著），而国有企业该项系数是不显著的。这一结果可以解释为在非国有企业中CEO报酬随资历增长的增加主要体现为持股价值的变动。

再次，为了得到更全面地考虑除CEO外其他高管的报酬，我们使用薪酬前三位的高管报酬总额作为CEO薪酬的另一种度量进行了回归估计，表8-8及表8-10报告了估计结果。从表8-8和表8-10的估计结果来看，前述结论得到了支持。

最后，除选择ROA作为会计业绩表现的变量外，我们还检查了ROS（销售利润率）、ROE（权益净利率）分别作为会计业绩表现的回归估计结果。这些回归分析的结果支持了我们前述的结论，说明我们的结论是稳健的。

## 五 高管薪酬的薪酬——业绩敏感度

### （一）理论模型

为进一步研究中国上市公司高管薪酬与公司业绩的定量关系，我们根据Jensen和Murphy（1990）的方法，估计了中国上市公司高管薪酬的业绩敏感度。根据Jensen和Murphy（1990）的研究，高管薪酬的业绩敏感度被定义为与一定量的股东财富增加量相联系的高管薪酬增加的数量。Jensen和Murphy（1990）在估计美国公司CEO薪酬与公司业绩的敏感度时，使用的回归模型为：

$$\Delta(compensation_{it}) = \beta_0 + \beta_1 \Delta(shareholderwealth_{it}) + \epsilon_{it}$$

其中，$\Delta(compensation_{it})$代表上市公司$i$第$t$年到第$t-1$年高管薪酬的变动量，$\Delta(shareholderwealth_{it})$代表公司所有者在本期权益的增加。根据Jensen和Murphy（1990）的说明，$\Delta(shareholderwealth_{it})$的计算方法为$r_t V_{t-1}$，其中，$r_t$表示股票的本年回报率，$V_{t-1}$表示上一年年末的股东权益的市场价值，$\beta_1$即为高管的薪酬——业绩敏感度。进一步地，Jensen等（1990）认为，公司业绩对高管薪酬滞后作用，因此，他们将初始的模型扩展为：

$$\Delta(compensation_{it}) = \beta_0 + \beta_1 \Delta(shareholderwealth_{it}) + \beta_2 \Delta(shareholderwealth_{it-1}) + \epsilon_{it}$$

其中，$\Delta(compensation_{it})$代表所有者权益在滞后一期的增加。根据Jensen等（1990）的说明，即为上市公司高管薪酬的业绩敏感度。在对不同规模的公司进行高管薪酬业绩敏感度的估计时，Jensen等发现，规模大的公司，其高管薪酬与股东权益市场价值的变动相关性更弱。这一结论也在 Scott Schaefer（1996）的研究中得到了证实。这说明中国上市公司高管的薪酬—业绩敏感度与公司规模呈负相关的关系。根据文献的研究结果及上述结论，我们对薪酬—业绩敏感度的估计模型设定如下：

$$\Delta(compensation_{it}) = \beta_0 + \beta_1 \Delta(shareholderwealth_{it}) + \beta_2 \Delta(shareholderwealth_{it-1}) + industry + year + \epsilon_{it} \quad (8.1)$$

$$\Delta(compensation_{it}) = \beta_0 + \beta_1 \Delta(shareholderwealth_{it}) + \beta_2 \Delta(shareholderwealth_{it-1}) + \beta_3 \ln(asset) + industry + year + \epsilon_{it} \quad (8.2)$$

回归模型（8.1）用于估计上市公司高管薪酬的薪酬—业绩敏感度，回归模型（8.2）用于检验这一度量是否受公司规模的影响。

在计算股东权益价值变动时，由于中国上市公司不仅仅发行 A 股，也有部分公司发行 B 股、H 股和其他海外上市股，使用 A 股的个股回报率会使计算的结果有误差。因此，对于公司 $i$，我们使用第 $t$ 年股权价值（包括该公司当年年末所有类型股权益的市场价值总和）减去第 $t-1$ 年股权价值作为公司 $i$ 在第 $t$ 年股东权益价值的变动，即：

$$\Delta(shareholderwealth)_t = equityvalue_t - equityvalue_{t-1}$$

其中，$\Delta(shareholderwealth)_t$ 表示股东财富由 $t-1$ 年到 $t$ 年的变化，$Equityvalue_t$ 表示第 $t$ 年年末股东权益的市场价值。

（二）薪酬—业绩敏感度估计结果

在上述理论模型的系数估计中，我们使用了混合横截面（Pooled OLS）模型，控制了行业和年度变量。我们使用了三种不同的高管薪酬变量来估计薪酬—业绩敏感度：CEO 货币性薪酬（moneypay）、CEO 总报酬（totalpay），以及薪酬前三位高管的薪酬和（realt3pay）。

我们首先估计了 CEO 的货币性薪酬对公司股东财富变动的敏感度，估计结果如表 8-11 所示。由估计结果可知，在不考虑滞后一期的股权价值变动对本期 CEO 薪酬的影响的情况下，每百万人民币股权价值的增长同时会使 CEO 货币薪酬增加 3980 元。若考虑滞后一期股权价值变动的影响后，由本期和滞后一期的系数可知，每百万人民币股权价值的增长同时会使 CEO 薪酬增加 1.62 万元（本期 7550 元，前一期 8650 元）。另外，根据回归方程设定（3）和（4）的结果，公司规模变量都不显著，我们没有发现公司规模与薪酬变动的相关关系。

表 8-11　　高管薪酬（moneypay）的业绩敏感度估计结果（全样本，PooledOLS）

| D. moneypay | (1) | (2) | (3) | (4) |
|---|---|---|---|---|
| D. equityvalue | 3.980*** | 7.546*** | 4.029*** | 7.566*** |
|  | [1.186] | [1.287] | [1.188] | [1.289] |
| Lag. D. equityvalue |  | 8.652*** |  | 8.611*** |
|  |  | [1.211] |  | [1.209] |
| size |  |  | 3.261 | 2.445 |
|  |  |  | [2.566] | [2.548] |
| constant | 30.358 | 33.022 | 5.951 | 14.707 |
|  | [22.932] | [22.867] | [29.714] | [29.586] |
| industry | YES | YES | YES | YES |
| year | YES | YES | YES | YES |
| observations | 6228 | 6228 | 6228 | 6228 |
| Adjusted R-squared | 0.012 | 0.023 | 0.012 | 0.023 |

在估计了 CEO 货币性薪酬与股东财富变动的关系后，我们将 CEO 所持股票在当年的价值变动纳入 CEO 报酬的范围，再次估计了 CEO 总报酬与公司股东财富变动的关系，估计结果如表 8-12 所示。根据表 8-12 中的结果，在考虑滞后一期股权价值变动的影响后，每百万元人民币股权价值的增加会使考虑所持股权价值变动后的 CEO 总报酬在当期增加 38.04 万元，前一期减少 18.76 万元。这一结果说明，将 CEO 持股的因素包含在薪酬变动中后，CEO 薪酬对股权价值变动的反应相当敏感。

表 8-12　　高管薪酬（totalpay）的业绩敏感度估计结果（全样本，PooledOLS）

| D. totalpay | (1) | (2) | (3) | (4) |
|---|---|---|---|---|
| D. equityvalue | 457.717*** | 380.390*** | 455.225*** | 379.178*** |
|  | [59.897] | [62.445] | [59.918] | [62.409] |
| Lag. D. equityvalue |  | -187.570*** |  | -185.102*** |
|  |  | [56.568] |  | [56.770] |
| size |  |  | -166.154 | -148.623 |
|  |  |  | [115.147] | [115.594] |

续表

| D. totalpay | (1) | (2) | (3) | (4) |
|---|---|---|---|---|
| constant | -71.036 | -128.803 | 1172.546 | 984.325 |
|  | [791.726] | [782.874] | [1127.228] | [1128.443] |
| industry | YES | YES | YES | YES |
| year | YES | YES | YES | YES |
| observations | 6228 | 6228 | 6228 | 6228 |
| Adjusted R-squared | 0.057 | 0.059 | 0.057 | 0.059 |

最后，我们估计了薪酬前三位高管的薪酬和（realt3pay）与公司股东权益价值变动的关系，估计结果如表8-13所示。估计结果表明，在考虑滞后一期股权价值变动的影响后，每百万元人民币股权价值的增加会使前三高管平均报酬增加1.18万元（当期增加6334元，前一期增加5466元）。

表8-13　高管薪酬（realt3pay）的业绩敏感度估计结果（全样本，PooledOLS）

| D. realt3pay | (1) | (2) | (3) | (4) |
|---|---|---|---|---|
| D. equityvalue | 12.241*** | 19.001*** | 12.471*** | 19.114*** |
|  | [2.298] | [2.515] | [2.300] | [2.517] |
| Lag. D. equityvalue |  | 16.397*** |  | 16.168*** |
|  |  | [2.329] |  | [2.323] |
| size |  |  | 15.310*** | 13.779*** |
|  |  |  | [4.460] | [4.423] |
| constant | -42.519 | -37.469 | -157.107*** | -140.666*** |
|  | [33.759] | [33.840] | [48.810] | [48.520] |
| industry | YES | YES | YES | YES |
| year | YES | YES | YES | YES |
| observations | 6228 | 6228 | 6228 | 6228 |
| Adjusted R-squared | 0.021 | 0.034 | 0.023 | 0.035 |

### (三) 高管薪酬—业绩敏感度：国有企业与非国有企业

我们估计了高管薪酬与业绩相关性的分组结果。我们分别对国有企业子样本和非国有企业子样本进行了估计。对于国有企业的估计结果如表8-14所示。根据估计结果，若不考虑滞后一期股权价值变动的影响，每百万元人民币的股权价值增加会导致国有企业CEO薪酬增加1800元，但这种影响不显著。在将滞后一期股权价值变动影响纳入回归方程后，每百万人民币的股权价值增加会导致国有企业CEO薪酬增加1.45万元，其中当期增加5729元，前一期增加8745元。

表8-14　　　　　高管薪酬的业绩敏感度估计（SOE）

| D. moneypay | (1) | (2) | (3) | (4) |
|---|---|---|---|---|
| D. equityvalue | 1.799<br>[1.408] | 5.729***<br>[1.540] | 1.804<br>[1.410] | 5.722***<br>[1.541] |
| Lag. D. equityvalue | | 8.745***<br>[1.511] | | 8.753***<br>[1.512] |
| size | | | 0.238<br>[3.435] | -0.590<br>[3.411] |
| constant | 46.908<br>[35.853] | 51.709<br>[35.419] | 45.212<br>[40.586] | 55.928<br>[40.220] |
| observations | 3761 | 3761 | 3761 | 3761 |
| Adjusted R - squared | 0.009 | 0.021 | 0.009 | 0.020 |

对于非国有企业的估计结果如表8-15所示。根据表8-15，若不考虑滞后一期股权价值变动的影响，每百万元人民币的股权价值增加会导致非国有企业CEO薪酬增加7873元。不同于国有企业的情况，这种影响在1%的水平下显著的。在将滞后一期股权价值变动影响纳入回归方程后，每百万人民币的股权价值增加会导致非国有企业CEO货币薪酬增加1.86万元，其中，当期增加1.06万元，前一期增加8010元。由此可知，非国有企业CEO货币性薪酬对股东财富增加更加敏感。除此之外，在对非国有企业的回归分析中，我们也发现了公司规模的影响。

表 8-15　　高管薪酬的业绩敏感度估计（NSOE）

| D. moneypay | (1) | (2) | (3) | (4) |
|---|---|---|---|---|
| D. equityvalue | 7.873*** | 10.589*** | 7.894*** | 10.517*** |
| | [2.139] | [2.282] | [2.119] | [2.261] |
| Lag. D. equityvalue | | 8.010*** | | 7.741*** |
| | | [2.025] | | [2.014] |
| size | | | 10.810*** | 9.586** |
| | | | [4.047] | [4.019] |
| constant | -17.758 | -2.107 | -101.395** | -76.800 |
| | [31.935] | [35.054] | [47.548] | [49.484] |
| observations | 2467 | 2467 | 2467 | 2467 |
| Adjusted R-squared | 0.015 | 0.024 | 0.018 | 0.026 |

随后，我们又估计了包括考虑持股价值变动的 CEO 报酬、薪酬前三位高管的薪酬和等其他薪酬度量对股东权益市场价值变动的敏感度，总体来看，估计结果支持了前述结论。

## 六　结　论

本章利用中国 A 股上市公司 1999—2013 年报告或披露的公司业绩、高管薪酬等数据，研究了中国上市公司高管薪酬与其公司业绩的关系。我们首先引入回归模型对中国上市公司高管薪酬水平与公司会计业绩或市场业绩是否存在相关性进行了考察，结果表明，公司会计业绩或股票市场表现会影响上市公司高管和 CEO 的薪酬。另外，我们同样验证了高管或 CEO 薪酬的其他决定因素如年龄、任职年限、在董事会中的权力等的作用。

进一步地，我们估计了 2000—2013 年中国上市公司高管薪酬的业绩敏感度，并将国有公司与非国有公司的估计结果进行了对比。在这一部分，我们得到的主要结论有：

第一，根据回归估计结果，每百万人民币股权价值的增长同时会使 CEO 薪酬增加 1.62 万元；

第二，将 CEO 持股的因素包含在薪酬变动中后，CEO 薪酬对股权价值变动的敏感度大幅度地提高了；

第三，相比较国有企业，非国有企业 CEO 货币性薪酬对股东财富增加更加敏感。

以上结论对于我国上市公司制定高管薪酬契约和薪酬制度具有一定的借鉴意义。

**参考文献**

[1] Hall, Brian J. and Jeffrey B. Liebman, "Are Ceos Really Paid Like Bureaucrats?". *The Quarterly Journal of Economics* (1998).

[2] Jensen, Michael C. and Kevin J. Murphy, "Performance pay and top–management incentives". *Journal of Political Economy* (1990): 225–264.

[3] Firth, Michael, Peter M. Y. Fung and Oliver M. Rui, "Corporate performance and CEO compensation in China". *Journal of Corporate Finance* 12.4 (2006): 693–714.

[4] Schaefer, Scott, "The Dependence of pay—Performance Sensitivity on the Size of the Firm". *Review of Economics and Statistics* 80.3 (1998): 436–443.

[5] Coughlan, Anne T. and Ronald M. Schmidt, "Executive compensation, management turnover and firm performance: An empirical investigation". *Journal of Accounting and Economics* 7.1 (1985): 43–66.

[6] Mehran, Hamid, "Executive compensation structure, ownership, and firm performance". *Journal of Financial Economics* 38.2 (1995): 163–184.

[7] Baker, George, "The use of performance measures in incentive contracting". *American Economic Review* (2000): 415–420.

[8] Fama, Eugene F. and Kenneth R. French, "Multifactor explanations of asset pricing anomalies". *The Journal of Finance* 51.1 (1996): 55–84.

[9] 吴育辉、吴世农：《高管薪酬：激励还是自利?》，《会计研究》2010 年第 11 期。

[10] 陈冬华、陈信元、万华林：《国有企业中的薪酬管制与在职消费》，《经济研究》2005 年第 2 期。

[11] 李维安、李汉军：《股权结构，高管持股与公司绩效——来自民营上市公司的证据》，《南开管理评论》2006 年第 5 期。

[12] 刘斌、刘星：《CEO 薪酬与企业业绩互动效应的实证检验》，《会计研究》2003 年第 3 期。

[13] 辛宇、吕长江、激励：《福利还是奖励：薪酬管制背景下国有企业股权激励的定位困境——基于泸州老窖的案例分析》，《会计研究》2012 年第 6 期。

[14] 夏纪军、张晏：《控制权与激励的冲突》，《经济研究》2008年第3期。
[15] 魏刚：《高级管理层激励与上市公司经营绩效》，《经济研究》2000年第12期。
[16] 谌新民、刘善敏：《上市公司经营者报酬结构性差异的实证研究》，《经济研究》2003年第8期。
[17] 杜兴强、王丽华：《高层管理当局薪酬与上市公司业绩的相关性实证研究》，《会计研究》2007年第1期。
[18] 张俊瑞、赵进文、张建：《高级管理层激励与上市公司经营绩效相关性的实证分析》，《会计研究》2004年第9期。
[19] 韩亮亮、李凯、宋力：《高管持股与企业价值——基于利益趋同效应与壕沟防守效应的经验研究》，《南开管理评论》2006年第4期。
[20] 王飞：《论国有资本收益分配制度改革》，财政部财政科学研究所，2013年。